Rechenberg
Technisches Schreiben

Peter Rechenberg

Technisches Schreiben

(nicht nur) für Informatiker

mit über 200 Beispielen und 80 Aufgaben mit Lösungen

HANSER

Prof. em. Dr. Peter Rechenberg
Universität Linz

www.hanser.de

Die Deutsche Bibliothek – CIP-Einheitsaufnahme

Ein Titeldatensatz für diese Publikation
ist bei Der Deutschen Bibliothek erhältlich.

© 2002 Carl Hanser Verlag München Wien
Lektorat: Margarete Metzger
Herstellung: Irene Weilhart
Umschlaggestaltung: Büro für Text und Gestaltung herbert und herbertsfrau, Augsburg
Datenbelichtung, Druck und Bindung: Druckhaus »Thomas Müntzer« GmbH, Bad Langensalza
Printed in Germany

ISBN 3-446-21944-7

Vorwort

Als Informatiker und Freund künstlerischer Literatur habe ich bemerkt, daß in der deutschsprachigen Informatik-Literatur inhaltliche und darstellerische Qualität oft auseinanderklaffen. Liegt es am Informatiker-Jargon? Sind es die vielen Amerikanismen, Unklarheiten und sprachlichen Flüchtigkeiten? Oder kommt noch etwas anderes hinzu? Was auch im Einzelfall die Ursache sei: Man legt das Werk, dessen Titel Interessantes versprach, wegen seiner stilistischen Mängel enttäuscht zurück.

Dabei ist das Abfassen von Technischer Prosa keine Kunst. Man braucht nur ein paar Stilregeln zu beachten – es sind dieselben, die für künstlerische Literatur gelten –, und schon schreibt man annehmbar.

Ich habe jahrelang Wörter, Wendungen und Sätze gesammelt, die mir stilistisch mißfielen, und dann die Erkenntnisse, die ich aus ihnen, aus Stilbüchern und aus eigener schriftstellerischer Tätigkeit gewonnen habe, aufgeschrieben. Zuerst nur für mich selbst, um dieses Thema, das mich seit Jahren beschäftigt, abzuschließen. Dann kam ich auf den Gedanken, daß auch andere davon lernen könnten, und in letzter Zeit scheint allgemein die Erkenntnis zu dämmern, daß das Technische Schreiben im argen liegt. Immer mehr Universitäten und Fachhochschulen bieten Kurse über Technisches Schreiben an, und Softwarefirmen klagen über die mangelhafte Fähigkeit ihrer jungen Mitarbeiter, sich schriftlich auszudrücken.

Näheres über das Ziel des Buches, seinen Inhalt und seine Methode findet man im ersten Kapitel.

Das Buch enthält Aussagen und Werturteile, die manche Leser nicht teilen werden; es ruft damit zum Widerspruch heraus. Ich hoffe, daß kritische Leser mir mitteilen, was sie stört und worin sie mir widersprechen. Die elektronische Post ist dafür das bequemste Mittel. Ich werde mich bemühen, jeden Leserbrief zu beantworten.

Dank sei meinem Freund Oberstudienrat Peter Mahn, meinen Kollegen, den Professoren Günther Blaschek, Hanspeter Mössenböck und Gustav Pomberger und meiner Lektorin, Dr. Doris Märtin für die detaillierte Durchsicht des Manuskripts. Sie alle haben zur Verbesserung von Inhalt und Stil des Buches beigetragen.

Im Januar 2002

Tobersbergerweg 12, A-4040 Linz

rechbg@soft.uni-linz.ac.at

Peter Rechenberg

Inhalt

Anhänge

1

Das große Bild

Gegenstandsbestimmung

Wie man in der Schule lernt, wird die Literatur in *Poesie* und *Prosa* eingeteilt. Poesie ist die durch Reim oder wenigstens Rhythmus „gebundene Rede", Prosa alles andere. Die Prosa kann man wieder in *künstlerische Prosa*, *Sachprosa* und *Gebrauchsprosa* einteilen.

Künstlerische Prosa – das sind die Romane, Novellen und Essays unserer Schriftsteller. Ihre Gegenstände sind zumeist erfundene Geschichten, ihr Zweck künstlerischer Ausdruck menschlicher Situationen wie Freude und Leid, Liebe und Haß, Natur, Leben und Tod.

Sachprosa – das ist die Darstellung von geschichtlichen Ereignissen, Entdeckungen, Erfindungen, auch die Behandlung von politischen, wirtschaftlichen und anderen Problemen in allgemeinverständlicher Form, oft spannend zubereitet und meist aktuell zum Zeitpunkt ihres Erscheinens. Sachprosa sollte im großen und ganzen wahrheitsgetreu sein, man gestattet dem Verfasser aber Auslassungen von Einzelheiten und drückt die Augen zu, falls seine Darstellung sich mit der Wahrheit nicht ganz deckt, wenn sein Werk nur interessant geschrieben ist.

Alles andere ist *Gebrauchsprosa*. Hierzu gehört, was in Technik und Wissenschaft, Wirtschaft, Recht, Pädagogik, in Ämtern und Verwaltungen geschrieben wird. In einem weiten Sinn wird man vielleicht sagen können, daß Gebrauchsprosa die *Beschreibung sachlicher Erkenntnisse zum Zweck der Dokumentation und Belehrung* ist. Bei ihr kommt es nicht auf künstlerischen Ausdruck und nicht auf die Erzeugung von Spannung an, sondern auf Wahrheit, Klarheit und Vollständigkeit.

Zu welcher der drei Arten von Prosa ein Werk gehört, liegt meist auf der Hand, aber nicht immer. Die vielleicht berühmteste Ausnahme ist Theodor Mommsens „Römische Geschichte", ein Werk von zweifellos wissenschaftlichem Charakter, doch so allgemeinverständlich und interessant, daß es Generationen von Lesern als Sachbuch lasen; und Mommsen bekam für dieses Werk 1902 den Literatur-Nobelpreis, der sonst künstlerischen Werken vorbehalten ist.

Die drei Ziele der Gebrauchsprosa Wahrheit, Klarheit und Vollständigkeit, gelten besonders für technische und wissenschaftliche Literatur, also für Diplomarbeiten, Dissertationen, Laboratoriumsberichte, Aufsätze in technischen und wissenschaftlichen Fachzeitschriften und Fachbücher. Im Englischen gibt es für diese Prosa-Art die Bezeichnung „technical writing", und bei uns bürgert sich allmählich das deutsche Gegenstück „Technisches Schreiben" dafür ein. Sehr verbreitet ist dieser Begriff noch nicht, und man sucht ihn im Duden und in der Brockhaus-Enzyklopädie vergebens. Aber einige Universitäten bieten bereits Lehrveranstaltungen über Technisches Schreiben an.

Hierdurch ist der Haupttitel des Buches, „Technisches Schreiben", bestimmt. Der Untertitel „(nicht nur) für Informatiker" soll besagen, daß ich als Informatiker die meisten Beispiele und Übungsaufgaben der Informatik-Literatur entnommen habe und das Buch deshalb in erster Linie für Informatiker gedacht ist, daß jedoch seine Aussagen für das Schreiben in allen technischen und wissenschaftlichen Disziplinen gelten und seine Lektüre deshalb auch für Nichtinformatiker von Wert sein kann.

Wozu ein Buch über Technisches Schreiben?

Da die Verfasser Technischer Literatur weder künstlerisch noch spannend schreiben müssen, scheint das Technische Schreiben eine einfache Angelegenheit zu sein, die jeder bewältigt, der eine Sache dokumentieren will, denn, wie es in Goethes Faust so treffend heißt:

> Es trägt Verstand und rechter Sinn mit wenig Kunst sich selber vor.

Der Schreiber braucht keine ungewöhnlichen Worte zu benutzen und keinen besonderen Stil zu entwickeln, um verstanden zu werden. Was kann es Einfacheres geben?

Die Wirklichkeit sieht leider anders aus. Meist denken die Schreiber tatsächlich, daß es genügt, seine Gedanken einfach zu Papier zu bringen. Wenn es hoch kommt, erinnern sie sich noch daran, daß sie in der Schule gelernt haben, man soll sich im Ausdruck nicht wiederholen und nicht zu umgangssprachlich schreiben. Sie wissen nichts über guten und schlechten Satzbau, über die Ziele Klarheit, Kürze, Klang und Einfachheit, über Gliederungsprobleme, Modewörter und Amerikanismen. Ihnen möchte dieses Buch helfen.

Doch wie? Soll sich der Diplomand zum Schriftsteller ausbilden, bevor er seine Diplomarbeit, der junge Professor Literatur studieren, bevor er sein erstes Buch schreibt? Nein – denn gut schreibt schon, wer die gröbsten Stilfehler vermeidet, gemäß den Versen von Wilhelm Busch:

> Das Gute, dieser Satz steht fest,
> ist stets das Böse, was man läßt.

Um klar, kurz und lesbar zu schreiben, braucht man keine Stilbücher zu lesen, die üblicherweise die Probleme der künstlerischen und Sachprosa behandeln. Es genügt, einige typische Fehler zu erkennen, und schon wird man besser als bisher schreiben und sich damit aus der Masse herausheben. Nicht glanzvoll – das wollen wir den künstlerischen Schriftstellern überlassen –, aber einfach, klar und wahr, unmißverständlich und kurz. Wenn man daraufhin merkt, daß sich zugleich mit dem Stil auch der Gedanke verbessert und andere gern lesen, was man schreibt – dann gewinnt man vielleicht Gefallen an der sorgfältigen Behandlung seiner Sprache, greift auch zu einem guten Stilbuch und beginnt, an seinen Sätzen zu feilen.

Die Methode

Meine Methode, zu einem besseren technischen Stil zu gelangen, ist einfach; sie besteht aus drei Schritten:

1 Man lese dieses Buch, studiere seine Beispiele, versuche möglichst viele seiner Aufgaben zu lösen und übe sich dadurch in einem bewußten Gebrauch von Sprache. Dann entwickelt sich von selbst ein Gefühl für gute und schlechte Wendungen, neue und verbrauchte Wörter, Allgemeinplätze und flüssig lesbare Sätze.

2 Man prüfe im Hinblick auf das Gelernte seine eigenen Texte auf Klarheit und Kürze, Klang und Einfachheit und versuche, Modewörter und überflüssige Amerikanismen auszumerzen.

3 Dabei findet man viele Mängel *nicht*, denn man ist „betriebsblind", auch verliebt in den eigenen Text. Deshalb gehört zu der Methode die Bereitschaft, ein Werk nicht sofort, nachdem man den letzten Satz geschrieben hat, endgültig abzuschließen, sondern es wie einen Teig gären zu lassen. Kennt man Menschen, die das Werk verstehen, gebe man es möglichst vielen von ihnen zu lesen mit der Bitte, recht kritische Anmerkungen zu machen. Das verletzt die eigene Eitelkeit und erfordert deshalb Selbstüberwindung; aber es ist höchst nützlich, denn jeder Leser findet etwas anderes Verbesserungswürdiges. Und schließlich lasse man das Manuskript einige Tage liegen, wenn möglich sogar einige Wochen, und gehe es danach erneut durch. Dann wird man staunen, wieviel Neues und Änderswertes man in seinem eigenen Text findet. Ein Amerikaner hat das auf die Formel gebracht: *revise, revise, revise!* Und so primitiv es klingt: das ist einer der Schlüssel zum Erfolg.

Die Methode stützt sich auf viele Beispiele. Sie sollen zeigen, inwiefern einzelne Sätze, Wendungen und Wörter gut oder schlecht sind und wie man sie verbessern kann. An den Enden der Kapitel 2 bis 5 stehen Übungsaufgaben und am Ende des Buches Lösungsvorschläge. Mit ihrer Bearbeitung kann man prüfen, ob man den Stoff verstanden hat. Alle Beispiele und Übungsaufgaben sind „echt", das heißt, sie stammen aus Seminararbeiten, Diplomarbeiten, Technischen Berichten, Zeitschriftenaufsätzen und Büchern oder Vorstufen dazu. Bei den Verfassern sind Studenten in der Minderheit; die Mehrheit der Beispiele stammt vielmehr von fertigen Informatikern, unter ihnen Professoren, die schon viel veröffentlicht haben. Die meisten Beispiele kommen aus der Informatik, aber auch Zitate aus geisteswissenschaftlichen und künstlerischen Werken nehmen einen beträchtlichen Raum ein. Diese Mischung ist beabsichtigt; sie soll den Nur-Informatikern zeigen, daß es hinter den Bergen auch Leute gibt, deren Gedankenwelt kennenzulernen sich lohnt. Damit man die Beispiele auf den ersten Blick als Zitate erkennt, sind sie links und rechts eingerückt und in kleinerer Schrift gesetzt. Und damit man die Verbesserungsvorschläge von den Zitaten unterscheiden kann, geht ihnen das Zeichen „⇒" voraus. Also:

>   Dies ist ein Zitat.
> ⇒ Das ist ein Verbesserungsvorschlag.

Die Verbesserung des Stils fällt einem nicht in den Schoß, sondern sie macht Arbeit; sie ist auch nicht von heute auf morgen zu erwerben, sondern kann jahrelang dauern; aber sie führt mit großer Wahrscheinlichkeit zum Erfolg, gemäß dem Spruch von Piet Hein:

> The road to wisdom? Well, it's plain, and simple to express:
> Err, and err, and err again, but less, and less, and less.

Für wen lohnt sich das? Für diejenigen, die ihre Muttersprache lieben, denen eine gute, präzise Sprache am Herzen liegt, die bereit sind, für ihren Erwerb Zeit zu investieren. Es lohnt sich nicht für diejenigen, denen die Sprache, in der sie sich ausdrücken, gleichgültig ist oder die von einer Veröffentlichung zur anderen eilen. Gleichgültigkeit gegenüber der Sprache ist allerdings auf lange Sicht gefährlich. Sie behindert die Verständigung mit anderen, vermindert die Überzeugungsfähigkeit und beschränkt damit das Durchsetzungsvermögen im Beruf.

Eine Warnung ist hier noch angebracht: Die Bemühungen um einen besseren Stil führen dazu, daß man sich die Freude an so mancher Lektüre verdirbt, weil man merkt, wie erbärmlich das Deutsch ist, das heute überall gesprochen und geschrieben wird: im Fernsehen, in der Zeitung und leider auch in der technisch-wissenschaftlichen Literatur, wobei die Informatik womöglich am schwersten getroffen ist. Auch hierin liegt ein Grund dafür, daß sich dieses Buch besonders an Informatiker wendet.

Die Väter des Buches

Obwohl die deutsche Sprache so reich an Dichtung und hoher Prosa ist, gibt es seltsamerweise nur zwei Autoren, die maßstabsetzende Stilbücher verfaßt haben: Ludwig Reiners und Wolf Schneider.

Ludwig Reiners schrieb 1943 sein Buch *Stilkunst – Ein Lehrbuch deutscher Prosa* [Reiners 91]. Es hat seitdem zahlreiche Neuauflagen erlebt und ist – meiner Meinung nach – immer noch das beste Werk, das es gibt. Seine Anschaffung sollte für jeden sprachbewußten Menschen ein „Muß" sein.

Wolf Schneider schrieb in jüngerer Zeit eine ganze Reihe von Büchern über Sprache und Stil, allen anderen voran vielleicht *Deutsch für Kenner* [Schneider 96]. Er versteht sich selbst als eine Art Nachfolger von Reiners, der Reiners' Werk um die heutigen sprachlichen Probleme mit den Massenmedien, den Modewörtern, Amerikanismen und anderen Zeiterscheinungen ergänzt. Alle Werke dieser Stilisten sind selbst stilistische Glanzstücke; ihre Lektüre ist ein Genuß. Übrigens sind Reiners und Schneider beide keine Germanisten oder anderweitig gelehrte Fach-Akademiker, sondern Reiners war Kaufmann, und Schneider ist Journalist.

Aus dem, was ich von Reiners und Schneider gelernt habe, entstand dieses Buch, sie sind also seine Väter. Sie behandeln die Stilfragen der künstlerischen und der Gebrauchsprosa, jedoch nicht die speziellen Probleme des Technischen Schreibens. Und deshalb, so hoffe ich, kann das vorliegende Buch manchem Technischen Schreiber als Ergänzung zu Reiners und Schneider nützlich sein.

Der Inhalt des Buches

Das Buch beginnt im zweiten Kapitel mit den zentralen Anforderungen an Technisches Schreiben: Klarheit, Kürze, Klang. Darauf folgt das dritte Kapitel über Einfachheit und das vierte über Modewörter und Amerikanismen, die die heutige technische Prosa – besonders die der Informatik – entstellen, und das fünfte Kapitel diskutiert einige Probleme der Grammatik. Damit ist der Teil, der sich mit stilistischen Fragen im engeren Sinn beschäftigt und Übungsaufgaben enthält, abgeschlossen.

Der Rest behandelt andere Dinge, die auch noch zum Technischen Schreiben gehören: Gliederungsfragen, Bilder und Tabellen, Mathematisches Schreiben, Elemente der Typografie und Hinweise auf Arbeits- und Schreibtechniken. Das letzte Kapitel schließlich (FORTRAN oder Fortran) ist zur Erheiterung gedacht. Es zeigt, zu welchen Haarspaltereien das Technische Schreiben führen kann, wenn man alle Feinheiten korrekt ausführen will. Darauf folgen noch mehrere Anhänge zum Nachschlagen.

Sachaussagen und Werturteile

Das Buch stellt die Meinung seines Verfassers dar, die der Leser nicht zu teilen braucht. Es enthält Dinge, die *mir* aufgefallen sind, die *ich* für wichtig halte. Es gleicht nicht einem Lehrbuch der Informatik, denn es werden keine (womöglich beweisbaren) Tatsachen vorgetragen und keine Algorithmen angegeben, die eine bestimmte Aufgabe lösen, sondern ständig Werturteile gefällt: „das ist gut, jenes schlecht" und Anweisungen zum Handeln gegeben: „Modewörter sollte man vermeiden", „das Aktiv gegenüber dem Passiv bevorzugen". Die Richtigkeit oder Falschheit solcher Urteile und Anweisungen läßt sich nicht beweisen, höchstens durch viele Beispiele glaubhaft machen. Oft genug ist mir bewußt geworden, wieviel schwerer es ist, seine Zuhörer von etwas Unbeweisbarem zu *überzeugen*, als nur wissenschaftliche Ergebnisse zu *präsentieren*.

Dieser Charakter des Buches mag manchen Leser irritieren, der die Geleise der Informatik-Literatur gewöhnt ist, in der keine Urteile abgegeben und erst recht nicht eigene Urteile von ihm erwartet werden. Hierin liegt der Unterschied zwischen *Sachaussage* und *Werturteil*. Das eine sollte nicht zugunsten des anderen verkümmern, aber beide sollten immer klar auseinandergehalten werden.

2

Die drei „K": Klarheit, Kürze, Klang

Dieses Kapitel behandelt die wichtigsten Eigenschaften eines guten Technischen Stils: *Klarheit* und *Kürze*. *Klang* kommt hinzu, weil man technische Prosa auch laut lesen können soll, ohne daß die Zunge dabei stolpert. Die drei Eigenschaften hängen zusammen; es ist eine seltsame, immer wieder zu beobachtende Erscheinung, daß die Mühe, einen Gedanken möglichst klar auszudrücken, meist nicht zu einer Verlängerung, sondern zu einer Verkürzung führt. Was schlecht klingt, ist auch oft zu lang; es wirkt unklar, und man muß es noch einmal lesen, um es zu verstehen.

2.1 Klarheit

Um klar zu schreiben, muß man klar denken. Das ist eine notwendige Voraussetzung, doch leider keine hinreichende. Auch der klar Denkende kann auf vielfältige Weisen in Fallen tappen, die seine Sätze unklar machen. Es gilt deshalb, die Ursachen von Unklarheit aufzuspüren und zu benennen. Aus meiner Beispielsammlung habe ich folgende Ursachen herausdestilliert: Verstöße gegen die Sprachlogik, die Wahl falscher Worte, die Benutzung verschiedener Worte für dieselbe Sache, die Verwendung undefinierter Begriffe, die Benutzung mißverständlicher Wörter und Wendungen, zu allgemein gehaltene Aussagen, unklare Bezugswörter wie „dieser", „jener", „dasselbe" und schließlich mehrdeutige Wörter und Sätze. Diese Einteilung ist weder vollständig noch zwingend; aber sie ist besser als gar keine, und sie erleichtert es, Unklarheiten zu vermeiden.

Sprachlogik

In technisch-wissenschaftlichen Texten spielt die logische Argumentation eine bedeutende Rolle. Beispiele dafür sind:

Schlußfolgerungen: *Wenn ..., dann ...*; *zwar ..., aber ...*;.

Finale Aussagen: *Um* dies und jenes zu erreichen, *muß man* das und das tun.

These-Antithese: auf *einerseits* folgt normalerweise *andererseits*, und ein *andererseits* ohne vorhergehendes *einerseits* verwirrt den Leser vielleicht.

Solche Gedankenreihen lassen sich als „Sprachlogik" bezeichnen; wer gegen die Sprachlogik verstößt, schreibt unklar. Hierzu einige Beispiele.

Ein Student schreibt in einer Seminararbeit zum Thema „Typografie" über die frei bleibenden Ränder im Seiten-Layout:

> Der rechte bzw. äußere Rand heißen Außen- bzw. Seitensteg. Dieser kann bei Bedarf noch Marginalien, also Bemerkungen in einer Randspalte, enthalten.

Darin kommt das häßliche „bzw." gleich zweimal vor. Worauf soll der Leser hier was beziehen? Entweder der Schreiber meint mit dem rechten und dem äußeren Rand dasselbe, dann kann er einen der beiden Namen weglassen; oder er denkt daran, daß ein Text rechte und linke Seiten haben kann, dann sind auf linken Seiten der äußere und der rechte Rand verschieden. In diesem Fall erfährt der Leser nicht, ob sich die Aussage mit den Marginalien auf den äußeren oder auf den rechten Rand bezieht. Außerdem spricht der Verfasser von einer „Randspalte", meint aber wohl den Außensteg. Zu guter Letzt gibt der Anfang des ersten Satzes noch Anlaß, darüber zu rechten, ob es „heißen" (weil von zwei Rändern die Rede ist) oder „heißt" (weil das Subjekt „Rand" im Singular steht) heißen muß.

Um wie vieles klarer und einfacher ist doch die Formulierung

> ⇒ Die unbeschriebenen Ränder eines Dokuments heißen Außen- und Innensteg. Der Außensteg kann bei Bedarf noch mit Bemerkungen (sog. *Marginalien*) beschrieben werden.

Doch halt! Nachdem ich das geschrieben hatte, bemängelte ein Leser, daß hier von unbeschriebenen Rändern, die mit Bemerkungen beschrieben werden können, die Rede ist. Das sei ein Widerspruch. Diesem Mangel – wenn es denn einer ist – kann leicht abgeholfen werden:

> ⇒ Die normalerweise unbeschriebenen Ränder eines Dokuments heißen Außen- und Innensteg. Der Außensteg kann bei Bedarf noch mit Bemerkungen (sog. *Marginalien*) beschrieben werden.

Das nächste Beispiel stammt ebenfalls aus einer Seminararbeit. Eine Studentin schreibt über die Erfahrungen mit Telearbeit:

> Um Telearbeit gewinnbringend einzusetzen, muß der Mitarbeiter vollauf mit den neuen Arbeitsbedingungen einverstanden sein. So zeigt eine Studie des Fraunhofer Instituts für Arbeitswissenschaft und Organisation, daß in drei Viertel der Fälle eine freiwillige Vereinbarung zwischen Arbeitgeber und -nehmer getroffen wurde.

Hier stimmt schon der erste Satz nicht, denn es ist ein Finalsatz, bei dem sich die Infinitivgruppe immer auf das Subjekt des Hauptsatzes bezieht (Näheres dazu im Abschnitt „Finalsätze" auf Seite 92). Er bedeutet eigentlich, daß der Mitarbeiter vollauf mit den Arbeitsbedingungen einverstanden sein muß, wenn *er* Telearbeit gewinnbringend einsetzen will. Die Verfasserin meint aber etwas anderes, nämlich, daß *die Firma* nur dann Telearbeit gewinnbringend einsetzen kann, wenn der Mitarbeiter mit den neuen Arbeitsbedingungen einverstanden ist. Eine Berichtigung dieses Fehlers könnte etwa den Satz ergeben:

⇒ Damit die Firma Telearbeit gewinnbringend einsetzen kann, muß der Mitarbeiter vollauf mit den neuen Arbeitsbedingungen einverstanden sein.

Logisch ist das immer noch nicht in Ordnung, denn es besagt ja, daß die Firma nur dann Gewinn macht, wenn die Mitarbeiter mit der Telearbeit einverstanden sind (und das auch noch *vollauf*): sicherlich ein unhaltbarer Schluß, der von der Verfasserin gar nicht beabsichtigt war. Auch die Einleitung des nächsten Satzes mit „so" paßt nicht, denn „so" heißt etwa „darum" oder „infolgedessen". Daraus, daß drei Viertel der Arbeitnehmer freiwillig Telearbeit machen, folgt doch nicht, daß die Telearbeit nur dann gewinnbringend eingesetzt werden kann. Der Absatz wurde korrigiert zu:

⇒ Damit Telearbeit nicht zu sozialen Konflikten führt, sollte die Firmenleitung sicherstellen, daß die Arbeitnehmer mit dieser Arbeitsform einverstanden sind. Daß das möglich ist, zeigt eine Studie des Fraunhofer-Instituts für Arbeitswissenschaft und Organisation. In ihr wurde festgestellt, daß in drei Vierteln der Fälle eine freiwillige Vereinbarung zwischen Arbeitgeber und Arbeitnehmer getroffen werden konnte.

Die beiden anderen Fehler (*Fraunhofer Institut* ohne Bindestrich und *Viertel* statt *Vierteln*) wurden dabei mitberichtet. Das Ergebnis ist zwar etwas länger als das Original, doch um vieles klarer und lesbarer.

Das nächste Beispiel zeigt einen anderen Verstoß gegen die Sprachlogik. In einem Buch, das unter anderem Betriebssysteme behandelt, heißt es:

Die Zwischenablage ist ein Dienst, der gewöhnlich vom Betriebssystem bereitgestellt wird. Das Betriebssystem reserviert dafür Bereiche auf der Festplatte. Anwendungen können Daten in die Zwischenablage schreiben.

Hier wird im ersten Satz die Zwischenablage als ein *Dienst* definiert, also als eine Funktion, ein Vorgang. Dem zweiten und dritten Satz zufolge ist die Zwischenablage aber ein Speicherbereich. Wie paßt das logisch zusammen? Der Leser ist hilflos, weil der Verfasser sich unklar ausgedrückt hat. Der Verfasser meint mit „Zwischenablage" weder einen Dienst noch einen Speicherbereich, sondern eine *Idee*, ein *Modell*, eine *bildliche Vorstellung* oder eine *Organisation*, um Daten von einer Datei in eine andere zu übertragen. Alle vier vorgeschlagenen Begriffe sind nicht ganz treffend. Am besten wäre hier das englische *concept*, aber ein Konzept ist im Deutschen ein *Plan*, ein *Entwurf*, und beides würde hier nicht passen. Eine Berichtigung dieses Beispiel in so einfacher Form, daß man „Zwischenablage" einfach durch ein anderes Wort ersetzt, gibt es deshalb wohl nicht.

In dem nächsten und letzten Beispiel drückt sich der Verfasser so irreführend aus, daß man sich fragt, ob er selbst verstanden hat, was er schreibt. Es geht um zwei Arten des Parallelismus in Programmen:

Es existieren unterschiedliche Programmiermodelle. Man unterscheidet zwischen Parallelismus, der durch den Programmierer definiert wird (expliziter Parallelismus), und Parallelismus, der automatisch durch ein Übersetzerprogramm erkannt wird (impliziter Parallelismus).

Wird wirklich Parallelismus durch den Programmierer definiert *oder* durch den Übersetzer erkannt? Und wenn ja: Sind der explizite und der implizite Parallelismus wirklich Gegensätze? Man kann sich ja denken, daß der Programmierer einen Parallelismus definiert (was immer das sein möge) und dieser definierte Parallelismus dann vom Übersetzer erkannt wird. Der Satz ist also rätselhaft. Sein Sinn wird aber sofort klar, wenn man ihn so formuliert:

⇒ Es existieren unterschiedliche Programmiermodelle. Beim expliziten Parallelismus gibt der Programmierer durch spezielle Anweisungen vor, was parallel ausgeführt werden soll. Beim impliziten Parallelismus versucht der Übersetzer, das sequentiell geschriebene Programm soweit wie möglich zu parallelisieren.

Ein oft vorkommender, wenn auch geringfügiger, Verstoß gegen die Sprachlogik besteht in Formulierungen wie „Die drei ersten Kapitel des Buches bilden die Einführung." Es gibt nämlich nicht *drei* erste Kapitel, sondern nur eines. Richtig muß es deshalb heißen: „Die ersten drei Kapitel des Buches bilden die Einführung."

Als Ergebnis aus diesen Beispielen sollte man erkennen, wie leicht sich Unklarheiten einschleichen können, wie viel Sorgfalt nötig ist, sie zu vermeiden, zugleich aber auch, wie viel man durch das Streben nach klarem Ausdruck gewinnen kann.

Das treffende Wort

Um klar zu schreiben, muß man versuchen, für jede Situation das treffende Wort zu finden. Das kann schwierig sein; oft ist es aber auch nur die Gewohnheit, im eigenen Kopf, beim inneren Sprechen, nicht die treffenden Worte zu benutzen; dann bringt man sie auch nicht aufs Papier. Das Ergebnis sind *schiefe Ausdrücke*, wie sie uns schon in der Schule angekreidet wurden. Hierzu drei Beispiele.

Bei der Beschreibung des objektorientierten Programmierens will jemand sagen, daß man mit dem allgemeinsten Typ *Object*, der alle anderen, spezielleren Typen umfaßt, Datenstrukturen (z.B. Felder) deklarieren kann, deren Komponenten zur Laufzeit des Programms von unterschiedlichem Typ sind. Er schreibt:

Mit dem allgemeinen Typ *Object* deklarierte Variablen können Referenzen auf jedes beliebige Objekt aufnehmen. Das ist bei Datenstrukturen wie Feldern, Mengen und Bäumen besonders nützlich, weil diese dann Objekte *verschiedener Klassen* gleichzeitig aufnehmen können.

Das ist eine gute, kurze Beschreibung; doch was soll „gleichzeitig" heißen? Es bedeutet normalerweise „im gleichen Zeitpunkt". Aber eine Variable kann nicht zu ein und demselben Zeitpunkt Objekte verschiedener Klassen aufnehmen. Was also meint der Verfasser? Er meint gar nicht „gleichzeitig aufnehmen", sondern „zur gleichen Zeit enthalten", was etwas ganz anderes ist. Der zweite Satz muß deshalb etwa so heißen:

⇒ Das ist bei Datenstrukturen wie Feldern, Mengen und Bäumen besonders nützlich, weil die Elemente dieser Datenstrukturen dann Objekte *verschiedener Klassen* enthalten können.

Bei dem zweiten Beispiel ist ein falsches Wort für mangelhafte Sprachlogik verantwortlich. Ein Doktorand verfaßt eine Dissertation über Codeoptimierung im Übersetzerbau und behandelt dabei ein Verfahren, das mit gewichteten Graphen arbeitet, das OBD-Verfahren. Er schreibt:

> Das OBD-Verfahren tendiert zum Löschen der falschen Verbindungsgewichte, d.h., es werden wichtige Verbindungsgewichte gelöscht.

Man braucht nicht zu wissen, wie das OBD-Verfahren funktioniert, um zu merken, daß hier etwas aus rein logischen Gründen nicht in Ordnung ist, denn können falsche Verbindungsgewichte wichtig sein? Des Rätsels Lösung: Der Verfasser hat nicht das Löschen falscher Verbindungsgewichte, sondern das *fälschliche* Löschen von Verbindungsgewichten gemeint.

Im dritten Beispiel schreibt jemand über die Prozeßkommunikation:

> Beim blockierenden Senden kehrt die Operation erst dann zurück, wenn der Sendepuffer vom Kommunikationssystem ausgelesen ist und wieder zur Verfügung steht.

Daß eine Operation „zurückkehrt", ist einem Informatiker zwar verständlich, aber dennoch nicht richtig. Eine Operation wird ausgeführt, doch sie kehrt nicht zurück. Wohin denn auch? Der Verbesserungsversuch führte hier zu einem ganz anderen Satz:

> ⇒ Beim blockierenden Senden kann der sendende Prozeß erst dann weiterlaufen, wenn das Kommunikationssystem die im Sendepuffer stehende Nachricht vollständig abgeholt hat.

Das Ergebnis ist viel besser, denn die Wendung „die Operation", die nur durch Rückgriff auf vorher Gesagtes verständlich ist, fällt weg, und die Formulierung ist allgemeiner geworden, indem sie die Begriffe *Nachricht*, *weiterlaufen*, *abholen* benutzt. Das sind nämlich die treffenden Worte.

Verschiedene Worte für dieselbe Sache

In der Schule wird gelehrt, daß man dasselbe Wort nicht mehrmals dicht hintereinander benutzen, sondern zur Abwechslung Synonyme verwenden soll. Für unbetonte Allerweltswörter ist das auch richtig. Statt dreimal „gehen" zu schreiben, kann man im Interesse des Klanges vielleicht auf „schlendern" und „spazieren" ausweichen. Für Wörter, auf deren spezifische Bedeutung es ankommt, ist es im Interesse der Klarheit aber meist verkehrt, dieselbe Sache mit verschiedenen Worten zu bezeichnen. Wenn Journalisten in einem Artikel über eine Stadt, eine Regierung, eine Institution sprechen und Wiederholung vermeiden wollen, entstehen häufig gequälte Bildungen wie

Berlin – die geteilte Stadt – die schwergeprüfte Stadt (vor der Wende)

Das österreichische Kabinett – Wien – das Donauland – der Ballhausplatz

Die (Wiener) Staatsoper – Das Haus am Ring

Oft ist mit der Abwechslung auch eine Pointe oder inhaltliche Änderung verbunden; so, wenn es im Spiegel heißt [Schneider 96]:

der Pfarrer – der Gottesmann

Gewinn – Profit

Die Grünen – die Umweltschutzpartei

Und lächerlich wirken die Synonyme

Wahl – Urnengang

Mond – Erdtrabant

wohnen – residieren – domizilieren

Boris Becker – der Leimener

Die Verfasser technisch-wissenschaftlicher Texte müssen sich ganz besonders vor solchen Abwechslungen hüten, denn sie benutzen eine Präzisionssprache, deren Begriffe eine ganz spezielle Bedeutung haben, für die es kein Synonym gibt. Ein Autor, der einmal „Fließband" und im nächsten Absatz „Pipeline" sagt, läßt den Leser im unklaren, ob er damit dasselbe oder Verschiedenes meint. Hier entstehen Begriffsverdopplungen nicht aus dem Wunsch nach Abwechslung, sondern einfach darum, weil der Verfasser flüchtig denkt und mal diesen mal jenen Ausdruck bevorzugt, ohne sich darüber klar zu sein, welche Verwirrung er damit stiftet. Einige Beispiele sollen das belegen.

- Ein Theoretischer Informatiker, der über Komplexitätsanalyse schreibt, definiert zuerst den Begriff „NP-Vollständigkeit" und benennt Probleme, die NP-vollständig sind. Ein paar Zeilen später nennt er sie „schwierig" und noch ein paar Zeilen später „schwer", ohne zu sagen, daß er mit allen drei Bezeichnungen dasselbe meint.

- Ein Informationstheoretiker definiert den Begriff „Transinformation", redet aber ein paar Zeilen später vom „Transinformationsgehalt". Der Leser muß glauben, daß das neue Wort etwas anderes als das zuvor definierte bedeutet; der Verfasser meint jedoch mit beiden Worten dasselbe.

- Über die Kommunikation in Rechnernetzen heißt es am Anfang eines Absatzes „Abbruch der Verbindung", kurz danach „Verbindungsauflösung", und mit beiden Worten ist dasselbe gemeint.

In einer Übersichtsdarstellung der Künstlichen Intelligenz beginnt ein Abschnitt, der die Überschrift „Neuronale Netze" trägt und erklären soll, was neuronale Netze sind, folgendermaßen:

> Mit neuronalen Netzen wird versucht, das menschliche Gehirn bestehend aus einer Menge von Neuronen zu simulieren. Die meisten Anwendungen künstlicher Neuronaler Netze (KNN) liegen im Bereich der Mustererkennung. Dabei wird ein KNN zuerst mit einer Menge von Beispielen trainiert, um dann eine Klassifizierung von neuen Mustern durchzuführen.

Dieser Absatz ist danebengeraten, nicht nur wegen der irreführenden *künstlichen* neuronalen Netze, die sich überraschend zu den neuronalen Netzen gesellen, jedoch dasselbe wie sie bedeuten, sondern auch noch wegen anderer Stilgebrechen:

- Im ersten Satz fehlen Kommas um die Partizipialkonstruktion herum.
- Die Abkürzung „KNN" ist überflüssig.
- Der 3. Satz („Dabei wird ein KNN ...") ist durch die Mischung von Passiv und Aktiv unglücklich und wohl sogar grammatisch falsch (siehe darüber auch Abschnitt „Finalsätze" auf Seite 92).

Das nächste und letzte Beispiel zeigt zwei aufeinander folgende Abschnitte aus einem Zeitschriftenaufsatz über mobiles Rechnen:

> Anwendungsfelder
>
> Die Anwendungen für Mobile Computing sind sehr vielfältig. Einsatzfelder sind, allgemein ausgedrückt, überall dort, wo sich Menschen zur Erledigung ihrer Aufgaben frei bewegen müssen und dennoch aktuell und flexibel über verschiedenste Informationen verfügen

möchten. [...] Einen guten Überblick für Anwendungen mit drahtlosen lokalen Netzen gibt [...].

Existierende Anwendungen
Existierende Applikationen zeichnen sich durch ihre meist sehr einfache Kommunikationsstruktur aus.

Die erste Überschrift lautet „Anwendungsfelder"; in der ersten Zeile heißt es „Anwendungen", dann „Einsatzfelder", am Ende noch einmal „Anwendungen". Die zweite Überschrift lautet „Anwendungen", gleich darauf ist aber von „Applikationen" die Rede, und mit allen diesen Begriffen ist dieselbe Sache gemeint. Ferner ist die Wendung „Überblick *für* ..." Unsinn.

Und hier sind noch einige weitere Begriffsvervielfältigungen, die mir begegnet sind:

* Expansion – Dekompression – Decodierung (Thema Datenkompression)
* Registersatz – Registerfeld – Registerdatei (Thema Prozessoren)
* Rechensysteme – Rechnersysteme
* Anwender – Benutzer – User

Die Lehre aus diesen Beispielen ist das Gesetz:

* Für *eine* Sache nur *ein* Wort benutzen.

Wer glaubt, daß seine Texte dadurch farblos und langweilig werden, der probiere es aus. Der Gewinn an Präzision macht den vermeintlichen Mangel mehr als wett.

Undefinierte Begriffe

Mit dem vorhergehenden Abschnitt eng zusammen hängt die Forderung, undefinierte Begriffe zu vermeiden. In technischen und wissenschaftlichen Werken sollte jeder dem Leser nicht mit Sicherheit geläufige Begriff sorgfältig erklärt werden, so daß keine Mißverständnisse zwischen Schreiber und Leser aufkommen können. Die Reihenfolge der Darlegungen sollte sich nach dieser Forderung richten. Manchmal läßt sie sich nicht erfüllen, weil sich die scharfe Definition eines Begriffs erst aus späteren Darlegungen ergibt. Dann kann man das dem Leser explizit sagen, etwa in der Form: „Für den Augenblick wollen wir unter x das und das verstehen, später, auf Seite y, werden wir diese Erklärung vervollständigen."

Welche Begriffe man beim Leser als bekannt voraussetzt, bestimmt den Spezialisierungsgrad des Textes. Wenn die Überschrift eines Aufsatzes lautet: „LR(k)-Analyse in O(n)?", dann setzt der Verfasser die Kenntnis von Syntaxanalyse-Verfahren voraus; wer sie nicht hat, braucht den Aufsatz erst gar nicht zu lesen versuchen.

In jedem Fall ist es eine gute Kontrolle, zu prüfen, ob man alle nichttrivialen Begriffe sorgfältig und in der richtigen Reihenfolge eingeführt hat. Sind es viele, lohnt sich vielleicht die Hinzufügung eines *Begriffsverzeichnisses* oder *Begriffswörterbuchs*, im Englischen meist „Glossary" genannt und auch im Deutschen von alters her manchmal als „Glossar" bezeichnet.

Mißverständliche Wörter

Es gibt eine kleine Anzahl von Wörtern, die an sich unklar sind, und deshalb vermieden werden, oder leicht mißzuverstehen sind, und deshalb mit Vorsicht benutzt werden sollten. Es sind zumeist Fachwörter der Informatik. In der folgenden Wortliste wird ihre Mißverständlichkeit begründet.

„Bandbreite" ist ein Begriff aus der Nachrichtentechnik. Er bedeutet die Breite des Frequenzbandes, das über einen Kanal übertragen werden kann. Das Band ist durch eine untere und eine obere Grenzfrequenz bestimmt, die in Hertz gemessen wird. Falls die untere Grenzfrequenz Null ist, ist das Band nur durch die obere Grenzfrequenz bestimmt, und man spricht deshalb nicht mehr von Bandbreite, sondern nur noch von oberer Grenzfrequenz. In der Informatik-Literatur ist die Kenntnis dieser Herkunft anscheinend teilweise verlorengegangen, denn man liest zum Beispiel in einem Aufsatz über mobiles Rechnen:

> Eine Modem-Verbindung über GSM würde eine niedrige Bandbreite erlauben.

In demselben Aufsatz wird die Bandbreite in der Einheit MByte/s angegeben. Es handelt sich also um eine *Übertragungsrate!* In dem folgenden Satz ist sogar von einer *Speicherbandbreite* die Rede, ohne daß vorher gesagt worden wäre, was damit gemeint ist:

> Entwurfsziel bei Maschinenbefehlssätzen war es, Befehlsformate zu generieren, die eine möglichst knappe Codierung von Programmen ermöglichen, um die Speicherbandbreite beim Zugriff auf Programme klein zu halten.

Woher kommt die Beliebtheit von „Bandbreite"? Aus der unkritischen Übernahme des amerikanischen „bandwidth".

„effizient" und „effektiv". Ein von Informatikern häufig verwendetes Wort ist „effizient". Es ist nicht gerade ein Modewort, aber ein Mädchen für alles, das manchmal schnell hingeschrieben wird und Unklarheit hinterläßt. Was bedeutet es, und was unterscheidet es von seinem Bruder „effektiv"?

„effizient" bedeutet „wirtschaftlich" oder „leistungsfähig" und ist eine Eigenschaft, die Vorgängen zukommt, bei denen mit geringen Mitteln viel erreicht wird. Das zu „effizient" gehörende Substantiv „Effizienz" bedeutet die Fähigkeit, eine Wirkung mit einem Minimum an Mühe, Aufwand oder Verlust zu erreichen.

„effektiv" bedeutet „wirksam" oder „tatsächlich" im Sinn der Gesamtwirkung von Teilwirkungen. So ist der Effektivwert einer Wechselspannung die Gesamtwirkung der sich periodisch verändernden Spannung, der Effektivzins der tatsächliche Zins, der Effektivlohn der tatsächliche Lohn.

„effizient" und „effektiv" sind also beide verwandt; sie bedeuten beide „wirksam", allerdings in verschiedenem Sinn. Ihre Verwandtschaft hat dazu geführt, daß sie manchmal miteinander verwechselt und in Wörterbüchern sogar gleichgesetzt werden. Diese Konfusion wird noch dadurch verstärkt, daß in der Mathematik und theoretischen Informatik die Berechenbarkeit mit Turingmaschinen und Rechnern manchmal als „effektive Berechenbarkeit" bezeichnet wird, obwohl es meines Wissens keine andere Berechenbarkeit gibt. Hier heißt „effektiv" etwa „tatsächlich durchführbar", „zu einem Ergebnis (einer Wirkung) führend". So auch im Englischen, wo „effect" unter anderem „Resultat" bedeutet und „effective" mit „having an effect" umschrieben werden kann.

In der Informatik geht es meist um die Effizienz hinsichtlich Zeitverbrauch oder Speicherverbrauch, seltener um den Verbrauch von Betriebsmitteln oder anderem. Ein Verfasser, der nur schreibt: „Das Verfahren X ist sehr effizient", läßt unter Umständen offen, hinsichtlich welcher Eigenschaft es effizient ist. Meint er Zeitverbrauch, kann er „effizient" durch „schnell" ersetzen; meint er Speicherverbrauch, kann er sagen, daß das Verfahren sparsam im Speicherplatzverbrauch ist oder mit wenig Speicher auskommt.

„Funktionalität" ist ein neues und oft entbehrliches Wort mit unklarer Bedeutung. Meist meint man damit die Gesamtheit der Funktionen, die ein technisches Gerät oder ein Programm bietet, also den *Funktionsumfang*. Doch was bedeutet es in dem Satz aus einer Benutzungsbeschreibung:

> Die Funktionalität des Programms wurde verbessert.

Arbeitet das Programm nun besser, oder hat es mehr Funktionen?

„Genauigkeit". Dieser Begriff ist an sich unbedenklich, er wird aber oft falsch oder irreführend verwendet, wie in den Sätzen:

> Für den relativen Rundungsfehler gibt es eine allgemein gültige Schranke *eps*, die *relative Maschinengenauigkeit* genannt wird.

> Die Genauigkeit des Runge-Kutta-Verfahrens in Abhängigkeit von der Schrittweite h ist $O(h^5)$.

In beiden Fällen ist mit „Genauigkeit" der *Fehler*, also das Gegenteil gemeint!

„Größenordnung" ist ein beliebter, harmlos aussehender Begriff. Doch was bedeutet ein Satz wie der folgende, der sich auf magnetische Speicher bezieht:

> Verbesserungen um mehrere Größenordnungen in Bezug auf Kapazität und Zugriffszeiten wurden durch entsprechende Wahl der Technologien und deren Verfeinerung erreicht.

Was ist denn eine Größenordnung? Meist ist damit ein Wertebereich gemeint, dessen Anfang und Ende sich wie 1 : 10 verhalten, kurz eine Zehnerpotenz. Allerdings muß das nicht so sein. Für jemanden, der in Dualzahlen denkt, kann der Unterschied von 1 : 2 schon eine Größenordnung bedeuten, also eine Zweierpotenz. Deshalb ist es besser, statt „Größenordnung" den Begriff „Zehnerpotenz" – oder was sonst gemeint ist – zu verwenden.

Den gewissenhaften Leser mag an diesem Beispiel noch etwas anderes stören: Was sind denn *Verbesserungen* von Kapazität und Zugriffszeit? Kapazitäten und Zugriffszeiten eines Speichers können *vergrößert* oder *verkleinert*, aber nicht *verbessert* werden. Sie können ja auch nicht *gut* oder *schlecht* sein. Ist also Vergrößerung oder Verkleinerung gemeint? Weder noch, sondern Vergrößerung der Kapazität und Verkleinerung der Zugriffszeit. Der Verfasser wollte mit den „Verbesserungen" entweder zwei Fliegen mit einer Klappe schlagen und verlangt die Auflösung der Zusammenziehung vom Leser, oder er hat so flüchtig gearbeitet, daß ihm die Zusammenfassung gegensätzlicher Begriffe gar nicht zum Bewußtsein kam. Mein Berichtigungsvorschlag lautet:

> ⇒ Vergrößerungen der Kapazität und Verkleinerungen der Zugriffszeit um mehrere Zehnerpotenzen wurden durch entsprechende Wahl der Technologien und deren Verfeinerung erreicht.

„grundsätzlich" und „prinzipiell" haben ein doppeltes Gesicht. Manchmal bedeuten sie „immer", „ausnahmslos", manchmal bedeuten sie „fast immer, jedoch mit Ausnahmen". Wenn neben einem Benzintank ein Schild mit der Aufschrift „Rauchen grundsätzlich verboten" hängt, bedeutet dieses „grundsätzlich" bestimmt „ausnahmslos". Aber wie ist der Satz aus einem Grammatikbuch gemeint:

> Für die Verwendung satzwertiger Infinitivgruppen im finalen Verhältnis insgesamt ist zu beachten: Der mit *um … zu* angeschlossene Infinitiv bezieht sich grundsätzlich auf das Subjekt des übergeordneten Satzes.

Da die Grammatik voller Ausnahmen ist, bedeutet „grundsätzlich" hier vermutlich, daß es Fälle gibt, bei denen sich der mit „um … zu" angeschlossene Infinitiv nicht auf das Subjekt des übergeordneten Satzes bezieht.

„identisch" und „gleich" werden oft so gebraucht, als bedeute Identität eine Steigerung von Gleichheit – etwa „völlige Gleichheit". Das ist unklar und deshalb abzulehnen. Näheres zu diesen schwierigen Begriffen und dem Unterschied zwischen ihnen steht in Anhang *A*.

„nichts weniger als" ist eine Wendung, die in technischen Texten selten vorkommt – vielleicht *weil* sie unklar ist. Goethes Roman „Wilhelm Meisters Lehrjahre" enthält im 6. Buch den Satz:

> Übrigens war er in seinen Handlungen und seinem ganzen Wesen nichts weniger als rauh, sondern vielmehr sanft und verständig.

Das bedeutet: Er war das *Gegenteil* von rauh, nämlich sanft und verständig. Ein Philosoph von heute schreibt:

> Was erwartet die Studierenden im Studiengang Mediengestaltung? Sicherlich mehr als graphische Spielereien am Computer. Es geht um nichts weniger als um Gestaltung von Software, die sich in der Anwendung bewähren und auf dem Markt behaupten muß.

Das bedeutet: Es geht um *nichts Geringeres* als um die Gestaltung von Software. Und das ist etwas ganz anderes.

„Randbedingung". Der Begriff „Randbedingung" kommt aus der Physik und bedeutet die Bedingung, die auf dem Rand eines räumlichen oder flächenhaften Bereichs gilt. In der Informatik wird er manchmal unsinnigerweise anstelle von „Zusatzbedingung" oder nur „Bedingung" schlechthin benutzt. Zum Beispiel heißt es in einem Buch:

> Die Technik strebt nach Problemlösungen; hier geht es darum, zu einem gegebenen Problem und unter gewissen Randbedingungen eine Lösung zu finden. Die Randbedingungen schließen insbesondere eine Kostenfunktion ein, die praktisch Zeit- und Aufwandsschranken impliziert.

„Skalierbarkeit". Vor einigen Jahren ist das Wort „Skalierbarkeit" als Übersetzung von „scalability" aufgekommen, ohne daß über seine Bedeutung Einigkeit besteht. „To scale" heißt (eine Leiter hinauf) „klettern", „in einer stufenweisen Ordnung aufsteigen", aber auch „regulieren", „auf einen Maßstab beziehen". Im Deutschen wurde „skalieren" meines Wissens früher nur in der Analogrechentechnik benutzt mit der Bedeutung „auf einen Maßstab beziehen".

Neuerdings bedeutet „Skalierbarkeit" so viel wie „Erweiterbarkeit", bei manchen Autoren sogar „unbeschränkte Erweiterbarkeit". So wird in einem Buch über Rechnerarchitektur definiert:

> Eine Rechnerarchitektur heißt *skalierbar*, wenn sie es ermöglicht, mit den gleichen Hardware- und Software-Komponenten Konfigurationen beliebiger Größe zu erstellen. Eine vollständig skalierbare Architektur hat die Eigenschaft, daß Anwendungsprogramme für sie unabhängig von der aktuellen Konfiguration geschrieben werden können.

Ein anderer Autor gibt eine etwas davon abweichende Definition:

> Ein skalierbares paralleles Programm liegt vor, falls die Effizienz bei wachsender Prozessoranzahl durch Vergrößerung der Problemgröße konstant gehalten werden kann.

Noch ein anderer Autor definiert ein skalierbares Netz als ein erweiterbares Netz, bei dem durch Hinzufügung von Netzknoten die schon vorhandenen Knoten nicht verändert zu werden brauchen. In der Computergrafik schließlich bedeutet „Skalierung" die maßstabgerechte Vergrößerung oder Verkleinerung von Figuren und Farbwerten. All das deutet darauf hin, daß „Skalierbarkeit" mit Vorsicht und mit einer beigefügten Definition benutzt werden und vielleicht noch besser vermieden werden sollte.

„Stand der Technik" ist eine beliebte Wendung. So schreibt jemand über die Anzahl der Stufen in Prozessoren mit Fließbandverarbeitung:

> Mehr als ein Dutzend Stufen sind heute Stand der Technik.

Das kann bedeuten: *sind heute üblich*; es kann aber auch bedeuten: *sind das Äußerste, das man heute erreichen kann.*

„Taktrate". Häufig findet man den Begriff „Taktrate" – gemessen in Megahertz oder Gigahertz – als Übersetzung von „clock rate". Aber hieß das bis vor kurzem nicht „Taktfrequenz"? Gewiß ist „-rate" die richtige Endung für die Übertragung von irgendetwas pro Zeiteinheit. Doch der Takt überträgt nichts, er läuft gleichmäßig durch, er ist nur eine Uhr. Deshalb scheint mir hier der Begriff „Taktrate" unangemessen und die alte „Taktfrequenz" angemessen zu sein.

„System". Dieses Wort wird in der Informatik ohne Überlegung für alles mögliche benutzt. Es gibt Computersysteme und Betriebssysteme, verteilte Systeme, dedizierte Systeme, Speichersysteme, Datenbanksysteme, Kommunikationssysteme und noch viele andere. Deshalb die Empfehlung, das Wort „System" nur dann zu benutzen, wenn seine Bedeutung unmißverständlich ist. Ein einziges Beispiel mag hier zur Demonstration genügen. Bei der Beschreibung von Speicherorganisationen schreibt jemand:

> Disk Caching wird heute in allen verbreiteten Systemen intensiv genutzt.

Was bedeutet hier „System"? Rechnersystem? Betriebssystem? Plattenspeicher-Steuereinheit? Daraufhin angesprochen, ändert er den Satz zu:

> ⇒ Disk Caching wird heute intensiv genutzt.

Die Wendung „in allen verbreiteten Systemen" war also überflüssig.

„transparent" kann „durchsichtig" oder „unsichtbar" bedeuten. Im Deutschen ist meist „durchsichtig" gemeint, im Englischen aber überwiegend „unsichtbar". Deshalb ist es klarer, diese Worte zu verwenden.

Zu allgemeine Aussagen

Mitunter entsteht Unklarheit durch zu allgemein gehaltene Aussagen. So vergleicht jemand die Geschwindigkeit prozeduraler und logischer Programmiersprachen, indem er schreibt:

> Im Endeffekt können Prolog-Programme (fast) so schnell wie Programme in prozeduralen Sprachen ausgeführt werden.

Dieser Satz hat, so allgemein wie er dasteht, kaum Sinn, denn was soll es heißen, daß zwei Programme verschiedener Sprachklassen gleich schnell ausgeführt werden? Ein Prologprogramm und ein imperatives Programm für die gleiche Aufgabe? Oder Dauer einer Unifikation = Dauer einer Zuweisung? Oder was sonst? Und was bedeutet hier „im Endeffekt"? Gemeint ist vielmehr:

> ⇒ Vergleichende Tests zeigen, daß Prolog-Programme (fast) genau so schnell wie äquivalente Programme in prozeduralen Programmiersprachen ausgeführt werden können.

Das setzt allerdings voraus, daß man den Begriff „äquivalente Programme" kennt. Zwei Programme heißen äquivalent, wenn sie für gleiche Eingabedaten gleiche Ausgabedaten liefern.

Eine andere, harmlosere Variante von zu allgemeinen Aussagen zeigt der folgende Satz über Zwischensprachen, die bei der Übersetzung eines Quellprogramms in ein Zielprogramm erzeugt werden:

> Jede Darstellungsform eines Programms vom ursprünglichen Quelltext zur Objektdatei ist eine Zwischensprache.

Nimmt der Leser den Satz wörtlich, muß er glauben, daß nicht nur die *zwischen* Quelltext und Objektdatei liegenden Darstellungsformen Zwischensprachen sind, sondern die Quellsprache und die Objektdatei selbst ebenfalls. Ist das wirklich harmlos?

Unklare Bezüge

Eine häufige Ursache von Unklarheiten sind Bezüge wie „dieses" und „jenes", „dasselbe", „welches", „ersteres" und „letzteres". Um ein Substantiv nicht zu wiederholen, benutzt man hier einen *Verweis* (oder *Bezug, Zeiger*). Das erschwert das Lesen, denn der Leser muß den Verweis verfolgen.

Im 18. und 19. Jahrhundert waren Verweise mit „dieses" und „jenes" beliebt, auch bei unseren Klassikern. So heißt es in Goethes west-östlichem Divan:

> Im Atemholen sind zweierlei Gnaden:
> die Luft einziehen, sich ihrer entladen;
> jenes bedrängt, dieses erfrischt;
> so wunderbar ist das Leben gemischt.

Was bedrängt hier und was erfrischt? Üblicherweise wird diese Stilfigur so verwendet, das „dieses" das zuletzt Gesagte, „jenes" das zuvor Gesagte, weiter Zurückliegende, bedeutet, also hier: *Einatmen bedrängt, Ausatmen erfrischt*. Doch empfindet man das wirklich so? Erfrischt nicht gerade das Einsaugen neuer, frischer Luft? Hat Goethe die Verweise hier ausnahmsweise anders herum gemeint?

Glücklicherweise wird diese Verweisart heute kaum noch benutzt und schon gar nicht beim Technischen Schreiben, aber „derselbe" und „letzteres" kommen gelegentlich vor:

> In der Mustererkennung werden aus Bildern bestimmte Informationen herausgelesen, man erhält aus dem Bild eine Beschreibung desselben. Wir wollen unter Computergrafik im wesentlichen die Generative Computergrafik verstehen, wobei die Interaktivität ein wesentlicher Bestandteil derselben ist.

Das klingt altertümlich und umständlich. Falls man nicht schon vorher weiß, was der Verfasser eigentlich sagen will, ist der Text kaum zu verstehen.

Das Beispiel mit „letzteres" lautet:

> In Sekundär-Caches werden Befehle und Daten meist gemeinsam gespeichert und längere Blöcke als bei Primär-Caches verwendet. Letzteres dient dem Zweck, bei den unumgänglichen, langsamen Hauptspeicherzugriffen viele Speicherworte schon vorausgreifend in den Cache einzulagern.

Hier ist leicht zu verstehen, worauf sich der Verfasser mit dem Verweis „letzteres" bezieht, aber „dient dem Zweck" klingt schwerfällig, und das Passiv macht die Sätze auch nicht gerade elegant. Eine Verbesserung könnte vielleicht so aussehen:

> ⇒ In Sekundär-Caches speichert man Befehle und Daten meist gemeinsam. Ferner verwendet man längere Blöcke als bei Primär-Caches, um bei den unumgänglichen, langsamen Hauptspeicherzugriffen viele Speicherworte schon vorausgreifend in den Cache einzulagern.

Mehrdeutigkeit

Ein Satz ist mehrdeutig, wenn man ihm mehr als eine Bedeutung geben kann. Das „mehr" heißt hier zwar immer nur „zwei", und im Englischen heißt Mehrdeutigkeit dementsprechend auch *ambiguity*, doch im Deutschen ist das Wort „Zweideutigkeit" zweideutig, und deshalb benutzen wir das nur scheinbar allgemeinere „Mehrdeutigkeit".

Es gibt semantische (inhaltliche) und syntaktische (grammatische) Mehrdeutigkeiten. Semantische entstehen, wenn einzelne Wörter oder Wendungen mehrere Bedeutungen haben können, wie in dem Satz „Sie sahen das Schloß" (Türschloß oder herrschaftlicher Wohnsitz?). Solche Mehrdeutigkeiten lösen sich fast immer durch den Zusammenhang auf, so daß sie der Leser gar nicht bemerkt. Syntaktische Mehrdeutigkeiten ergeben sich aus verschiedenen grammatischen Interpretationen eines Satzes. Einfache Beispiele hierfür sind:

> Mein Weg zum Alkoholiker.
>
> Er sah das Mädchen mit dem Fernglas.
>
> Gestern wurde Kuwaits Hauptstadt endgültig von den Alliierten befreit.
>
> Vater von vier Kindern in den Tod gerissen.
>
> Bettlägeriger nach Zimmerbrand durch Grablicht gerettet.
>
> Arzt erbrach Apotheke.

(Das letzte Beispiel stammt aus einer österreichischen Zeitung. In Österreich bedeutet „erbrechen" auch *aufbrechen*.) Solche Mehrdeutigkeiten kommen besonders in Zeitungsüberschriften vor, wenn das Streben nach Kürze übertrieben wurde; aber auch technische Texte sind nicht dagegen gefeit. In einem Buch über *Windows NT* heißt es über das Kommando *Suchen*:

> Der Befehl SUCHEN bietet die Möglichkeit, nach Dateien, Ordnern oder weiteren Rechnern zu suchen, sofern Ihr Rechner an ein Netzwerk angeschlossen ist.

Will sein Verfasser sagen, daß man den Befehl *Suchen* nur dann verwenden kann, wenn der Rechner an ein Netzwerk angeschlossen ist, oder daß man ihn zwar immer verwenden, jedoch nur dann nach weiteren Rechnern suchen kann, wenn der eigene Rechner an ein Netzwerk angeschlossen ist? Informatiker werden vielleicht noch bemängeln, daß der Verfasser keinen Unterschied zwischen *Befehl* und *Kommando* macht, und Sprachfreunde, daß es im Deutschen keine *Netzwerke*, sondern nur *Netze* gibt (siehe dazu „network" auf Seite 78). Die Formulierung „bietet die Möglichkeit" klingt vielleicht auch etwas gedrechselt. Wenn man das alles beachtet, mag als Verbesserung herauskommen:

> ⇒ Mit dem Kommando SUCHEN findet man Dateien und Ordner; sofern der eigene Rechner an ein Rechnernetz angeschlossen ist, kann man damit auch andere Rechner im Netz finden.

Mehrdeutige Sätze bilden glücklicherweise meist keine Hürde für das Verständnis. Dennoch sollte man sie vermeiden, weil der Leser über sie stolpern kann und den Satz dann noch einmal lesen muß.

Die deutsche Sprache hat ein zweideutiges Wort, das ferne Vergangenheit und ferne Zukunft zugleich bezeichnet: „einst".

> Einst lebte in einer Köhlerhütte ein armes Mädchen.

> Einst wird kommen der Tag.

Techniker und Wissenschaftler benutzen „einst" nicht, doch die Dichter, die „raunenden Beschwörer des Imperfekts", verzaubern ihre Leser mit ihm.

2.2 Kürze

Alle Stilisten sind sich darüber einig, daß technische und wissenschaftliche Abhandlungen so kurz wie möglich sein sollen. Wir haben heute zu viel zu lesen, es stürmt so viel Gedrucktes auf uns ein, daß wir verärgert reagieren, wenn uns einer mit gedrechselten Phrasen langweilt oder uns Schwulst anstatt einfacher Aussagen verkauft. Erzählerische Breite, weites Ausholen, anekdotisches Schreiben, Witz und Ironie sind nicht Sache der Techniker und Wissenschaftler.

Außerdem: Die Tilgung alles Entbehrlichen gibt den Sätzen ein Maximum an Substanz, verleiht ihnen oft Wucht und Würde, zeigt dem Leser, daß der Verfasser mit Fleiß an seinem Manuskript gefeilt und die Worte gewogen hat. Denn Kürze fällt einem nicht in den Schoß. Die erste Fassung ist meist viel zu wortreich; da heißt es dann, das Ego ausschalten, das mit heißem Herzen zu Papier gebrachte wieder streichen. Viele Autoren können das nicht auf Anhieb; sie können es aber lernen. Besonders Anfänger erliegen der Versuchung, zu viel zu schreiben, denn sie glauben: je länger, um so besser. So ergeht es dem Schüler mit seinen Hausaufsätzen, dem Studenten mit seiner Studien- und Diplomarbeit. Dabei ist die Länge gar kein Maßstab für die Qualität. Der junge Goethe soll seiner Schwester einmal eilig einen Brief geschrieben und an seinem Ende vermerkt haben: „Entschuldige, daß der Brief so lang geworden ist, aber für einen kürzeren hatte ich keine Zeit."

Kürze zeigt sich in straffer Formulierung der Sätze und sorgfältiger Wortwahl. Hier sind einige Beispiele dafür.

Kürze durch Straffung

Um die Funktion des Leitwerks von Rechnern zu erklären, schreibt jemand:

> Das Leitwerk steuert die Arbeitsweise des Rechenwerkes und der übrigen Komponenten der Rechenanlage auf Basis der schrittweisen Interpretation von Maschinenbefehlen.

Dieser Satz ist nicht nur lang, sondern auch falsch, denn das Leitwerk steuert nicht die Arbeits*weise* des Rechenwerks, höchstens seine Arbeit, besser aber wohl nur „das Rechenwerk". „Auf Basis der schrittweisen Interpretation" klingt gestelzt und lautet einfacher: „durch schrittweise Interpretation". Somit ergibt sich die (etwas) kürzere Fassung:

> ⇒ Das Leitwerk steuert das Rechenwerk und die übrigen Komponenten der Rechenanlage durch die schrittweise Interpretation von Maschinenbefehlen.

Besonders erfreulich ist eine Kürzung, die nicht nur wegläßt oder umstellt, sondern die Ausdrucksfähigkeit unserer Sprache ausnutzt, wie in der Verbesserung des Satzes:

> Die Vorlage wird in Aufsicht (bei Druckvorlagen) oder Durchsicht beleuchtet (bei Dias).

Hier stört zuerst die Stellung von „beleuchtet". Die normale Stellung wäre doch die:

> ⇒ Die Vorlage wird in Aufsicht (bei Druckvorlagen) oder Durchsicht (bei Dias) beleuchtet.

Nichts gegen Unsymmetrie, wenn sie etwas Besonderes zum Ausdruck bringt. Aber hier ist das nicht der Fall, sondern sie ist nur Willkür des Verfassers. Das Zwischenergebnis ist eine kleine Verbesserung, jedoch keine Verkürzung. Die ergibt sich, wenn man merkt, daß „beleuchten" ja eigentlich nur für die Aufsicht das richtige Wort ist, während die Durchsicht ein *Durchleuchten* erfordert. Und schon hat man das Ergebnis:

> ⇒ Die Vorlage wird *be*leuchtet (bei Druckvorlagen) oder *durch*leuchtet (bei Dias).

Oder, ohne Klammern und noch kürzer:

> ⇒ Druckvorlagen werden *be*leuchtet, Dias *durch*leuchtet.

Hat sich der Aufwand, haben sich die fünf Minuten gelohnt, die man in diese Verbesserung gesteckt hat? Das mag jeder für sich beurteilen. Der Gedanke ist konzentrierter geworden, und die beiden Begriffe „Aufsicht" und „Durchsicht" haben sich als überflüssig erwiesen.

Auf der Suche nach Verkürzungsmöglichkeiten kann man manchmal viel einsparen. Jemand definiert den Begriff „Dokumentsuchsysteme" so:

> Dokumentsuchsysteme dienen dazu, von Menschen produziertes und in Dokumenten festgehaltenes Wissen Menschen zugänglich zu machen, um einen Informationsbedarf zu befriedigen.

Das befriedigt den Leser vielleicht, weil hier klar gesagt wird, was ein Dokumentsuchsystem ist. Aber braucht man das papierne Wort „Informationsbedarf" dazu? Muß man überhaupt begründen, wozu Dokumentsuchsysteme verwendet werden? Nein, also weg damit!

> ⇒ Dokumentsuchsysteme dienen dazu, von Menschen produziertes und in Dokumenten festgehaltenes Wissen Menschen zugänglich zu machen.

Die Definition wird dadurch nicht nur kürzer, sondern auch gedanklich straffer, ohne an Inhalt zu verlieren. Ist das aber schon die kürzeste, beste Form? Sind die Menschen darin wichtig? Wer produziert denn sonst noch Wissen? Deshalb möchte ich den Satz noch einmal kürzen:

> ⇒ Dokumentsuchsysteme dienen dazu, in Dokumenten festgehaltenes Wissen Interessenten zugänglich zu machen.

Klarheit, Kürze und Klang hängen oft zusammen. Da überschreibt jemand in einem Aufsatz über Echtzeitdatenverarbeitung einen Abschnitt mit „Zeitliche Gültigkeit der Echtzeitdaten". Das klingt wegen des doppelten Vorkommens von „Zeit" etwas umständlich. Kurzes Nachdenken zeigt, daß „Aktualität der Echtzeitdaten" den Sachverhalt ebenso trifft; und daraus ergibt sich die noch kürzere Formulierung „Datenaktualität", denn „Echtzeit" kann man getrost weglassen, da es sich in dem Aufsatz nur um Echtzeitdaten handelt.

Statt vom „schwierigen Umgang mit Kontrollflußkonstrukten" kann man auch vom „schwierigen Umgang mit Anweisungen zur Ablaufsteuerung" sprechen und statt „Im Bereich der Aufzeichnungs- und Kassettenformate haben sich QIC und das DAT etabliert", kann man auch einfacher sagen: „Als Aufzeichnungs- und Kassettenformate haben sich QIC und DAT durchgesetzt".

Die Stilfigur „einerseits ... andererseits" klingt umständlich und läßt sich oft vermeiden, indem man die Erkennung der Gegensätzlichkeit dem Leser überläßt. So kann man in dem Satz „Eine Nachricht wird von einer Quelle erzeugt; sie hat einerseits eine Darstellungs- und andererseits eine Bedeutungskomponente" ohne weiteres „einerseits" und „andererseits" weglassen.

Kürze durch Wortwahl

Kleine, doch wertvolle Verkürzungen entstehen durch Weglassen eines nichtssagenden oder Verkürzung eines zusammengesetzten Wortes.

Vor einem beliebten Wort sei besonders gewarnt: „sehr". Wer immerzu von *sehr* groß, *sehr* wichtig, *sehr* gefährlich spricht, will sich wichtig machen. Wenn er immerzu „sehr wichtig" sagt, und es kommt wirklich etwas sehr Wichtiges, dann muß er „sehr sehr wichtig" sagen. Deshalb verwende man das Wort „sehr" sparsam, am besten gar nicht. Das ist ein *sehr* guter Rat!

Nichtssagend sind Füllwörter, die man in die Rede einstreut, damit sie leichter fließt, die aber in einem technischen Text nichts verloren haben, wie „relativ", „prinzipiell", „praktisch", „eigentlich", „genau".

„Relativ" ist relativ überflüssig. Es soll Sorgfalt und Genauigkeit ausdrücken, täuscht sie aber oft nur vor. Wenn jemand schreibt: „Der Zug fuhr relativ schnell", dann sagt das nicht mehr als „Der Zug fuhr schnell", denn der Leser weiß über die Geschwindigkeiten von Zügen Bescheid, und keiner wird auf den Gedanken kommen, daß schnell ohne den Zusatz „relativ" 600 km/Std bedeuten könnte. Hier sind zwei Beispiele aus der Informatik-Literatur. Das erste stammt aus dem Gebiet Datenkompression:

> Es gibt zwar auch relativ allgemein verwendbare Kompressionsverfahren, eine wirklich effiziente Kompression hängt aber sehr stark von der Nachricht ab.

„Relativ allgemein" ist nichtssagend, und das „sehr" könnte sich der Verfasser auch schenken. Damit wird der Satz schon besser. Noch klarer freilich ist die etwas längere Formulierung:

> ⇒ Es gibt zwar auch Kompressionsverfahren, die beliebige Daten gut komprimieren können, aber eine wirklich effiziente Kompression hängt stark von der Art der Daten ab.

Doch was mag hier „wirklich effizient" heißen? Kann man das nicht klarer ausdrücken? Hier ist ein Vorschlag dazu:

> ⇒ Es gibt zwar auch Kompressionsverfahren, die beliebige Daten gut komprimieren können, aber die Wahl des besten hängt stark von der Art der Daten ab.

Das zweite Beispiel stammt aus dem Gebiet Parallelverarbeitung:

> Dadurch gelingt es, Vektorrechner und Feldrechner zu trennen, die nach relativ unterschiedlichen Prinzipien arbeiten.

Was mag der Unterschied zwischen relativ unterschiedlichen und unterschiedlichen Prinzipien sein?

Zu den Füllwörtern „prinzipiell", „praktisch", „eigentlich" gebe ich keine Beispiele, da jedem Leser klar sein dürfte, daß diese Wörter in den meisten Fällen überflüssig sind. Aber das Modewort „genau" benötigt Beispiele. Belauschen wir den Anfang eines Gesprächs:

> „Guten Tag, Herr Kollege, der Vortrag war gut, nicht wahr?"
> „Genau."
> „Es war nur leider recht heiß im Saal."
> „Genau."
> „Und ein bißchen deutlicher hätte der Vortragende auch sprechen können."
> „Genau."

Woher kommt es, daß manche Leute sich das „ja" zugunsten von „genau" abgewöhnt haben? Man kann vermuten, daß die Mathematiker daran schuld sind. Früher sagten sie: „Die Aussage x gilt dann und nur dann, wenn ...", heute sagen sie: „Die Aussage x gilt genau dann, wenn ...". Die Kürze und Präzision des „genau" hat anscheinend auch Nichtmathematikern so gefallen, daß sie das Wort in ihren aktiven Sprachschatz aufgenommen haben und häufig – zu häufig – benutzen. Das führt zu den Auswüchsen der folgenden Beispiele:

> Die Turingmaschine enthält einen Schreib-Lese-Kopf, der sich zu jedem Zeitpunkt über genau einer Speicherzelle des Bandes befindet.
>
> Bei der Stanford-Architektur existiert genau ein Satz von 32 bzw. 64 Allzweckregistern.
>
> Die Versorgung der Fließbänder geschieht über Vektorregister, von denen jedes die Elemente genau eines Vektors speichert.
>
> Abstraktion ist der Schlüssel zur Meisterung der Komplexität; man beschäftigt sich jeweils nur mit genau jenen Aspekten, die im nächsten Schritt bei der Suche nach einer Lösung oder zum Verstehen eines Algorithmus notwendig sind.

Auf den ersten Blick scheint das Wort „genau" hier überall notwendige Präzision auszudrücken. Aber das ist ein Irrtum. Auch wenn es im ersten Satz wegfiele, käme wohl keiner auf den Gedanken, daß „über einer Speicherzelle" einschließen könnte, daß sich der Schreib-Lese-Kopf über je einer Hälfte zweier benachbarter Speicherzellen befindet. Entsprechendes gilt für die anderen Beispiele. Die Verbindung „genau einer" hat nur dann Sinn, wenn man sagen will „mindestens einer und nicht mehr als einer" und sich keine dieser beiden Teilaussagen von selbst versteht.

Eine weitere Möglichkeit zur Verkürzung besteht darin, zusammengesetzte Wörter (wie „Fragestellung") durch einfache („Frage") zu ersetzen. Andere Fälle dieser Art stehen im Abschnitt „Überflüssige Komposita" auf Seite 53.

Füllwörter gibt es auch im Englischen. So mancher Übersetzer hat sich schon bemüht, das Wort „actually" brav ins Deutsche zu übersetzen, obwohl er es besser einfach weggelassen hätte.

Um Mißverständnisse zu vermeiden, sei am Ende dieses Abschnitts noch gesagt, daß Kürze nicht etwa Wiederholungen ausschließt. Wichtige Aussagen können und sollen wiederholt werden, sei es in derselben Formulierung, um die Eindringlichkeit zu erhöhen, sei es in verschiedenen Formulierungen, um dem Leser denselben Gegenstand in verschiedenen Beleuchtungen zu zeigen. Gerade bei schwer verständlichen Aussagen, wie zum Beispiel mathematischen Sätzen, kann der Leser an verschiedenen Formulierungen prüfen, ob er die Sache richtig und in ihrer vollen Tragweite verstanden hat (siehe auch Seite 123).

2.3 Klang

Wie ein technischer Aufsatz klingt, scheint nichts zu seiner Qualität beizutragen, denn er wird ja nicht laut gelesen. Deshalb – so möchte man glauben – ist der Klang kein Qualitätskriterium technischer Prosa. Doch Lesen ist bei den meisten Menschen von innerem Sprechen begleitet. Im Leser klingt, was er gerade liest, und wenn ihm ein Werk über seinen technischen Inhalt hinaus Freude bereiteten soll, muß es angenehm zu lesen sein. Die Sätze und die in ihnen enthaltenen Gedanken müssen harmonisch vom Buch in den Kopf des Lesers fließen. Sie sollen nicht zu kurz sein und nicht hart aufeinanderstoßen, und sie sollen nicht so lang sein, daß man sich in ihnen verirrt und sie zweimal lesen muß, um den Gedanken zu verstehen. Gewiß spielt der Klang bei technischer Prosa keine so bedeutende Rolle wie bei künstlerischer, doch ganz vernachlässigen sollte man ihn nicht.

Bei künstlerischer Prosa ist der Klang ein Stilkennzeichen, das das ganze Werk durchzieht, was Reiners in seiner Stilkunst auf bewundernswerte Weise gezeigt hat. Bei technischer Prosa müssen wir viel bescheidener sein. Ich beschränke mich auf einige Beispiele, die zeigen, wie Wortwahl und Satzbau den Klang und damit die Lesbarkeit beeinflussen.

Schlechter Klang kann viele Ursachen haben. Die beiden häufigsten sind die zu dicht aufeinander folgende Wiederholung von gleichen oder ähnlichen Wörtern und das unerwartete Zusammenstoßen von unbetonten kurzen Wörtern. Schlechter Klang eines Satzes kann auch grammatische Fehler oder andere Mängel im Satzbau verraten.

Klangwiederholung

Eine Seminararbeit über die Geschichte der Zentraleinheiten hat die Überschrift

Von von Neumann zum Hochleistungsmikroprozessor

So etwas läßt jedes Klanggefühl vermissen. Der Schreiber sollte darauf verzichten, v.Neumann zu nennen und einfach schreiben:

⇒ Von den Anfängen zum Hochleistungsmikroprozessor

Über Prozessoren mit mehreren arithmetisch-logischen Einheiten heißt es:

> Zur Verarbeitung von Vektordaten stehen mehrere Funktionseinheiten zur Verfügung, die jeweils als arithmetische Pipeline ausgelegt sind und je Taktzyklus in der Lage sind, eine Operation zu starten.

Das gleichlaufende „ausgelegt sind" und „in der Lage sind" klingt nicht schön, das „jeweils" und „je" auch nicht. Wer gegen unnötige Anglizismen empfindlich ist (und das sollte jeder Informatiker sein!), stößt sich auch noch an „Pipeline". All das läßt sich leicht beseitigen:

⇒ Zur Verarbeitung von Vektordaten stehen mehrere Funktionseinheiten zur Verfügung, die als arithmetische Fließbänder ausgelegt sind und in jedem Taktzyklus eine Operation starten können.

Beim Vergleich beider Fassungen erkennt man, daß das „jeweils" überflüssig war.

Unerwartetes Zusammenstoßen von Wörtern

Hier ist ein typischer Satz, wie er einem bei der ersten Formulierung unterläuft:

> Bei kombinatorischen Schaltungen kann auf Grund der Gatterverzögerungszeiten das reale Verhalten vom durch die logische Analyse ermittelten Verhalten abweichen.

„vom durch die" klingt schlecht und das doppelte „Verhalten" auch nicht gut. Bei der Überlegung, wie man beides vermeiden könnte, merkte der Verfasser, daß er mit dem „durch die logische Analyse ermittelten Verhalten" einfach das „logische Verhalten" meint. Damit wird der Satz zu:

⇒ Bei kombinatorischen Schaltungen kann auf Grund der Gatterverzögerungszeiten das reale Verhalten vom logischen abweichen.

Oder:

⇒ Bei kombinatorischen Schaltungen kann auf Grund der Gatterverzögerungszeiten das reale vom logischen Verhalten abweichen.

Manchmal meint einer, genau sein zu müssen, ist aber nur pedantisch:

> Der Prozessor ist über den oder die Busse mit dem Hauptspeicher verbunden.

Das „über den oder die" klingt nicht nur schwerfällig, sondern es müßte auch heißen „über den Bus oder die Busse". Solche Pedanterie ist unnötig. Besser und kürzer lautet der Satz:

⇒ Der Prozessor ist über Busse mit dem Hauptspeicher verbunden.

Den Grenzfall, daß es nur einen Bus gibt, braucht man nicht extra zu erwähnen.

Hier ist ein Satz, bei dem der schlechte Klang dadurch zustande kommt, daß zwei Begriffe gegensätzlicher Bedeutung (*allgemein* und *speziell*) aufeinanderprallen:

> Die Rechenwerke moderner Mikroprozessoren bestehen aus einer größeren Anzahl ALUs, die im allgemeinen auf spezielle Funktionen zugeschnitten sind.

Man braucht das „im allgemeinen" nur durch „meist", „oft" oder „in der Regel" zu ersetzen, und der Satz ist gerettet.

In einem Aufsatz über Computergrafik schreibt jemand:

Für im Volumenmodell erstellte Körper ist es kein Problem, die richtige Sichtbarkeit zu ermitteln.

„Für im" ist schwerfällig, „erstellt" ist häßlich, und der ganze Satz ist schief, denn er drückt aus, daß Körper keine Probleme damit haben, die richtige Sichtbarkeit zu ermitteln. Gemeint ist:

⇒ Bei der Verwendung des Volumenmodells ist es kein Problem, die Sichtbarkeit zu ermitteln.

Einen Verfasser, der gegen Modewörter empfindlich ist, stört möglicherweise noch „kein Problem". Dann verbessert er den Satz noch einmal zu:

⇒ Bei der Verwendung des Volumenmodells bereitet es keine Schwierigkeiten, die Sichtbarkeit zu ermitteln.

Doch es geht sogar noch kürzer:

⇒ Beim Volumenmodell ist die Ermittlung der Sichtbarkeit einfach.

Aktiv und Passiv in einem Satz

Sätze mit Teilen im Aktiv und Teilen im Passiv klingen oft schlecht. Sie sind auch aus Gründen der Logik und Klarheit meist nicht zu empfehlen.

Hier steht der erste Halbsatz im Aktiv und der zweite im Passiv:

Die Sprachelemente des imperativen Programmierens unterstützen zwar das strukturierte Programmieren; damit wird jedoch nicht das Programmieren im Großen unterstützt.

Das klingt zusammengestoppelt und schlaff. Das zweimalige „unterstützen" ist auch nicht schön. Und wenn man sich einmal klargemacht hat, daß „unterstützen" nur eine gedankenlose Nichtübersetzung von „to support" ist und meist gar nicht „unterstützen" sondern „ermöglichen" bedeutet (siehe auch Seite 68), macht man im Handumdrehen daraus den Satz:

⇒ Die Sprachelemente des imperativen Programmierens ermöglichen zwar das strukturierte Programmieren, jedoch nicht das Programmieren im Großen.

Hier kommt zwar das Wort „Programmieren" dreimal vor, doch es betont den Hauptgedanken und ist deshalb vielleicht nicht schlecht.

In dem folgenden Satz (aus einem Aufsatz über Computergrafik) erwartet man nach „d.h." einen Nebensatz und stolpert in einen zweiten Hauptsatz hinein:

Es sollte großer Wert darauf gelegt werden, daß das Verfahren inkrementell arbeitet, d.h., es wird nicht jeder Punkt aus den Angaben einzeln ermittelt, sondern aus dem zuletzt berechneten Punkt.

Die beiden Hauptsätze „Es sollte großer Wert darauf gelegt werden" und „es wird nicht jeder Punkt aus den Angaben einzeln ermittelt" sind passivisch, der dazwischen liegende Nebensatz „daß das Verfahren inkrementell arbeitet" ist aktivisch. Der „große" Wert klingt übertrieben. Ferner wird für dieselbe Sache einmal „berechnen" und einmal „ermitteln" gesagt. Verbesserung:

⇒ Es sollte Wert darauf gelegt werden, daß das Verfahren inkrementell arbeitet, d.h. nicht jeden Punkt aus den Angaben, sondern aus dem zuletzt berechneten Punkt berechnet.

Vielleicht aber klingt das doppelte „berechnen" hier zu hart, und man sollte ausnahmsweise lieber bei „ermitteln" bleiben.

Liebe ist ...

Eine Stileigentümlichkeit, der man oft begegnet, die in den mir bekannten Grammatiken und Stillehren auch nicht beanstandet wird, mich aber dennoch stört, ja, mir falsch vorkommt, sind Sätze, die mit „Das Ziel ist, ...", „Der Vorteil ist, ..." und ähnlichen Wendungen anfangen. Das Wörtchen „ist" – normalerweise ein Hilfsverb – wird hier als Vollverb verwendet. Dadurch fehlt diesen Konstruktionen irgendetwas. Wir sagen doch statt dessen „Das Ziel besteht darin, ...", „Das hat den Vorteil, ...". Ich erkläre mir mein Unbehagen so, daß – mit „ist" als Vollverb – die Worte „Das Ziel ist" einen formal vollständigen Hauptsatz bilden, der aber inhaltlich unvollständig ist, denn wenn man ihn allein hört, fragt man: „Das Ziel wovon?" oder „Welches Ziel?"; ebenso bei „Der Vorteil ist". Beispiel:

> Ein wesentliches Unterscheidungsmerkmal für Caches ist, ob der Prozessor auf sie mit virtuellen oder physikalischen Adressen zugreift.

Hier kommt dieses unglückliche „ist" vor. Der Satz enthält aber noch einen weiteren Fehler, denn es gibt kein Unterscheidungsmerkmal „für" sondern höchstens „bei" etwas. Besser klingt sicherlich

> ⇒ Caches werden danach unterschieden, ob der Prozessor auf sie mit virtuellen oder realen Adressen zugreift.

In dieser Fassung ist auch das „physikalisch" durch „real" ersetzt, denn was ist eine „physikalische Adresse"?

Ein weiteres Beispiel:

> Synchrone Busse arbeiten unter einem zentralen Taktgeber, der sämtliche Transaktionen steuert. Der Vorteil ist, daß die Abläufe am Bus einfach sind und durch hohe Taktraten beschleunigt werden können. Nachteilig ist, daß alle Busteilnehmer an die vorgegebene Busgeschwindigkeit angepaßt werden müssen.

Hier stört neben „Der Vorteil ist" auch der Austriazismus „Abläufe *am* Bus". In Österreich wird „am" nicht nur als Zusammenziehung von „an dem", sondern auch von „auf dem" verwendet. Das Wort „Taktrate" wurde bereits auf Seite 25 kritisiert. Schließlich stört mich noch die ungleiche Bildung von „der Vorteil ist" und „nachteilig ist". Auch das klingt holprig. Verbesserung:

> ⇒ Synchrone Busse arbeiten mit einem zentralen Taktgeber, der sämtliche Transaktionen steuert. Das hat den Vorteil, daß die Abläufe auf dem Bus einfach sind und durch hohe Taktfrequenzen beschleunigt werden können. Es hat aber auch einen Nachteil: alle Busteilnehmer müssen an die vorgegebene Busgeschwindigkeit angepaßt sein.

Klangmängel mit mehreren Ursachen

Hier sind noch einige Beispiele für verbesserungsbedürftigen Klang, die alle mehr als eine Ursache haben. Über die historische Entwicklung der Prozessoren schreibt jemand:

> Seit den ersten von Zuse und von von Neumann vorgeschlagenen Entwürfen von Prozessoren für Rechner hat sich die Technologie der Komponenten, aus denen die Hardware solcher Systeme aufgebaut werden kann, grundlegend geändert. Dabei sind einige deutliche Technologiesprünge zu verzeichnen, die es nahelegen, die Rechner nach Generationen einzuteilen, die sich in bezug auf Leistungsfähigkeit, Zuverlässigkeit, Größe, Herstellungspreise und Technik ihrer Nutzung durch Programmierung deutlich unterscheiden:

Hieran schließt sich die Aufzählung der Generationen. Nach dem bisher Gesagten kann jeder mindestens drei Stilmängel erkennen:

- „von Zuse und von von Neumann" klingt schlecht.
- Das unklare Wort „Systeme".
- Das zweimalige „deutlich" in so kurzem Abstand klingt ebenfalls schlecht.

Dazu kommt noch, daß „deutlich" ein Modewort ist, das man eine Weile ruhen lassen sollte (siehe Seite 64) und mit „Nutzung" meist „Benutzung" gemeint ist (siehe „nutzen" auf Seite 67). Kann man alle diese Mängel beseitigen? Beim Versuch, die „Systeme" durch etwas besseres zu ersetzen, bemerkt man wohl, daß „die Hardware solcher Systeme" und die vorher genannten „Prozessoren" dasselbe sind. Ist man mit der Analyse so weit gekommen, ergibt sich leicht die Umformulierung:

⇒ Seit den ersten Prozessorentwürfen Zuses und v.Neumanns hat sich der technische Aufbau der Komponenten grundlegend geändert. Sprünge in der Technologie haben zu einer Einteilung der Rechner in folgende Generationen geführt:

Das Ergebnis ist weniger als halb so lang wie der gegebene Text, es liest sich leicht, und der Sinn geht einem mühelos in den Kopf.

In einer Darstellung von Betriebssystemen gibt es einen Abschnitt, der so anfängt:

Leichtgewichtige Prozesse (Threads)
Der Umfang der mit einem Prozeß verknüpften Zustandsinformation ist in verschiedenen Betriebssystemen durchaus unterschiedlich; in gängigen Universal-Betriebssystemen wie UNIX ist dieser recht groß. Dies hat zur Folge, daß ein Prozeßwechsel einen beträchtlichen Aufwand mit sich bringt, mit der Folge von Effizienzverlusten bei häufigen Prozeßwechseln.

Das klingt angestrengt wegen der Nachbarschaft von „dieser" und „dies" und der Nachbarschaft von „dies hat zur Folge" und „mit der Folge". Eine einfache Verbesserung kann so lauten:

⇒ Leichtgewichtige Prozesse (Threads)
Die Menge der mit einem Prozeß verknüpften Zustandsinformation ist in verschiedenen Betriebssystemen unterschiedlich; in gängigen Universal-Betriebssystemen wie UNIX ist sie recht groß. Das hat zur Folge, daß ein Prozeßwechsel einen beträchtlichen Aufwand mit sich bringt. Bei häufigem Prozeßwechsel bedeutet das Effizienzverlust.

Bei der kritischen Prüfung dieser Fassung merkt man vielleicht, daß sich der erste Satz noch viel einfacher ausdrücken läßt:

⇒ Die meisten Betriebssysteme wie zum Beispiel UNIX verknüpfen mit einem Prozeß zahlreiche Zustandsinformationen.

Ferner stört vielleicht noch die Vagheit der letzten beiden Aussagen „einen beträchtlichen Aufwand mit sich bringt" (Zeitaufwand? Speicherplatzaufwand? Anderer Aufwand?) und „Effizienzverlust" (was mag hier „Effizienz" bedeuten?). Nachdem man das alles erkannt hat, kann man den Absatz noch schärfer fassen:

⇒ Leichtgewichtige Prozesse (Threads)
Die meisten Betriebssysteme wie zum Beispiel UNIX verknüpfen mit einem Prozeß zahlreiche Zustandsinformationen, weshalb ein Prozeßwechsel lange dauert. Bei häufigem Prozeßwechsel bedeutet das erheblichen Geschwindigkeitsverlust.

2.4 Zusammenfassung

Dieses Kapitel zusammenfassend können wir sagen:

Klarheit, Kürze und Klang sind die Grundlage eines guten technischen Stils. Höchstes Ziel der Klarheit ist Unmißverständlichkeit. Deshalb heißt klar schreiben im Idealfall unmißverständlich schreiben. Klarheit im Schreiben setzt Klarheit im Denken voraus.

Kürze heißt Befreiung von Ballast, Konzentration auf das Wesentliche. Sie schließt aber Wiederholungen zur Betonung und Verdeutlichung nicht aus.

Guter Klang ist auch in technischer Prosa ein Qualitätsmerkmal. Ein Text, der inhaltlich kompliziert ist, soll sich wenigstens flüssig und dadurch so leicht und angenehm wie möglich lesen lassen. Verbesserung des Klanges führt außerdem oft zu größerer Kürze und Klarheit.

2.5 Aufgaben

1. In einer Gegenüberstellung verschiedener Befehlsstrukturen heißt es:

> In modernen Prozessor-Implementierungen kann ein zusätzliches Bit im Befehlscode von Sprungbefehlen angeben, ob der Befehl in der Sprunglücke abhängig von der Sprungbedingung ignoriert werden soll. Das ist für den bedingten Sprung an den Anfang am Ende einer Schleife besonders nützlich.

„Sprung an den Anfang am Ende einer Schleife" klingt scheußlich und ist unklar. Können Sie den letzten Satz klar formulieren? Falls Sie sich mit den Befehlssystemen moderner Prozessoren auskennen, werden Sie außerdem einen sachlichen Fehler bemerken.

2. Falls Sie mit dem folgenden Satz nicht ganz glücklich sind, sollten Sie herausfinden, woran das liegt und wie Sie ihn verbessern können.

> Das Spektrum der Echtzeitanwendungen umfaßt Ein-Chip-Systeme zur Steuerung von einfachen technischen Geräten bis zu großen, auch geographisch verteilten Computersystemen mit Tausenden von leistungsfähigen Rechnern wie z.B. die Internationale Luftraumüberwachung.

3. In einer Arbeit über Schaltnetze heißt es:

> Jedes Logikgatter benötigt eine bestimmte Zeit, bis sich Eingangsänderungen am Ausgang auswirken. Die zeitliche Differenz wird als Verzögerungszeit bezeichnet.

Diese beiden Sätze sind anscheinend klar und nicht zu beanstanden. Dennoch würde ich sie nicht so stehen lassen. Stört auch Sie etwas an ihnen?

4.   Um möglichst wenig Verzögerungen zu erhalten, ist der Speicher in Bänke organisiert.

Falls Sie etwas an diesem Satz stört, sollten Sie ihn verbessern.

5. In einem Fachaufsatz heißt es:

> In Nordamerika sind die analogen Funktelefone sehr beliebt. Es ist eine große Flächendeckung vorhanden.

Sind sie mit ihm zufrieden, oder was stört Sie an ihm?

6. Diese Aufgabe ist nur etwas für Leser, die wissen, was man im Informatiker-Jargon unter „Aliasing" versteht.

> Aliasing sind Fehler, die bei der Umwandlung von analogen in digitale Informationen auftreten.

Können Sie den Amerikanismus beseitigen?

7. In einem Aufsatz über die Struktur von Dateisystemen (innerhalb von Betriebssystemen) schreibt jemand:

> Design-Kriterien
>
> Die Details der physikalischen Struktur und die verwendeten Algorithmen werden so entworfen, daß einerseits Leistung und andererseits die Datensicherheit optimiert werden.

Sollte Ihnen etwas daran nicht gefallen, verbessern Sie es.

8. In einer einführenden Arbeit über Fraktale und ihren Einsatz zur geometrischen Modellierung erklärt jemand:

> Mit Fraktalen sind z.B. Geländeformen modellierbar. Ein fraktaler Berg wird dabei aus einem Dreieck erzeugt. Danach wird jedes Dreieck in vier kleinere Dreiecke zerteilt. Dieser Vorgang wird solange rekursiv wiederholt, bis die gewünschte Genauigkeit erreicht wird.

Falls Ihnen diese Erklärung unlogisch und zu lang vorkommt, versuchen Sie, sie zu verbessern.

9. Bei der Erläuterung der Zugriffsgeschwindigkeit von Plattenspeichern schreibt jemand:

> Dieser Parameter wird von der auf einer bzw. mehreren Spuren befindlichen Datenmenge und der Rotationsgeschwindigkeit der Platten bestimmt.

Können Sie den Satz stilistisch verbessern?

10. Die Digitalisierung von kontinuierlichen Daten geschieht durch Abtasten und Quantisierung.

Stört Sie etwas an diesem Satz? Können Sie ihn verbessern?

11. Eine Nachricht an eine Variable bewirkt den Aufruf jener Methode, die zum mit der Variablen verbundenen Objekt gehört.

Falls Sie am Klang dieses Satzes etwas stört, brauchen Sie nur eine winzige Veränderung anzubringen, und schon klingt er passabel.

12. Der folgende Absatz enthält mehrere stilistische Mängel. Können Sie sie finden?

> Zentrale Ansätze zur Modellierung der Kommunikation stützen sich entweder auf expliziten Nachrichtenaustausch über Kommunikationskanäle oder auf die Benutzung von gemeinsamen Variablen. Es sei hier hervorgehoben, daß sich die beiden Ansätze nicht widersprechen. Tatsächlich kann man den jeweils einen mit Hilfe des anderen simulieren.

13. Diese Aufgabe richtet sich an Leser, die etwas von Logischer Programmierung verstehen. Wie gefällt Ihnen der folgende Satz?

> Logik, und damit auch die logische Programmierung, kann zur Wissensdarstellung, als analytisches Werkzeug und als Programmiersprache verwendet werden.

Haben Sie etwas an ihm auszusetzen? Wenn ja, was? Können Sie ihn verbessern?

14. Der Rechner besteht aus vier „Werken": Dem Rechenwerk, dem Steuerwerk, dem Speicherwerk und dem Ein-/Ausgabewerk inklusive Sekundärspeicher, das mit der Umwelt kommuniziert und als Langfristspeicher fungiert.

Sind Sie mit diesem Satz zufrieden? Ist er klar und einfach genug? Oder können Sie ihn verbessern?

15. Bei der Besprechung verschiedener Arbeitsprinzipien von Druckern heißt es:

> Bei Tintenstrahldruckern kann die Übertragung der Tinte entweder über einen kontinuierlichen Strahl oder über auf Anforderung erzeugte Tröpfchen erfolgen.

Wie hätten Sie diesen Satz formuliert?

16. In einem Buch über das World Wide Web heißt es:

> Einer der Schlüsselaspekte für den Erfolg der Internet-Protokolle ist deren Stabilität. Im Gegensatz zu vielen anderen Netzwerk-Technologien, die nur unter perfekten oder annähernd perfekten Bedingungen funktionieren, wurde das Internet so gestaltet, daß es stabil ist und so viele Fehler wie möglich toleriert.

Sind sie mit ihm zufrieden, oder was stört Sie an ihm?

17. Bei der Diskussion der Vermittlungsarten in Rechnernetzen schreibt jemand:

> Im Gegensatz zur Leitungsvermittlung werden in Netzen mit Paketvermittlung die Daten in Form von an die verschiedenen Teilnehmer adressierten Paketen übertragen.

Wie würden Sie diesen Satz formulieren?

18. Der folgende Satz ist so einfach, daß man kaum etwas an ihm ändern kann.

> Dünne organische Schichten kommen hier zum Einsatz.

Können Sie ihn trotzdem noch stilistisch verbessern?

19. Bei der Erklärung des Aufbaus von Plattenspeichern heißt es in einem Buch:

> Die erzielbare Spurbreite liegt bei unter einem Nanometer.

Wie würden Sie diesen Satz formulieren?

20. In einem maßgebenden Grammatikbuch werden für den Unterschied zwischen „derselbe" und „der gleiche" folgende Sätze als Beispiele angeführt:

> (Mißverständlich:) Mutter und Tochter benutzen dasselbe Parfüm.

> (Eindeutiger:) Mutter und Tochter benutzen das gleiche Parfüm.

In dieser Aufgabe geht es nicht um den in diesen Sätzen zum Ausdruck gebrachten Unterschied zwischen „derselbe" und „der gleiche". Prüfen Sie, ob Sie an den Beispielen etwas anderes stört.

3

Einfachheit

> Alles Entbehrliche wirkt nachteilig. Das Gesetz der Einfachheit und Naivität, da diese sich auch mit dem Erhabensten verträgt, gilt für alle schönen Künste.
>
> Schopenhauer: Über Schriftstellerei und Stil

> Man gebrauche gewöhnliche Worte und sage ungewöhnliche Dinge: aber sie machen es umgekehrt.
>
> Schopenhauer (zitiert nach Reiners)

Einfachheit ist mit Klarheit und Kürze eng verbunden; denn einen Sachverhalt klar und kurz beschreiben, heißt auch, ihn so einfach wie möglich beschreiben, mit einfachen Worten und einfach gebauten, unverschachtelten Sätzen. So führt das Streben nach Klarheit und Kürze von allein auf Einfachheit. Damit ist nicht gemeint, daß sich alles einfach darstellen ließe, etwa dem Spruch gemäß: *Alles Große ist einfach*; denn das ist schön gesagt, aber unhaltbar. Wer wollte leugnen, daß Wagners „Tristan und Isolde" und Einsteins Relativitätstheorie groß sind, und zugleich behaupten, daß sie auch einfach seien? Das Anstreben von Einfachheit kann in dem hier gemeinten Sinn nur bedeuten, so einfach zu schreiben wie der Gegenstand es erlaubt; nicht einfacher, das heißt: nicht *vereinfachend*.

Nun kann man sich fragen, warum so wenige Leute einfach schreiben, warum unsere Gebrauchsprosa voll ist von langatmigen, schwer verständlichen, von Fachbegriffen überbordenden Werken, angefangen beim Schulaufsatz über die Diplomarbeit und den

Fachaufsatz bis zum Buch. Dafür gibt es eine ganze Reihe von Gründen: Der Verfasser hat nichts zu sagen; er möchte sich einen wissenschaftlichen Anstrich geben; er möchte geistreich sein; er möchte „flott" und aktuell schreiben; er folgt schlechten Vorbildern oder Moden.

Mancher ist auch ehrgeizig und möchte seinen eigenen Stil entwickeln, an dem man ihn erkennt, und sich dadurch von anderen unterscheiden. Das geht meistens schief. Auf lange Sicht ist das Gegenteil besser: Wer seinen Ehrgeiz zurückstellt, auf einen persönlichen Stil verzichtet und nur der Sache zu dienen versucht, wird sich in seinen Texten bald ohne sein Zutun von der Masse der Technischen Schreiber unterscheiden.

Wie bei den drei „K" läßt sich auch das Ringen um Einfachheit am besten durch Beispiele zeigen. Ich gliedere sie nach den Gesichtspunkten *Satzbau* und *Wortwahl*.

3.1 Satzbau

Gliederungsprinzip für Sätze und Absätze sollte sein, daß ein Satz *einen* Gedanken ausdrückt, ein Absatz eine Folge eng zusammenhängender Gedanken. Preßt man mehrere Gedanken in einen Satz, wird er lang und unübersichtlich. Zerhackt man einen Gedanken und verteilt ihn auf mehrere Sätze, erzeugt man Gedankentrümmer, aus denen sich der Leser erst die vollständigen Gedanken zusammensetzen muß.

Zu lange Sätze

Die deutsche Sprache ermöglicht außerordentlich lange und kompliziert gebaute Sätze, ja sie ermöglicht sie nicht nur, sondern lädt zu ihrer Konstruktion geradezu ein. Das zeigen nicht nur juristische und amtliche Schreiben, sondern auch die Werke der technischen Literatur.

Es gibt den einfachen Satz und den zusammengesetzten, der aus einem oder mehreren aneinandergereihten Hauptsätzen besteht, von denen wiederum jeder ein oder mehrere Nebensätze als seine Trabanten enthalten kann und diese entweder gleichrangig aneinandergereiht (Nebensätze 1. Grades) oder anderen untergeordnet sein können (Nebensätze 2., 3., … Grades), womit sich äußerst komplizierte Strukturen – sogenannte *Perioden* oder *Schachtelsätze* – erzeugen lassen, auf die ihre Autoren stolz sein können, denn dadurch, daß sie solche Bandwurmsätze zustande bringen, ohne sich in den Netzen der Grammatik zu verfangen, zeigen sie, wie meisterlich sie die Sprache beherrschen.

Der vorhergehende Satz ist so eine Periode; er besteht aus 90 Wörtern, und man muß ihn sicherlich zwei oder dreimal lesen, bis man ihn verstanden hat. Was kann man gegen solche Satzungetüme tun? Man kann sie in mehrere kürzere Sätze *zerschlagen*, zum Beispiel folgendermaßen:

> Es gibt den einfachen und den zusammengesetzten Satz. Der zusammengesetzte besteht aus einem oder mehreren aneinandergereihten Hauptsätzen, und jeder Hauptsatz kann ein oder mehrere Nebensätze als seine Trabanten haben. Die Nebensätze können gleichrangig aneinandergereiht sein (Nebensätze 1. Grades), oder ein Nebensatz kann einem anderen untergeordnet sein (Nebensätze 2., 3., … Grades). Damit lassen sich äußerst komplizierte Strukturen – sogenannte *Perioden* oder *Schachtel-*

sätze – erzeugen, auf die ihre Autoren stolz sein können. Denn dadurch, daß sie solche Bandwurmsätze zustande bringen, ohne sich in den Netzen der Grammatik verfangen, zeigen sie, wie meisterlich sie die Sprache beherrschen.

Das Ergebnis ist nur um zwei Wörter länger, jedoch viel leichter verständlich.

Es gibt mehrere Ursachen für zu lange Sätze. Die häufigste ist wohl die, daß man erst während des Schreibens den Gedanken entwickelt, den man zu Papier bringen will. Dabei fällt einem ein, daß man einen Begriff im selben Satz noch näher erklären oder etwas schon Gesagtes einschränken sollte, und schon sind aus dem einen Gedanken mehrere geworden. Wer von seinen Gedanken bedrängt wird, fühlt sich vielleicht genötigt, die eingeschobenen Erklärungen durch noch einmal eingeschobene zu präzisieren. Hier ist ein einfaches Beispiel dafür:

> Fast alle kommerziell erhältlichen Rechner folgen, allerdings mit einigen Modifikationen, auf die später eingegangen wird, diesem Prinzip der Abarbeitung von Maschinenbefehlen.

Das ist ein nur mäßig langer Satz, den der Leser ohne weiteres versteht, aber er ist doppelt geschachtelt. Seine Struktur sieht so aus:

Fast alle kommerziell erhältlichen Rechner folgen,	Hauptgedanke, Anfang
allerdings mit einigen Modifikationen,	Nähere Bestimmung von „folgen"
auf die später eingegangen wird,	Nähere Best. von „Modifikationen"
diesem Prinzip der Abarbeitung von Maschinenbefehlen.	Hauptgedanke, Ende

Vor allem stört, daß der Hauptgedanke aus zwei Hälften besteht, die die erklärenden Nebengedanken umschließen. In der folgenden Fassung sind die beiden Teile des Hauptgedankens zu einem vereinigt.

> ⇒ Fast alle kommerziell erhältlichen Rechner folgen diesem Prinzip der Abarbeitung von Maschinenbefehlen, allerdings mit einigen Modifikationen, auf die später eingegangen wird.

Eine einfache Umstellung hat den Satz leichter verständlich gemacht. Aber nicht nur das; sie hat zugleich den Gedanken verdeutlicht, da der Leser nun die Hauptaussage zuerst und vollständig, ohne Einschübe erfährt.

Meist – wie in dem nächsten Beispiel – genügt es jedoch nicht, den Satz nur umzustellen:

> Schließlich sei zum Abschluß dieses Unterkapitels noch darauf hingewiessen, daß streng genommen auch der Begriff des Mikroprozessors für die heute erhältlichen Universalbausteine irreführend ist, weil diese zusätzlich zu den Funktionen des Prozessors im allgemeinen Teile des Speichers (insbesondere Cachespeicher und Ansteuerungen) sowie des Verbindungswerkes (insbesondere der Bussteuerung) beinhalten.

Hier plappert der Verfasser munter drauflos. Das „sei zum Abschluß dieses Unterkapitels noch darauf hingewiesen" ließe sich vielleicht entbehren und das „heute erhältlichen" auch, denn der Aufsatz handelt nur von den heute erhältlichen Mikroprozessoren. Da ein Cache ein Speicher ist, ist „Cachespeicher" ein Pleonasmus, und das Wort „beinhalten" ist ein übles Modewort. Das alles bedenkend kommt man vielleicht auf die Fassung

> ⇒ Der Begriff „Mikroprozessor" ist nicht ganz korrekt, denn heutige Mikroprozessoren enthalten neben dem eigentlichen Prozessor zusätzliche Komponenten wie Caches, Bussteuerung und anderes.

Ist sie zu kurz? Habe ich mir die Demonstration zu leicht gemacht, indem ich Wesentliches weggelassen habe? Nein; aber das kann man an dem Satz allein nicht erkennen, dazu müßte man ihn in größerem Zusammenhang lesen.

Die Heimat der Schachtelsätze sind die Geistes- und Sozialwissenschaften, juristische Texte und amtliche Schreiben. Technikern unterlaufen Schachtelsätze glücklicherweise nur gelegentlich, und wir wollen uns deshalb auf die beiden vorstehenden, noch einfachen Beispiel beschränken.

Eine andere Ursache für Bandwurmsätze ist die Aufzählung. Man möchte eine Reihe von Aussagen, die zusammengehören, aufzählen und ihre Zusammengehörigkeit dadurch betonen, daß man sie in einen einzigen Satz packt:

> Schreibtisch-Videokonferenzen werfen Fragen auf wie die geeignete Verteilung von Medienströmen an viele Teilnehmer (Multicast-Mechanismen, Komposition der darzustellenden Videobilder) und die geeigneten Begleitwerkzeuge: i) sog. 'whiteboard'-Software für kooperatives Arbeiten auf einer gemeinsamen Mal- / Zeichenfläche; ii) sog. 'application-sharing'-Software zur Darstellung eines Fenstersystem-basierten Programmes bei vielen Teilnehmern im Multiplex und zur Koordination der Teilnehmer-Eingaben; iii) Konferenzmanagement; iv) sog. kooperationsbewußte Anwendungssoftware, dediziert entwickelt für kooperatives Arbeiten.

Das ist ein einziger Satz, und nicht einmal ein geschachtelter. Der Doppelpunkt macht eigentlich zwei Sätze aus ihm und die darauf folgende Aufzählung zerlegt ebenfalls das ganze Gebilde in überschaubare Teile. Dennoch ist das Ganze ein unhandliches Gebilde, weil die Aufzählungspunkte keine vollständigen Sätze bilden, sondern sich sämtlich auf das vor dem Doppelpunkt stehende Wort „Begleitwerkzeuge" beziehen.

Der Satz ist auch logisch nicht ganz in Ordnung, denn der Verfasser kündigt vor dem Doppelpunkt *Fragen* an, zählt dann aber *Probleme* auf. Ferner könnte man die amerikanische Numerierung „i)", „ii)", ... durch eine deutsche ersetzen. Als vorläufiges Ergebnis entsteht dann vielleicht:

> ⇒ Schreibtisch-Videokonferenzen werfen Probleme auf wie die geeignete Verteilung von Medienströmen an viele Teilnehmer (Multicast-Mechanismen, Komposition der darzustellenden Videobilder) und Begleitwerkzeuge dafür. Für die Begleitwerkzeuge haben sich folgende Begriffe eingebürgert: (1) *whiteboard*: Software für kooperatives Schreiben und Zeichnen in einem gemeinsamen Dokument; (2) *application-sharing*: Darstellung eines Fenstersystem-basierten Programmes bei vielen Teilnehmern im Multiplex und zur Koordination der Teilnehmer-Eingaben; (3) *Konferenzmanagement*; (4) *kooperationsbewußte Anwendungen*: Spezialsoftware für kooperatives Arbeiten.

Das sieht sicherlich immer noch zu gedrängt aus, so als ob man in einen Koffer mehr hineinpreßt als er aufnehmen kann; das ganze Gebilde ist aber doch besser geworden. Wer genau hinsieht, wird allerdings noch weitere logische Mängel feststellen:

- *Begleitwerkzeuge* sind kein *Problem*.
- *whiteboard* ist ein Werkzeug, *application-sharing* und *Konferenzmanagement* aber nicht.

Die Definition der Informatik in einem maßgebenden Werk von 1995 lautet so:

> Informatik ist die (Ingenieur-)Wissenschaft von der theoretischen Analyse und Konzeption, der organisatorischen und technischen Gestaltung sowie der konkreten Realisierung von (komplexen) Systemen aus miteinander und mit ihrer Umwelt kommunizierenden (in gewissem Maße intelligenten und autonomen) Agenten oder Akteuren, die als Unterstützungssysteme für den Menschen in unsere Zivilisation eingebettet werden müssen – mit

Agenten/Akteuren sind Software-Module, Maschinen (zum Beispiel Staubsauger) oder ro-
boterartige Geräte gemeint.

Dieser Satz enthält 65 Wörter. Ich habe versucht, ihn in eine bessere Form zu bringen,
bin aber dabei gescheitert, weil ich ihn nicht verstanden habe.

Als Gegensatz hierzu will ich endlich auch einmal ein paar stilistisch gute Sätze zitieren,
mit denen M. Broy im Vorwort seines vierbändigen Werkes „Informatik, Eine grund-
legende Einführung" eine Definition der Informatik gibt:

> Die Informatik ist die Wissenschaft, Technik und Anwendung der maschinellen Verarbei-
> tung, Speicherung und Übertragung von Information. Dementsprechend befaßt sich der In-
> formatiker mit allen Aspekten der maschinellen Informationsverarbeitung.
>
> Die Informatik ist eine junge Wissenschaft und trotzdem schon vielfach in Anwendung.
> Dies ist Gunst und Last zugleich. Gunst, weil sonst kaum solch vielfältige Impulse aus den
> Anwendungen auf die Informatik einwirken könnten, Last, weil sich unausgereifte Kon-
> zepte zu schnell ausbreiten, vom Denken der Betroffenen Besitz ergreifen und schließlich
> kaum überwunden werden können. Deshalb gilt in der Informatik mehr noch als in anderen
> Wissenschaften das Prinzip der ständigen kritischen Hinterfragung der Inhalte und das Be-
> wußtsein der Beschränktheit und Relativität der erlangten Erkenntnisse.

Hier werden mit einfachen Worten und in kurzen klaren Sätzen nicht nur die Inhalte der
Informatik, sondern zugleich auch ihre Probleme angegeben.

Schachtelsätze waren im 18. und 19. Jahrhundert üblich und wurden sogar als besonders
qualitätvoll empfunden, weil die lateinischen Perioden der antiken Schriftsteller das
Vorbild der damaligen Zeit waren. Darüber hinaus zeigten sie, wozu die deutsche Sprache fähig ist und wie virtuos der Verfasser sie zu handhaben weiß. Ein Beispiel hierfür
ist ein Satz aus Meyers Konversationslexikon von 1890 aus dem Artikel „Oper". Zu der
alten, die Operngeschichte durchziehenden Frage, ob die Musik Vorrang vor dem Wort
oder das Wort Vorrang vor der Musik haben soll, wird dort ausgeführt:

> Die dominierende Kunst bleibt bei der Oper natürlich die Tonkunst: erstens, weil bei einer
> Vereinigung von Musik und Poesie erstere selbst bei aufopfernder Hingabe an das Gedicht
> hinsichtlich der ersten unmittelbaren, sinnlichen Einwirkung stets das Vorwiegende sein
> wird, indem durch die Musik nicht allein das Wort, sondern weit mehr noch der grammati-
> kalische und logische Gedankenzusammenhang an Präzision und Klarheit der äußern Dar-
> stellung verliert, je mehr die Tonkunst ihr eigenstes Wesen zugunsten des Gefühlsausdrucks
> geltend macht; zweitens, weil auch der poetische Rhythmus als solcher im musikalischen
> unterzugehen hat, um in letzterm potenziert wieder zu erstehen, wofern er nicht bloß ein
> äußerliches konventionelles metrisches Schema war; endlich drittens, weil der Künstler,
> welcher die Künste verbinden will (hier also der Tonsetzer) aus kunsttechnischen Gründen
> sich den Endzweck einer einzigen Kunst zum Hauptziel setzen und diesem sodann die üb-
> rigen Künste dergestalt dienstbar machen muß, daß letztere mehr oder weniger nur Mittel
> zur Erreichung jenes Ziels werden.

Das ist *ein* Satz aus 152 Wörtern. Er ist schwer zu lesen und verstehen, jedoch nicht verworren, sondern sorgfältig, ja geradezu kunstvoll gebaut. Trotzdem sollte man so etwas
nicht schreiben.

Selten tritt noch eine andere Spielart zu langer Sätze auf. Bei ihr reiht der Schreiber
kurze Sätze aneinander, verbindet sie jedoch mit Kommas oder Semikolons:

> Für den Beweis, daß zwei betrachtete Mengen gleich sind, gibt es eine bewährte Beweis-
> technik, deren Basis wir als Satz formulieren, eigentlich ist der Satz nichts anderes als eine
> Umformung der Definition.

Dieser Schreiber hat anscheinend kein Gefühl dafür, wo ein Gedanke zu Ende ist und ein neuer beginnt.

Zu kurze Sätze

Die Schwierigkeiten mit zu langen Sätzen führen dazu, daß die Stilbücher raten, kurze Sätze anzustreben. Besonders, so heißt es, soll man geschachtelte Nebensätze vermeiden und sich in einfachen Hauptsätzen ausdrücken. Ein namhafter Schriftsteller (war es Tucholsky?) hat ausgerufen: „Hauptsätze! Hauptsätze! Hauptsätze!" Und tatsächlich gibt es hohe dichterische Prosa, die überwiegend aus einfachen, kurzen Hauptsätzen besteht; allem voran vielleicht der Anfang des „Lehrbriefes" aus Goethes „Wilhelm Meisters Lehrjahre":

> Die Kunst ist lang, das Leben kurz, das Urteil schwierig, die Gelegenheit flüchtig. Handeln ist leicht, denken schwer; nach dem Gedachten handeln unbequem. Aller Anfang ist heiter, die Schwelle ist der Platz der Erwartung. Der Knabe staunt, der Eindruck bestimmt ihn; er lernt spielend, der Ernst überrascht ihn. Die Nachahmung ist uns angeboren, das Nachzuahmende wird nicht leicht erkannt. Selten wird das Treffliche gefunden, seltener geschätzt. Die Höhe reizt uns, nicht die Stufen; den Gipfel im Auge, wandeln wir gern auf der Ebene. Nur ein Teil der Kunst kann gelehrt werden, der Künstler braucht sie ganz. Wer sie halb kennt, ist immer irre und redet viel; wer sie ganz besitzt, mag nur tun und redet selten oder spät. Jene haben keine Geheimnisse und keine Kraft, ihre Lehre ist wie gebackenes Brot schmackhaft und sättigend für einen Tag; aber Mehl kann man nicht säen, und die Saatfrüchte sollen nicht vermahlen werden. Die Worte sind gut, sie sind aber nicht das Beste. Das Beste wird nicht deutlich durch Worte. Der Geist, aus dem wir handeln, ist das Höchste.

Für uns gewöhnliche Sterbliche ist die Forderung nach Hauptsätzen aber mit Vorsicht zu genießen, denn sie führt leicht zu einem „Asthmastil" wie ihn das folgende Beispiel aus einer Diplomarbeit in der Chemie zeigt. Die Arbeit beginnt folgendermaßen:

> Einleitung und Problemstellung
>
> Cellulose ist nach Ölen, Fetten und Stärke einer der wichtigsten nachwachsenden Rohstoffe. Als wichtigster Celluloselieferant gilt Holz, welches je nach Holzart 40 - 35 % Cellulose enthält. Für die Gewinnung wurden im Laufe der Jahre verschiedene Verfahren gefunden. Prinzip der Verfahren ist der Abbau und das Herauslösen der Begleitstoffe der Cellulose, des aromatischen Polymers Lignin, seiner Spaltprodukte, sowie von Hemicellulosen.

Und hier ein Abschnitt aus der Mitte der Arbeit:

> Esterbildung bei verschiedenen Reaktionsbedingungen
>
> Die Entstehung der Carbonsäureester scheint von mehreren Faktoren abzuhängen. Bei längeren Reaktionszeiten wurden geringere Esterbildungsraten gefunden. Gründe für diese Zusammenhänge könnten einerseits unterschiedliche Reaktionsgeschwindigkeiten zwischen Cannizar-Reaktion und Esterbildung sein. Andererseits könnte aber auch eine Instabilität der Ester dafür verantwortlich sein. Für letzteres spricht die geringere Esterbildung bei 300° C. Bei zu geringen Temperaturen wird jedoch kein Ester gebildet.

Damit ist in der Diplomarbeit der Abschnitt zu dieser Überschrift zu Ende und es folgt eine neue Überschrift.

In der Technischen Literatur ist der Asthmastil glücklicherweise selten; er sollte aber doch erwähnt werden.

Wie lang dürfen Sätze sein?

Aus Angst vor zu langen Sätzen kann man auf die Idee kommen, Obergrenzen für die Wortanzahl in Sätzen festzulegen oder mindestens zu empfehlen, und tatsächlich geben Agenturen und Stilisten solche Obergrenzen an. Das Buch [Schneider 96] enthält eine Tabelle mit folgenden Einträgen:

Obergrenze der optimalen Verständlichkeit laut dpa	9	Wörter
Empfehlung der Duden Stilfibel	10–15	Wörter
Obergrenze der Leichtverständlichkeit nach Reiners	18	Wörter
Obergrenze des Erwünschten bei dpa	20	Wörter
Obergrenze des Erlaubten bei dpa	30	Wörter
Durchschnitt im „Dr. Faustus" von Thomas Mann	31	Wörter

Ich kann mich solchen Empfehlungen nicht anschließen, sondern bin der Auffassung, daß es nicht die Länge der Sätze ist, auf die man achten sollte, sondern ihre Verständlichkeit. Ängstlich darauf zu sehen, daß mein Satz nicht mehr als 20 Wörter enthält, halte ich für eine falsche, weil äußerliche Vorschrift. Ein Gedanke, den man in einem Satz ausdrücken will, kann durchaus einmal mehr Worte erfordern, und wenn man eine Anzahl kurzer Sätze geschrieben hat, kann man es als nötig empfinden, darauf ein paar längere folgen zu lassen. Es kommt auf das Stilempfinden des Autors an. Wenn er gut schreibt, wird er Bandwurmsätze und Asthmasätze vermeiden, im übrigen aber seine Satzlängen instinktiv großzügig variieren. Diese Auffassung drückt – wiederum nach dem Buch [Schneider 96] zitiert – der folgende Satz von E. A. Rauter aus:

> Lange Sätze sind nicht schlecht, wenn der Autor gut ist.

Die Klammerstruktur von Verben

Vielen Menschen ist nicht bewußt, daß im Deutschen manche Verben zu einer seltsamen Klammerstruktur von Sätzen führen. „Er kam ... an". „Ich mache ... auf". „Ich habe ... geholfen". Der Leser weiß bis zum Satzende nicht, was der Satz eigentlich aussagt. Das kann zu Überraschungen führen wie in dem Satz aus [Schneider 96]:

> „Unser Kassierer ist mit der Kasse durchgebrannt, und die Polizei hat ihn auf dem Bahnhof"
> – „festgenommen?"
> Nein: „abfahren sehen!"

Die Klammerstruktur hat zwei Ursachen: Die sogenannten „trennbaren Vorsilben" (wie bei „ankommen" und „aufmachen") und die zusammengesetzten Zeiten (wie bei „Ich habe … geholfen.")

Für Ausländer und Simultanübersetzer ist diese Klammerstruktur eine Katastrophe. Ein konstruiertes Beispiel soll das verdeutlichen.

Ein Amerikaner wird gefragt: „Nehmen Sie an der Weihnachtsfeier teil?" Er versucht, das Wort für Wort, von links nach rechts, zu verstehen und denkt sich dabei folgendes:

„The sentence starts with *nehmen Sie*. Well, *nehmen* means *to take*, so he wants me to take something. Let's look at the next word to see what I shall take. – The next word is *an*. This is not a noun, so it doesn't match my idea of *to take*. But I see, the Germans have composite verbs that enclose a sentence like brackets. *Nehmen ... an* is *annehmen* and that means *to assume*. But be careful: it can also mean *to accept* or *to receive*. So let's look at the next few words to find out what *annehmen* here really means. – *der Weih-*

nachtsfeier. Heavens, what's that? *Weihnachtsfeier* is female, he should have said *die Weihnachtsfeier*. But to assume or to accept a Christmas ceremony sounds strange; I guess *der Weihnachtsfeier* may indeed be right, but I cannot find any sense in it. Now I am stuck – But wait a minute, I remember that German sentences sometimes have such an awkward syntax that the whole sentence must be understood from tail to front. Didn't my old teacher say: Before parsing a German sentence look at its last word? Well, then, go on to the next and last word of the sentence – *teil*. Oh my goodness, how stupid I was. Damn the German language! He does not mean *nehmen* and not *annehmen* but *teilnehmen*, which means *to participate* or *to join*. This makes sense, now I understand the whole sentence: He wants me to join the Christmas ceremony!"

Obwohl nicht zum Thema Technisches Schreiben gehörig, soll hier ein Absatz aus Mark Twains Buch „Ein Bummel durch Europa" eingeschaltet werden, weil er die Klammerstruktur so vortrefflich und humorvoll charakterisiert:

> Die Deutschen haben noch eine Art von Parenthese, die sie bilden, indem sie ein Verb in zwei Teile spalten und die eine Hälfte an den Anfang eines aufregenden Absatzes stellen und die andere an das Ende. Kann sich jemand etwas Verwirrenderes vorstellen? Diese Dinger werden „trennbare Verben" genannt. Die deutsche Grammatik ist übersät von trennbaren Verben wie von den Blasen eines Ausschlags; und je weiter die zwei Teile auseinandergezogen sind, desto zufriedener ist der Urheber des Verbrechens mit seinem Werk. Ein beliebtes Verb ist „reiste ab". Hier folgt ein Beispiel, das ich aus einem Roman ausgewählt und ins Englische übertragen habe:

> „Da die Koffer nun bereit waren, *reiste er*, nachdem er seine Mutter und Schwestern geküßt und noch einmal sein angebetetes Gretchen an den Busen gedrückt hatte, die, in schlichten weißen Musselin gekleidet, mit einer einzigen Teerose in den weiten Wellen ihres üppigen braunen Haares, kraftlos die Stufen herabgewankt war, noch bleich von der Angst und Aufregung des vergangenen Abends, aber voller Sehnsucht, ihren armen, schmerzenden Kopf noch einmal an die Brust dessen zu legen, den sie inniger liebte als ihr Leben, *ab*."

In der Informatik-Literatur treten die trennbaren Verben erstaunlicherweise so selten störend in Erscheinung, daß ich keine Beispiele dafür habe. Dort tritt oft der gegenteilige Fehler auf: Man vermeidet die Verbklammer durch kurze, einfache Sätze, in denen sie die einzige der deutschen Sprache gemäße Form wäre. Da heißt es:

> Die Bitkombinationen werden bezeichnet mit der Notation xx/yy.

> Eine Nachricht aus einer diskreten Quelle wird aufgefaßt als Folge von Symbolen aus einem Quellalphabet.

> Die Arbeitsweise des Leitwerkes ist charakterisiert durch drei Register.

> Über leitungsvermittelnde Netze geschaltete Verbindungen zeichnen sich aus durch kurze Verweilzeiten der Nachrichten im Netz.

Diese Sätze lesen sich wie Übersetzungen aus dem Englischen, und der Verdacht steigt auf, daß ihre Verfasser sie tatsächlich zuerst englisch gedacht haben.

Seltsamerweise kommt diese Satzbildungsart aber auch bei besonders Sprachkundigen vor, denn in einem maßgebenden Grammatikbuch heißt es:

> Satzbaupläne werden begründet durch Verben und ihre obligatorischen und fakultativen Ergänzungen.

Ist das wirklich gutes Deutsch? Müßte es nicht vielmehr heißen:

> ⇒ Satzbaupläne werden durch Verben und ihre obligatorischen und fakultativen Ergänzungen begründet.

Als Ergebnis dieses Abschnitts können wir festhalten, daß die Klammerstruktur zusammengesetzter Verben eine Eigenschaft der deutschen Sprache ist, die Ausländern große Schwierigkeiten bereitet, den Deutschen, Österreichern und Schweizern aber so selbstverständlich ist, daß sie sie nicht einmal bemerken, geschweige denn an ihr Anstoß nehmen. Sie gehört nun einmal zur deutschen Sprache; wir können sie nicht beseitigen und sollten es auch nicht wollen, zumal in kurzen und nicht zu tief geschachtelten Sätzen. In langen oder geschachtelten Sätzen sollte man sich des Problems, das die Verbklammer für das Verstehen bilden kann, aber erinnern und versuchen, sie durch Zerschlagen des Satzgefüges zu beseitigen.

Passiv

Schon in der Schule wird gelernt, daß das Aktiv dem Passiv gegenüber zu bevorzugen ist. Nein: Schon in der Schule lernen wir, daß man das Aktiv gegenüber dem Passiv bevorzugen soll. Im täglichen Leben befolgen wir diesen Rat geradezu im Übermaß, denn laut Duden-Grammatik entfallen auf das Aktiv 93 %, auf das Passiv nur 7 % der finiten Verben. Wissenschaftler und Techniker lieben jedoch das Passiv; sie wollen sich möglichst objektiv ausdrücken, ihre Person zurücktreten lassen, und das führt zu passivischen Sätzen. So schreibt jemand:

> Grundsätzlich kann zwischen Tastaturen mit und ohne fühlbarem Druckpunkt unterschieden werden.

weil er sich möglichst objektiv ausdrücken will, ohne die Person zu nennen, die unterscheidet (den *Täter*). Doch dazu gibt es ja das Wörtchen „man", mit dem er seinem Satz die aktivische Form geben kann:

> ⇒ Man unterscheidet Tastaturen mit und ohne fühlbarem Druckpunkt.

Das Ergebnis ist einfacher, kürzer und das zweideutige „grundsätzlich" ist auch noch weggefallen.

Oft wollen wir gerade etwas über den Täter wissen, und das verschweigt uns die passivische Ausdrucksweise. Da schreibt jemand in einem Aufsatz über Betriebssysteme:

> Bei der Speicherverwaltung gibt es den Ansatz, das Programm selbst bei jedem Ladevorgang so zu modifizieren, daß es im zugewiesenen Adreßbereich ablaufen kann. Dazu müssen alle absoluten Adreßreferenzen im Programm erkannt und angepaßt werden.

Wer ist es denn, der das Programm bei jedem Ladevorgang modifiziert, und wer ist es, der die Adreßreferenzen im Programm erkennt und anpaßt? Das Betriebssystem? Die Speicherverwaltung? Ein spezielles Modifikationsprogramm? Darauf angesprochen, formuliert der Verfasser den zweiten Satz so:

> ⇒ Dazu muß das Ladeprogramm alle absoluten Adreßreferenzen im Programm erkennen und anpassen.

Nun weiß der Leser, daß es das Ladeprogramm ist. Er hat mehr Information, ohne daß der Satz dadurch länger geworden ist.

Das Verschweigen des Täters ist beim Technischen Schreiben der größte Nachteil des Passivs. Es führt nicht nur zum Unterdrücken von Information, die dem Leser beim Verstehen geholfen hätte, sondern ergibt auch einen langweiligen Stil, in dem die Dinge nicht beim Namen genannt werden.

Hier ist noch ein Beispiel dafür, wie viel für den Leser wichtige Information durch das Verschweigen des Täters verloren gehen kann. Bei der Erläuterung der Vererbung im objektorientierten Programmieren schreibt jemand:

> Diese Methoden werden so überschrieben, daß sie nicht mehr Objekte einer allgemeinen Klasse *Window*, sondern Objekte einer spezialisierten Klasse *MyWindow* liefern. In der Klasse *MyWindow* werden alle Methoden überschrieben, die mit der Darstellung des Fensterinhalts und der Behandlung von Benutzereingaben zu tun haben.

Durch die passivische Ausdrucksweise mit dem ständigen „werden" erfährt der Leser nicht, wer die Methoden überschreibt: ein Mechanismus des Laufzeitsystems oder der Programmierer. Bei aktivischer Formulierung wird das klar:

> ⇒ Der Programmierer überschreibt diese Methoden so, daß sie nicht mehr Objekte einer allgemeinen Klasse *Window*, sondern Objekte einer spezialisierten Klasse *MyWindow* liefern. In der Klasse *MyWindow* überschreibt er alle Methoden, die mit der Darstellung des Fensterinhalts und der Behandlung von Benutzereingaben zu tun haben.

Trotz seiner Schwächen ist das Passiv nicht überflüssig, denn es gibt Situationen, in denen der Täter unwichtig, ja unerwünscht ist. Wenn jemand zu spät kommt und sich mit dem Satz entschuldigt: „Ich wurde aufgehalten", dann ist sagt er damit zugleich, daß der Grund des Aufgehaltenwerdens unwichtig ist oder er ihn aus anderen Gründen nicht nennen will. Und die Ankündigung „Der Ball wird um 20 Uhr eröffnet" *muß* geradezu passivisch abgefaßt werden, weil der Leser der Nachricht gar nicht wissen will, von wem der Ball eröffnet wird. Aus diesem Grund sind auch amtliche Texte so oft passivisch und dadurch schwerfällig:

> Das Betreten der Wiese ist verboten. Eine Zuwiderhandlung wird bestraft.

Hier kommt es nur auf den Inhalt an, nicht auf den Urheber.

Schaumschlägerei

Besonders unangenehm macht sich das Fehlen von Einfachheit bemerkbar, wenn der Verfasser durch Wortgirlanden zu verbergen sucht, daß er nichts zu sagen hat. Da liest man einen Absatz, womöglich ein ganzes Kapitel und wartet immer darauf, wann denn nun endlich etwas Substantielles kommt. Hier ist ein Beispiel dafür aus einem Buch über soziale Fragen der Informatik. Der Verfasser spricht immer von „Wissenschaft *und* Technik", wohl weil Informatik sowohl Wissenschaft wie Technik ist, und er seine Aussagen nicht auf die Informatik beschränken, sondern sie allgemeiner – eben für Wissenschaft *und* Technik – aussprechen will. Die ständige Wiederholung von zwei durch „und" verbundenen Begriffen führt zu gewundenen und langweiligen Sätzen, deren Inhalt nicht der Rede wert ist. Sie gibt aber dem Verfasser die Gelegenheit, geschlechtsspezifische Ungerechtigkeiten gutzumachen, indem er abwechselnd den einen der beiden Begriffe männlich, den anderen weiblich macht:

> Auf Gegenwart und Zukunft angewendet, reduziert dieser Blick die Handlungsmöglichkeiten von Wissenschaftlern und Technikerinnen. Die gesellschaftliche Auseinandersetzung beschränkt sich bei einer solchen Perspektive auf die Folgen von Wissenschaft und Technik. Heute begreift man zumindest in der Wissenschafts- und Technikforschung die Entwicklung von Wissenschaft und Technik als sozialen und kulturellen Prozeß. Damit wird der Blick von einzelnen Erfindern oder Entdeckern auf das heterogene Netz von Akteurinnen und Akteuren gelenkt, die mit unterschiedlichen Interessen und Voraussetzungen Wissenschaft und Technik verwirklichen. ... Es wird dem Umstand Rechnung getragen, daß

> Wissenschaftlerinnen und Techniker bei ihrer wissenschaftlichen Arbeit und der Gestaltung von Technik auf Praktiken zurückgreifen, die ... Entstanden sind die Aufsätze im Kontext eines Forschungsprojektes, das gemeinsam von Wissenschaftlerinnen und Wissenschaftlern durchgeführt wurde.

Diese Schaumschlägerei geht einem nicht nur in der Informatik, sondern überall auf die Nerven. Sie macht sich zum Beispiel da breit, wo ein Gremium Pläne für die Ausgestaltung zukünftiger Vorhaben ausarbeitet, dessen Mitglieder gegensätzliche Auffassungen vertreten. Dann entsteht der demokratische Kompromiß, der allen zum Munde redet und in dem nichts Substantielles gesagt wird. Als Beispiel sei hier ein Ausschnitt aus dem Leitbild für ein neues Provinztheater angeführt:

> Es ist eine kulturpolitische Kernaufgabe heutigen Theaters, der gesellschaftlichen Entwicklung einen Schritt voraus zu sein und jene Themen mit einem künstlerisch und stilistisch adäquaten Instrumentarium aufzugreifen, die sozusagen „unter den Nägeln brennen".
>
> Besonders programmatische Akzente können nur auf der gesamten Bandbreite des Repertoires aufbauen: Nur eine solide Basis von ökonomischer Planung und gesellschaftlicher Akzeptanz ermöglicht den Spielraum für das künstlerische Experiment.
>
> Im Wechselspiel von überregionaler Bedeutung und regionalem Interesse ist auch das Aufgreifen regionaler Themen und das Nützen des kreativen Potentials der Region von besonderer Bedeutung.
>
> Das Theater achtet in seiner Außenwirkung auf die Verzahnung mit Gesellschaft und Ökonomie: Nur so wird Imagetransfer möglich.
>
> Das Theater hat für die Region im Hinblick auf seine professionelle Ausrichtung und sein programmatisches Angebot eine Symbol- und Leitfunktion. Es kooperiert mit den wichtigsten Kulturproduzenten auf partnerschaftlicher Basis, es stellt einen atmosphärischen und realen Orientierungshorizont für die breite Kulturszene dar, mit einem Wort: es ist zentraler Teil der kulturellen Identität des Landes.

Da reiht sich Leerformel an Leerformel: kulturpolitische Kernaufgabe, gesellschaftliche Entwicklung, adäquates Instrumentarium, programmatische Akzente, gesamte Bandbreite des Repertoires, ökonomische Planung, gesellschaftliche Akzeptanz, überregionale Bedeutung, regionales Interesse, kreatives Potential der Region, Verzahnung mit Gesellschaft und Ökonomie, Imagetransfer, professionelle Ausrichtung, programmatisches Angebot, Kooperation mit den wichtigsten Kulturproduzenten auf partnerschaftlicher Basis, atmosphärischer und realer Orientierungshorizont, breite Kulturszene, kulturelle Identität des Landes. Mit „programmatischem Angebot" ist „Programmangebot" gemeint, doch das wäre ja zu einfach. Wer mag alles zu den Kulturproduzenten gehören? Was kann mit „atmosphärischem und realem Orientierungshorizont" gemeint sein? Was ist die „breite Kulturszene" und was die „kulturelle Identität des Landes"? Fragen über Fragen. Was bleibt als Substanz? Was kann man daraufhin vom Theater erwarten und was nicht? Wo ist die Richtung, die eingeschlagen werden soll?

3.2 Wortwahl

Das Streben nach Einfachheit beginnt nicht erst beim Satzbau, sondern schon bei der Wahl der Worte. Die Suche nach dem treffenden Wort ist eine der Hauptanstrengungen beim Schreiben. Flaubert schrieb in einem Brief an Maupassant:

> Was man auch sagen will, es gibt nur *ein* Wort, es auszudrücken, nur *ein* Verb, es zu beseelen, und nur *ein* Adjektiv, es zu qualifizieren.

Das gilt für die künstlerische Literatur, doch auch wir Techniker sollten uns um das treffende Wort bemühen. Um zu zeigen wie, erläutere ich hier einige Wörter und Wendungen, die immer wiederkehren und die man vereinfachen kann. Insofern gehört zur Suche nach dem treffenden Wort auch das Gegenteil davon: die Suche nach dem entbehrlichen oder gar überflüssigen Wort.

Verben statt Substantive!

Da ist zuerst die Beobachtung, daß man eher Verben als Substantive benutzen soll. Einen Satz wie

> Eine wichtige Unterscheidung im Bereich der Kanalcodierungsmethoden ist zwischen Blockcodes und Faltungscodes zu treffen.

kann man vereinfachen zu

> ⇒ Bei der Kanalcodierung unterscheidet man Blockcodes und Faltungscodes.

ohne ihm etwas von seiner Aussagekraft zu nehmen. Statt „Asynchrone Schaltwerke kommen nur selten zum Einsatz" kann man ohne weiteres schreiben: „Asynchrone Schaltwerke werden nur selten eingesetzt".

Adjektive

Journalisten lernen, daß sie Adjektive so sparsam sie möglich benutzen sollen. Stilbücher zitieren dazu gern einen Ausspruch des französischen Zeitungsverlegers und späteren Ministerpräsidenen Clemenceau, der zu einem Volontär gesagt haben soll: „Bevor Sie ein Adjektiv hinschreiben, kommen Sie zu mir in den Dritten Stock und fragen, ob es nötig ist." Tatsächlich führen Adjektive, die entbehrlich sind, weil sie nur schmücken oder Genauigkeit des Ausdrucks vortäuschen, zu flauem, kraftlosem Stil. (Am Ende des letzten Satzes stehen zwei Adjektive: „flau" und „kraftlos", von denen eines überflüssig ist, weil sie beide das Gleiche bedeuten.)

Da sind zuerst die sogenannten *stehenden Beiwörter*, die nur noch Klischees sind:

Der entscheidende Vorteil
Die ausschlaggebende Bedeutung
Der nachhaltige Eindruck
Die deutliche Verbesserung
Die einmalige Schönheit
Der profunde Baß
Die abwegige Vorstellung

Noch schlimmer sind unnötige Adjektive, die dem Substantiv, das sie abtönen sollen, in Wirklichkeit nichts hinzufügen:

Die gezielte Maßnahme – gibt es ungezielte Maßnahmen?
Die feste Überzeugung – ist eine Überzeugung nicht immer ein fester Glaube?
Die schwere Verwüstung – leichte Verwüstungen gibt es nicht
Die dicke Trosse   – dünne Trossen sind Seile
Das blutige Massaker   – Ein Massaker ist ein Blutbad

Und schließlich gibt es solche, die einen offenkundigen Pleonasmus darstellen und trotzdem viel verwendet werden:

Die überwiegende Mehrheit	– weil die Mehrheit immer überwiegt
Der unwiderlegliche Beweis	– weil ein Beweis, der widerlegt werden kann, keiner ist.
Die vollendete Tatsache	– weil unvollendete Handlungen keine Tatsachen sind
die fundamentale Grundlage	– weil Fundament und Grundlage dasselbe ist
das exemplarische Beispiel	– weil Exempel und Beispiel dasselbe ist
dynamische Vorgänge	– weil Vorgänge immer dynamisch sind
der innere Kern	– der Kern ist das Innerste

Wer glaubt, daß pleonastische Adjektive bei Informatikern nicht vorkommen, dem seien zwei Beispiele gegeben. Der Untertitel eines Buches (auf dem Deckel prangend!) lautet:

> Eine Einführung in die Informatik ausgehend von den fundamentalen Grundlagen.

Und in einem Aufsatz über Softwaretechnik steht der Satz:

> Mit Hilfe von Ablauf- oder Flußdiagrammen lassen sich dynamische Vorgänge auf übersichtliche Weise grafisch darstellen.

Schwierigkeiten kann es auch bei der Steigerung zusammengesetzter Adjektive geben. So heißt es:

> weitgehend – weitergehend – am weitesten gehend (oder weitestgehend?)

und nicht

> weitgehend – weitgehender – weitgehendst

aber

> hochtrabend – hochtrabender (nicht höhertrabend)

Da kein Schreiber gegen überflüssige Adjektive gefeit ist, kann es sich lohnen, ein Werk, das man geschrieben hat, in einem separaten Arbeitsgang auf überflüssige Adjektive hin durchzusehen.

Detailunterdrückung

Oft ist ein Satz zu wortreich, weil er überflüssige Einzelheiten enthält. So kann man den Satz „Als Bauausführung kommen Flachbettplotter und Rollenplotter zur Anwendung" ohne Verlust an wesentlicher Information zu „Es gibt Flachbett- und Rollenplotter" zusammenschrumpfen lassen und den Satz „Die Methodensuche hat den Nachteil, daß sie langsam ist" zu „Die Methodensuche ist langsam"; denn daß Langsamkeit ein Nachteil ist, weiß der Leser.

Für die künstlerische Literatur gilt die Regel: Der sicherste Weg zu langweilen besteht darin, alles zu sagen. Für die technisch-wissenschaftliche Literatur wird man diesen Satz zwar nicht zur Maxime machen, doch auch hier heißt es, im Interesse der Kürze und Einfachheit Erörterungen auszusparen, die der Leser sich selber denken kann.

Überflüssige Komposita

Wer von einem „konstanten Zeitfaktor" schreibt, um den ein Ablauf langsamer ist als ein anderer, kann das Wort „Zeitfaktor" getrost durch „Faktor" ersetzen, da „langsamer" schon sagt, daß es um Zeit geht. Statt „heutzutage" kann man meistens „heute" schrei-

ben, und in dem Satz „Der Prozessor ist der innere Kern jeder Rechenanlage" ist das
Wort „innere" überflüssig, denn der Kern ist das Innerste. Manche Leute schreiben
„überprüfen", wenn sie „prüfen" meinen. „Prüfen" ist nicht nur kürzer, sondern seine
Bedeutung (jedenfalls im täglichen Leben) scheint mir um eine Nuance anders zu sein.
„Überprüfen" bedeutet ein nicht ganz so strenges Prüfen, ein stichprobenhaftes Prüfen,
vielleicht auch ein überschlägiges Prüfen. „Examen" heißt ja auf Deutsch „Prüfung"
und nicht „Überprüfung". Besonders Mathematiker scheinen „überprüfen" gern zu verwenden, meinen aber natürlich immer ein strenges Prüfen.

Hier sind noch einige weitere zusammengesetzte Wörter, die sich durch kürzere ersetzen
lassen:

ansonsten	sonst, im übrigen
Aufgabenstellung	Aufgabe
Fragestellung	Frage
Grundprinzip	Prinzip
Lernprozeß	Lernen
letztendlich, schlußendlich	schließlich
neuartig	neu
Zielsetzung	Ziel

Wer mit den Wörtern sorgfältig umgeht, wird auch das Wort „aufzeigen" vermeiden, das
bei Wissenschaftlern und solchen, die es sein möchten, besonders Studenten, beliebt ist.
Zeigen kann schließlich jeder, der Wissenschaftler muß *aufzeigen*:

> Der Beweiskalkül des Natürlichen Schließens zeigt die Bedeutung der aussagenlogischen
> Junktoren auf.

> Wir zeigen Ihnen deshalb verschiedene Wege auf, …

Das „aufzeigen" ist eine überflüssige Zusammenziehung, nämlich die von „aufdecken"
und „zeigen".

Eine Zusammenziehung zweier Begriffe gibt es, die uns ohne jeden Skrupel über die
Zunge geht und von jedermann täglich benutzt wird: das Wort „vorwiegend". Was soll
an dem Satz: „Gestern hatten wir vorwiegend schönes Wetter" auszusetzen sein? Nun,
von mehreren Teilen eines Ganzen können einige zwar ein Übergewicht gegenüber den
anderen haben, sie können *überwiegen* oder *vorherrschen*, jedoch nicht *vorwiegen*. Das
Wort „vorwiegend" ist anscheinend eine Zusammenziehung von „vorherrschend" und
„überwiegend", seine Bedeutung aber in „überwiegend" allein bereits enthalten. Beck-
messerei? Wahrscheinlich. Und doch benutze ich „vorwiegend" nicht mehr, seit ein
Freund mich auf den Bastard aufmerksam gemacht hat.

Verstöße gegen die Logik

Es gibt Wendungen, die gegen die Logik verstoßen und doch nicht unklar sind. Sie wirken gespreizt und sollten im Interesse der Einfachheit vermieden werden.

Oft liest man die Stilfigur „eine erste …", „eine zweite …", „eine letzte …" wie in dem
Satz:

> Eine erste Zielsetzung der Informationstheorie besteht im Entwurf von günstigen Codie-
> rungen für eine gegebene Quelle.

Diese Ausdrucksweise ist falsch, denn es gibt nicht mehrere erste oder mehrere letzte.
Deshalb muß der Beispielsatz mit „Die erste ..." anfangen. Daß diese Wendung in aller
Literatur – auch von den besten Schriftstellern – benutzt wird, macht sie nicht gut.
Woher kommt sie? Anscheinend ist „eine erste Zielsetzung" die Zusammenziehung von
„*eine* Zielsetzung" und „*die erste* Zielsetzung". Ebenso muß es statt „eine zweite ..."
entweder „die zweite ..." oder „eine andere ..." heißen (sofern der zweiten die erste vor-
angegangen ist).

Eine weitere unlogische Wendung besteht aus dem Wort „ungleich" und einem Komparativ wie „ungleich höher", „ungleich schöner". Das ist blanker Unsinn! Um so mehr
muß man sich darüber wundern, daß diese Fügung seit Jahrhunderten gang und gäbe ist,
auch in der Dichtung, zum Beispiel schon bei Bürger (1783) und Lessing (Nathan der
Weise, 1789). J. N. Forkel schrieb in der ersten Bach-Biografie 1802 über J. S. Bach als
Lehrer:

> Allein dadurch, daß der Schüler nun auch einmal einen Begriff bekommt, wie das Stück ei-
> gentlich klingen muß und welchen Grad von Vollkommenheit er zu erstreben hat, wird der
> Nutzen noch ungleich größer.

Was mag die Ursache für diesen logischen Purzelbaum sein? Ich vermute, daß „ungleich
schöner" eine Zusammenziehung von „unvergleichlich viel schöner" ist.

Ein anderer, in der Umgangssprache fest eingewurzelter logischer Unsinn ist die Verwendung des Wortes „Ziffer" für „Zahl", wie in der „Dunkelziffer" und „Die Opfer des
Erdbebens beziffern sich auf Tausende". Eine besonders schöne Ausprägung davon –
die mit Technischem Schreiben zwar nichts zu tun hat, die ich mir aber nicht versagen
kann mitzuteilen – ist der Satz aus dem Buch einer berühmten Gesangspädagogin:

> Die heutige Sopranistin, die sich vor dem berühmten „sanften Flügel" der Neunten Sym-
> phonie fürchtet, kann seufzend ihrer Vorgängerin zu Beethovens Zeiten gedenken, die diese
> exponiert hohe Stelle doch immerhin um einige Ziffern Hertz tiefer singen durfte.

Eine so schöne Vereinigung von „Ziffern" mit einer Maßeinheit kommt bei Informatikern natürlich nicht vor.

Kein logischer Unsinn, aber eine unnötig komplizierte Wendung ist der Satzanfang „Es
ist dies ..." oder „Es ist das ..." wie in dem Satz „Es ist das ein Punkt in meiner
Geschichte ..." (Mörike). Das halte ich für schlecht, weil es sich *immer* (genauer: in
allen mir bekannten Fällen) durch das einfachere „Das ist ..." ersetzen läßt, ohne den
Sinn zu ändern und ohne den Klang zu verschlechtern. Im Gegenteil: es verkürzt den
Satz nicht nur und macht ihn einfacher, sondern es klingt auch besser. Man kann das „Es
ist dies ..." über Eichendorff, Arnim, Goethe bis zu Klopstock zurückverfolgen, und es
ist bis auf den heutigen Tag beliebt. In dem folgenden Satz aus einem Buch über Brahms
wirkt es durch die beiden aufeinanderprallenden „das" besonders häßlich:

> Es ist das das größte Kompliment, das man einem Künstler machen kann.

3.3 Zusammenfassung

Einfachheit ist neben Klarheit, Kürze und Klang das vierte Kennzeichen eines guten technischen Stils. Sie drückt sich in Sätzen aus, die nicht zu lang und nicht geschachtelt sind, so daß sie sich leicht lesen lassen. Jeder Satz soll *einen* Gedanken ausdrücken, nicht mehrere.

Sie zeigt sich an der Benutzung einfacher Wörter, Vermeidung überflüssiger Fremdwörter und modischer, jedoch unlogischer oder anderweitig nicht genau treffender Wendungen.

Jemand hat gesagt: „Einfachheit ist der Glanz der Wahrheit." Das heißt, der Verfasser soll nicht durch stilistische Eigenarten zu glänzen versuchen, sondern durch die schmucklose Wahrheit dessen, was er mitteilt, auf den Leser wirken. Weitschweifigkeiten, Effekte um des Effektes willen und geistreich sein sollende Nebenbemerkungen stehen einem sachlichen Text schlecht an.

3.4 Aufgaben

1. Robert Schumann schreibt in seiner „Neuen Zeitschrift für Musik" 1835 die folgende kleine Geschichte unter dem Titel „Aphorismen":

> Das Sehen der Musik
>
> Bei der Kalkbrennerschen vierstimmig-einhändigen Fuge fällt mir der verehrte Thibaut, der Dichter des Buches „Über Reinheit der Tonkunst" ein, der mir einmal erzählte, daß in einem Konzert in London, das Cramer gegeben, eine vornehme, kunstverständige Lady sich gegen allen englischen Ton auf die Zehen gestellt, die Hand des Virtuosen starr angesehen, was natürlich die Nachbarinnen zur Seite und im Rücken, nach und nach die ganze Versammlung gleichfalls getan, und endlich Th. ins Ohr, aber mit Ekstase gesagt hätte: „Gott! Welcher Triller! Triller! Und noch dazu mit dem vierten und fünften – und in beiden Händen zugleich!" Das Publikum (schloß damals Th.) murmelte leise nach: „Gott! Welcher Triller! Triller! Und noch dazu etc."

Der erste Satz (bis zum Doppelpunkt vor der wörtlichen Rede) enthält 79 Wörter. Sollte man ihn in mehrere Sätze zerschlagen? Und wenn ja, wie?

2. Der folgende Satz stammt aus einer Arbeit über die Automatisierung des Rechnens:

> Obwohl es zweifelhaft erscheint, ob ein menschliches Wesen auf ein System reduziert werden kann, das nur auf der Manipulation von Symbolen beruht, können natürlich Programme geschaffen werden, die in bestimmten Aufgabenbereichen bessere Problemlösungen anbieten als Menschen.

Ich habe gegen den Satz eigentlich nichts einzuwenden, eine Kleinigkeit stört mich aber doch. Sie auch?

3. In einer Darstellung der Codierungstheorie steht der Satz:

> In der Codierungstheorie wird grundsätzlich zwischen Verfahren zur reinen Fehlererkennung oder zur Fehlerkorrektur unterschieden.

Können Sie diesen einfachen Satz noch weiter vereinfachen?

4. Können Sie die beiden folgenden Sätze vereinfachen?

Aus einem Aufsatz über Robotik:

> Solche Geräte eignen sich in besonderem Maße zur Steuerung bzw. Führung von Roboterarmen.

Aus einer Seminararbeit über Technisches Schreiben:

> Man muß zwischen zwei Arten von Bandwurmsätzen unterscheiden. Zum einen gibt es den Schachtelsatz und zum anderen den Kettensatz.

5. Bei den verfügbaren Drucktechnologien kann zwischen anschlagfreien und Anschlag-Druckverfahren unterschieden werden.

Können Sie diesen kurzen und einfachen Satz noch weiter verkürzen und vereinfachen?

6. In einer Arbeit über die Suchmaschinen des Internets schreibt jemand:

> Mit Dokumentsuchsystemen sollen zum Informationsbedarf von Nutzenden Dokumente gefunden werden, die diesen Bedarf möglichst gut befriedigen. Eine umfassende empirische Evaluierung eines Systems unter dieser Fragestellung müßte sehr viele Einflußfaktoren, wie die Art der verwalteten Dokumente, die spezifische Aufgabe, aus der sich der Informationsbedarf ergibt, und die Situation und Vorbildung der Nutzenden berücksichtigen.

Finden Sie auch, daß dieser Absatz etwas gekünstelt klingt? Können Sie ihn verbessern?

7. In einem Sammelband über die Probleme des wissenschaftlichen Schreibens, in dem Hochschullehrer Tips zur Schreibtechnik geben (!), steht folgender Satz aus 79 Wörtern:

> Ist schon das Wissen über unterschiedliche wissenschaftliche Textsorten oder Texttypen und die ihnen eigenen Baupläne bzw. Argumentationsformen bei den meisten Studienanfängern – und nicht nur bei ihnen – sehr gering, so sind ihre Kenntnisse über das Schreiben als einem Prozeß mit spezifischer Struktur und ihre Informationen über seine soziale Organisation und Bedingtheit bzw. über das Schreiben als spezifische kognitive Tätigkeit und gar als körperliche Arbeit ausgesprochen unterentwickelt – von ihren Fähigkeiten im Umgang mit Schreibstörungen und -blockaden gar nicht erst zu reden.

Er ist keine gute Visitenkarte eines Buches, das Tips zum Schreiben geben will. Versuchen Sie – falls Sie den Satz verstehen – ihn zu zerschlagen, eventuell von überflüssiger Pointierung zu befreien und in die einfache Sprache des Technischen Schreibens zu übersetzen.

8. Falls Sie den folgenden Satz nicht für gelungen halten, versuchen Sie, ihn zu verbessern.

> Geografische Informationssysteme (GIS) ist der Überbegriff für alle Arten von Datensammlungen, mit deren Zugriffs- und Darstellungsfunktionen, die geographische, kartographische, geologische und ähnliche Informationen enthalten.

9. Jemand schreibt über die Suchdienste des Internets:

> In den letzten Jahren wurden diverse Dienste aufgebaut, mit denen im Internet bzw. im WWW nach Dokumenten gesucht werden kann. Sie bilden einen wesentlichen Einstiegspunkt ins WWW und unterliegen als solche nicht nur der Dynamik, sondern auch den kom-

merziellen Interessen, die sich dort immer stärker entwickeln. Das hat auch zur Folge, daß die verwendeten Verfahren häufig nicht wirklich offengelegt werden.

Hört sich das nicht etwas weitschweifig an? Drückt der Verfasser seinen logischen Schluß so klar wie möglich aus? Können Sie es besser?

10. In einer Übersicht über Peripheriegeräte steht der Satz:

> Betrachtet man das ganze Spektrum von Ein- und Ausgabe, so liegen die Eingangssignale vielfach in analoger Form vor, die zuerst auch in dieser Form verstärkt und verarbeitet werden, ehe sie in digitale Signale umgewandelt werden.

Stört Sie an ihm etwas, und können Sie ihn verbessern?

11. In einem maßgebenden deutschen Grammatikbuch wird der Begriff „Satzbauplan" folgendermaßen erklärt:

> Man kann hinter der grundsätzlich unendlich großen Zahl konkreter deutscher Sätze eine endliche und überschaubare Anzahl von abstrakten Plänen sehen, *Satzbaupläne*.

Sachlich ist daran nichts auszusetzen; doch ist hier alles so einfach wie möglich ausgedrückt, oder geht es noch einfacher?

12. Nehmen Sie den ersten Absatz dieses Kapitels („Einfachheit ist mit Klarheit ...") und prüfen Sie, ob er gut verständlich ist oder seine Sätze zu lang sind. Zählen Sie dann die Wortanzahlen seiner Sätze und bilden Sie den Mittelwert. Vergleichen Sie Ihr Ergebnis mit den Obergrenzen, die im Abschnitt „Wie lang dürfen Sätze sein?" angegeben sind.

13. In einer Einführung in das Programmieren steht der Satz:

> Bei der Konstruktion von Programmen zur Lösung einer vorliegenden Aufgabenstellung ist sicherzustellen, daß das schließlich erstellte Programm den Anforderungen entspricht, d.h. im Sinne der Aufgabenstellung korrekt ist.

Falls er Ihnen nicht gefällt, versuchen Sie, ihn zu verbessern.

14. Jemand erklärt die Logikprogrammierung folgendermaßen:

> Ein Logikprogramm besteht aus Formeln der Gestalt (seien C und B_i Boolesche Ausdrücke, im einfachsten Fall **true** oder **false** sowie Anwendungen von Prädikatsymbolen auf Konstante), sogenannten „Horn-Klauseln", der Form
>
> $$C \Leftarrow B_1 \wedge \ldots \wedge B_n.$$
>
> Die Ausdrücke B_i heißen *Prämisse* oder auch *Teilziele* (engl. subgoals), C heißt Konklusion.

Falls Sie irgendetwas Stilistisches an dieser Definition stört, versuchen Sie, es zu verbessern. Sie brauchen dazu nichts von Logikprogrammierung zu verstehen, denn inhaltlich ist das Zitat in Ordnung.

15. In einem Buch über das World-Wide Web beschreibt der Verfasser auch ausführlich die Sprache HTML. In dieser Beschreibung kommt der Satz vor:

> Während sich HTML von seinen eher einfachen Anfängen kontinuierlich bis zu einem Dokumentformat weiterentwickelt hat, das nun eine große Anzahl leistungsfähiger Features besitzt, ist seine Anwendung durch die feste Menge von Elementen und Attributen sowie die mit diesen verbundene Semantik nach wie vor begrenzt.

Der Satz ist recht lang. Bei aufmerksamem Lesen wird man feststellen, daß er trotz seiner Länge nicht viel aussagt. Wie könnte man seinen Inhalt einfacher ausdrücken?

16. In dem ersten Entwurf eines Aufsatzes über Mobiles Rechnen steht der Satz:

> Um sich als mobiler Rechner zu qualifizieren, definieren wir es als notwendige Eigenschaft, daß dieser ein Knoten in einem verteilten System sein kann.

Hier kann man wohl verstehen, was der Verfasser sagen will; stilistisch ist aber einiges nicht ganz gelungen. Wie würden Sie den Inhalt des Satzes auf die einfachste Art ausdrücken?

17. Ein Verfasser schildert die Probleme mit zu kurzen und zu ausführlichen Stichwortverzeichnissen in dem Satz:

> Wenn es zu wenige Stichwörter sind, verliert das Stichwortverzeichnis seinen Wert, wenn es zu viele (nämlich unbedeutende) sind, ist der Leser beim Nachschlagen darüber verärgert, daß er vielleicht nur eine Erwähnung des Wortes, aber keine Ausführungen dazu findet.

Daran ist nichts zu beanstanden. Doch falls die beiden gleichlaufenden „wenn … sind" Sie stören, können Sie den Satz vielleicht noch ein wenig verkürzen und zugleich verbessern.

18. Im Verlauf der Diskussion der Probleme des mathematischen Schreibens sagt ein Verfasser, daß viele Leser durch Formalismen abgeschreckt werden und begründet das so:

> Sie scheuen es, neue Symbole und ihre Bedeutungen zu lernen und im Verlauf des Lesens immer wieder nachschlagen zu müssen, was die Symbole bedeuten.

Können Sie diesen Satz durch Verkürzung noch ein wenig verbessern?

19. In einem Übersichtsaufsatz, der die Fortschritte auf dem Gebiet der Prozessoren behandelt, stehen die Sätze:

> Dabei sind sowohl Maßnahmen zur Steigerung der Rechenleistung zu nennen, wie auch Maßnahmen zur Steigerung der Zuverlässigkeit, wie die Verwendung redundanter Codes, Vervielfachung von Teileinheiten, Integration von Prüfschaltungen etc. Maßnahmen zur Steigerung der Leistung finden sich sowohl innerhalb des Prozessors wie auch durch Vervielfachung der Prozessoren innerhalb einer Rechenanlage.

Das sind zwei lange, schwer befrachtete Sätze. Können Sie sie handlicher machen?

20. Über die Probleme, die Compiler lösen müssen, um für moderne Prozessoren guten Code zu erzeugen, schreibt jemand:

> Optimierende Compiler versuchen, auf Basis einer Datenabhängigkeitsanalyse datenabhängige Befehle durch Umordnung der Befehlsreihenfolge zu separieren. Dies ist semantikerhaltend natürlich nur dann möglich, wenn entsprechende datenunabhängige Befehle gefunden werden können, die zwischen die datenabhängigen Befehle eingestreut werden können.

Wenn Ihnen das unnötig kompliziert vorkommt, sollten Sie versuchen, es zu vereinfachen.

4

Geflügelte Worte – Geprügelte Worte

> Wenn die Worte nicht stimmen, wird die Vernunft verwirrt.
> Wenn die Vernunft verwirrt ist, gerät das Volk in Unruhe.
> Wenn das Volk unruhig wird, gerät die Gesellschaft in Unordnung.
> Wenn die Gesellschaft in Unordnung gerät, ist der Staat in Gefahr.
>
> Angeblich von Konfuzius

In den vorhergehenden Kapiteln haben wir schon einzelne Wörter kennengelernt, bei denen Vorsicht geboten ist, weil sie leicht mißverstanden werden können, weil sie Bezüge darstellen, die aufgelöst werden müssen, oder weil sie unnötig, aufgebläht oder logisch unsinnig sind. In diesem Kapitel wollen wir Wörter unter die Lupe nehmen, die man aus anderen Gründen kritisch ansehen sollte: *Modewörter* und *Amerikanismen*.

Mancher Leser mag fragen, warum er immer nur erfährt, welche Wörter bedenklich, aber nicht, welche empfehlenswert sind. Bestimmte Wörter zu *empfehlen* verbietet sich, denn – wie aus diesem Kapitel klar werden wird – soll man alles Modische, Hochgestochene, Mundartliche und in der Informatik besonders das bedenkenlos aus dem Amerikanischen übernommene vermeiden. Statt dessen soll man den einfachen, am genauesten passenden Ausdruck benutzen. Da der aber ganz von der Situation abhängt, kann man keine bestimmten Wörter empfehlen. Außerdem ist die Wortwahl eine persönliche Stilfrage; jemandem bestimmte Wörter zu empfehlen, hieße, ihm einen Stil aufzudrängen. Dennoch läßt sich eine Empfehlung aussprechen. Sie bezieht sich allerdings nicht auf einzelne Wörter, sondern auf ganze Wortklassen. Sie stammt von W. Churchill und lautet:

Die alten Wörter sind die besten und die kürzesten die allerbesten.

Dieses Kapitel hat einen doppelten Zweck. Erstens soll es die Aufmerksamkeit auf einige bedenkliche Wörter lenken, ihre Bedenklichkeit begründen und den Leser vielleicht dazu bewegen, diese Wörter in Zukunft seltener als bisher zu benutzen; zweitens soll es ihn empfindlich gegen solche Wörter machen – für die hier nicht genannten und für die noch nicht geborenen –, auf daß er Modewörter schnell als solche erkennt und Amerikanismen, wenn immer ohne Krampf möglich, vermeidet.

4.1 Modewörter

Zum Auftakt eine kleine Geschichte, die sich tatsächlich zugetragen hat. Zwei Schulfreunde unternehmen nach 40 Jahren der Trennung mit ihren Ehefrauen eine gemeinsame Reise. Natürlich gibt es viel zu erzählen: über die Familien, die Berufe, die Interessen. Nach zwei Stunden des Plauderns sagt die eine Frau zu dem anderen Ehepaar: „Ihr seid doch komische Leute. Ihr habt ja in der ganzen Zeit, wo wir hier zusammensitzen, noch nicht einmal ›okay‹ gesagt!"

So wie mit dem „okay" und dem in Kapitel 2 aufgespießten „genau" steht es mit vielen anderen Wörtern, die heute von einem großen Teil der Deutschsprechenden ohne Nachdenken täglich benutzt werden. Da hört man ständig die Wörter „echt", „in etwa" (für „ungefähr"), „optimal", „spannend", „Stellenwert", „thematisieren", „vor Ort", „zögerlich" und viele andere, die früher kein Mensch benutzt hat. Das sind Modewörter. Wie sie entstehen, läßt sich meist nicht zurückverfolgen, warum sie zur Mode werden, oft nur vermuten. Manche versinken nach einiger Zeit wieder, andere bleiben und verlieren dann den Charakter des Modischen.

Eine Studentin fragte mich: „Warum soll ich Modewörter vermeiden? Ich lebe doch in der heutigen Zeit; warum soll ich mich nicht so ausdrücken, wie man es heute tut? Ich richte doch auch meine Kleidung nach der Mode." Die Antwort darauf kann wohl ungefähr so lauten: Modewörter sind Klischees, Schablonen. Reiners nennt sie „Worte ohne eigenes Leben". Der Kleidermode folgen die meisten Menschen bewußt, ihre Worte wählen sie dagegen unbewußt. Im übrigen paßt der Vergleich mit der Kleidermode recht gut, doch dort gibt es viele Möglichkeiten, in Einzelheiten von der augenblicklichen Mode abzuweichen, so daß noch Spielraum für Individualität bleibt. Je mehr einer Individualist ist, um so mehr wird er vom Diktat der Mode abweichen, je mehr einer Massenmensch ist, um so williger wird er sich der Mode unterwerfen.

Ebenso ist es mit den Modewörtern. Wer im täglichen Leben seine Worte hauptsächlich aus dem Fundus bezieht, den ihm Fernsehen und Zeitungen zur Verfügung stellen, in der Informatik aus dem, was er in den Fachzeitschriften und den neuesten Büchern liest und auf Tagungen hört, wird zu einem geistigen Massenmenschen, einem Nachplapperer, der die ihm angebotenen Wörter und Wendungen einfach benutzt, ohne zu fragen, welche Bedeutung sie eigentlich haben und ob sie an der Stelle die richtigen sind.

Soviel zur allgemeinen Charakteristik der Modewörter. Das soll nicht heißen, daß alles, was neu ist, aus dem Fernsehen, der Zeitung oder Amerika kommt, von vornherein schlecht wäre. Die Sprache lebt ja und muß sich ständig verjüngen. Nur werden viele junge Wörter überstrapaziert, obwohl sie nicht treffender als ein gutes altes Wort oder sogar unsinnig sind.

Wir wollen uns nun einige Modewörter näher ansehen, beileibe nicht alle, denn sie sind unzählbar, und sie tragen auch keine Schilder, an denen man sie erkennen könnte. Da es so viele sind, teile ich sie in zwei Gruppen: Modewörter des täglichen Lebens und Modewörter der Informatik.

Zu den Modewörtern gehört dann noch ein großer Teil der Amerikanismen, die sich in offene und verborgene einteilen lassen (siehe Seite 70). Ein Beispiel für die verborgenen ist die Wendung „Sinn machen" als Übersetzung von „to make sense".

Modewörter des täglichen Lebens

Wie entstehen Modewörter? Da wurden – ich vermute in den fünfziger Jahren – mehrere Gesetze im deutschen Bundestag verabschiedet, bei denen es um verwandte Gegenstände ging, und ein Parlamentarier kam darauf zu sagen, es wurde ein Gesetzes*paket geschnürt*. Das war ein neues, schönes Bild; so schön, daß seitdem bis auf den heutigen Tag Pakete geschnürt werden: Sozialpakete, Maßnahmenpakete, Urlaubspakete und viele andere. Inzwischen ist das „Paketschnüren" so abgegriffen, daß es zur Schablone, zur kraftlosen Modewendung geworden ist, bei der keiner mehr aufhorcht.

Ungefähr um die gleiche Zeit dürfte es gewesen sein, daß Vortragende, die über ein neues Verfahren oder ein neues technisches Gerät berichteten, dieses Verfahren oder Gerät *vorstellten*, was man bisher nur mit Menschen getan hatte. Auch das war ein gutes Bild, seitdem werden jedoch zahllose Dinge in Vorträgen und Büchern, auf Tagungen und im Fernsehen vorgestellt. „Vorstellen" ist zum Modewort geworden. Gibt es nichts, das es ersetzen kann? Natürlich: „bekannt machen", „darstellen", „vorführen", „berichten", „einführen", „besprechen", „erklären" und noch mehr.

Gleiches gilt für das ursprünglich schöne Bild, daß etwas „zum Tragen kommt", wie ein Stahlträger eine Baukonstruktion trägt. Doch heute kommt alles mögliche zum Tragen, es gibt sogar „Wege, die zum Tragen kommen" und unzählige „Träger", von denen „Hoffnungsträger" und „Sympathieträger" besonders schöne Exemplare sind.

Während das „Pakete schnüren", „vorstellen" und „zum Tragen kommen" ursprünglich passend gewählte Bilder waren und nur zu Tode geritten wurden, sind die meisten Modewörter des täglichen Lebens einfach dumm. Mode-Gecken schreiben „beinhalten", wo sie „enthalten" meinen, und der Leser liest zuerst einmal „bein-halten"; sie schreiben ebenso „kreieren", und der Leser liest „krei-eren". In der Informatik-Literatur gibt es Sätze wie

> Bevor eine neue Datei eröffnet werden kann, muß sie zuerst kreiert werden.

Dabei hat der Verfasser sicherlich an das englische „to create" gedacht. Und wie sollte der Satz heißen? Natürlich:

> ⇒ Bevor eine neue Datei eröffnet werden kann, muß sie zuerst *erzeugt* (oder *angelegt*) werden.

Statt etwas zum Thema zu machen oder über etwas zu reden, „thematisiert" es der Trendsetter. Er sagt auch „im Nachhinein", meint damit jedoch nichts anderes als „hinterher" oder „nachträglich".

Manche Wörter brauchen lange, bis sie zu Modewörtern werden, bei manchen geht es verblüffend schnell. Anscheinend fällt es kaum jemandem auf, daß das *Flugzeug* ausgedient hat und durch den *Flieger* ersetzt wurde. Gibt es etwas Dümmeres, als das Gerät Flugzeug durch seinen Piloten zu ersetzen? Die sprachbewußte Ehefrau wird ihren geschäftsreisenden Ehemann also in Zukunft fragen: „Nimmst du den Fahrer, den Zugführer, den Kapitän oder den Flieger?" Oder ist mit *Flieger* nicht der Pilot gemeint, sondern das Flugzeug, weil es die Eigenschaft des Fliegens besitzt? Dann sollte man das Auto den „Roller" und das Schiff den „Schwimmer" nennen.

Ähnlich schnell ging es mit dem harmlosen Wörtchen „deutlich". Alles was bisher *viel*, *wesentlich*, *auffallend*, *merkbar* war, ist heute *deutlich*. „Morgen ist eine deutliche Wetterbesserung zu erwarten." „Das Wirtschaftswachstum wird im nächsten Jahr deutlich niedriger ausfallen." „Niedrigste Arbeitslosenquote, deutlich mehr Gründungen." Es scheint für alle Situationen, die sich ändern, nur noch *deutliche* Änderungen zu geben. Auch die Informatik-Literatur ist von der Sucht nach Deutlichkeit nicht verschont geblieben. So erklärt ein Verfasser, daß einige deutliche Technologiesprünge zu verzeichnen sind und daß die Entwicklung der Prozessoren durch eine deutliche Leistungssteigerung gekennzeichnet ist. Vielleicht hängt es mit dem unverdienten Aufstieg von „deutlich" zusammen, daß auch das „deutlich machen" so beliebt ist. Besonders Politiker, Wirtschafts- und Gewerkschaftsführer machen immerzu etwas deutlich, statt einfach etwas zu sagen oder zu erklären, meinetwegen auch mit Nachdruck zu sagen, aber bitte nicht zu „unterstreichen". Als Steigerung von „deutlich" scheint jetzt das Wort „drastisch" zum Modewort zu werden.

Eine „Herausforderung" ist heute für Informatiker alles mögliche, das sie noch nicht wissen oder können:

> Die Erstellung fehlerloser großer Programme ist eine Herausforderung an die Informatik-Forschung.

„Herausforderung" ist ein neues Modewort auch in Politik und Wirtschaft durch gedankenlose Übersetzung von „challenge". Im Deutschen gehören zu einer Herausforderung jedoch immer zwei: der Herausforderer und der Herausgeforderte. Wolf Schneider schreibt in [Schneider 99]:

> Herausforderung ist nur richtig, wenn es *Provokation* bedeuten soll. „Challenge" bedeutet: der Aufruf zur Tat, der Anstoß, die große (oder reizvolle) Aufgabe, oft genug einfach die Aufgabe. Für das Verbum „to challenge" bieten sich an: „in Frage stellen", „in die Schranken fordern", „die Stirn bieten".

„Ultimativ" heißt im Deutschen „in Form eines Ultimatums", „nachdrücklich", „unwiderruflich", und ein Ultimatum ist die letzte Aufforderung zur Lösung einer schwebenden Angelegenheit. Seit einigen Jahren ist „ultimativ" als Nichtübersetzung von „ultimate" = „der, die, das Letzte, Neueste" oder „das Beste" (nicht zu Überbietende) in die deutsche Reklamesprache eingegangen („der ultimative CD-Player"). Daß es heute auch schon in seriöser Informatik-Literatur vorkommt, hatte ich nicht gedacht, bis ich kürzlich in einem soeben erschienenen Buch den Satz las:

> Computer werden oft als ultimative Autorität betrachtet – sie sind allwissend und haben immer recht.

„Vision" ist im Englischen das Sehen und Sehvermögen, daneben auch wie im Deutschen die Erscheinung, das Traumbild. Der Zweig der künstlichen Intelligenz und der Robotik, der sich mit künstlichem Sehen beschäftigt, heißt dementsprechend „vision". Es wäre aber ein großer Fehler, dieses „vision" mit „Vision" zu übersetzen, denn das heißt im Deutschen „auf Einwirkung übernatürlicher Kräfte beruhende Erscheinung" [Pfeifer]. Dennoch haben heute viele Informatiker, Wirtschaftler und Politiker, die etwas planen oder sich erträumen, Visionen.

Manches Modische kommt aus der Naturwissenschaft. So ist die „Bandbreite" beliebt, wenn es darum geht, einen Variationsbereich zu kennzeichnen:

> Die Schwankungen der Aktienkurse hatten heute eine bemerkenswert große Bandbreite.

Aber Bandbreite ist ein rein nachrichtentechnischer Begriff, der die Breite eines Frequenzbandes bezeichnet und in Hertz gemessen wird! Mehr darüber auf Seite 22.

Besonders gebildet klingt der „Quantensprung", denn er zeigt, daß sein Benutzer die Quantentheorie versteht. So heißt es in der Kritik einer Theaterinszenierung:

> Exemplarisches Beispiel für Witz, kombiniert mit politischer Schärfe: Mit seiner außerge-wöhnlichen Inszenierung der „Blume von Hawaii" sorgte der Regisseur im Vorjahr für ei-nen Quantensprung in der Operettengeschichte am Linzer Landestheater.

Ob die Verfasserin sich darüber klar ist, daß der Quantensprung der allerwinzigste Sprung ist, der in der Natur vorkommt, im atomaren Bereich und daher weit, weit unter jeder Wahrnehmungsschwelle liegt? Und haben Sie bemerkt, lieber Leser, daß dieses Zitat noch eine Modewendung enthält, die zeigt, wie die Schreiber sich nichts mehr bei den Wörtern denken? Ist Ihnen aufgefallen, daß „Exempel" und „Beispiel" dasselbe bedeuten?

„Spaß" und „Spannung" sind zwei Modewörter, die in den letzten Jahren Karriere gemacht haben. Früher wünschte man jemandem „viel Spaß" zum Besuch des Kabaretts oder eines Hans-Moser-Films, heute leben wir in einer Spaßgesellschaft. Neil Postman hat in seinem Buch „Wir amüsieren uns zu Tode" [Postman] die Spaßgesellschaft beschrieben. Alles muß heute Spaß machen, selbst das Programmieren.

So wie heute alles Spaß machen muß, sind auch die seltsamsten Vorgänge *spannend*. Die Fernsehansagerin kündigt für den Abend ein Symphoniekonzert an, das verspricht, *spannend* zu werden. Ob das wieder aus dem Amerikanischen kommt, weiß ich nicht. Dann wäre es eine Nichtübersetzung von „exciting". Doch „exciting" bedeutet meist „aufregend", und das würde viel besser zum Symphoniekonzert passen. *Spannend* ist doch eine Handlung, deren (meist ungewissen) Ausgang man kaum abwarten kann. Anscheinend wird „spannend" heute vielfach mit „fesselnd" verwechselt. Andere Auswüchse der Benutzung von „spannend" entnehme ich dem Buch [Kaehlbrandt]:

> Ein Magazin des Volkshochschulverbandes wünscht sich Leser als *spannende Minorität*. Als *spannende Verkaufsstrategie* bezeichnet ein Marketing-Mann Überlegungen zur Ver-kaufsförderung von diversem Gartengerät. *Unwahrscheinlich spannend* findet ein rheini-scher Polsterer seine neue Stoffkollektion. Und mit *irrsinnig spannend* apostrophiert die Angestellte eines Reisebüros die ›Destinationen‹ eines Reiseveranstalters.

Das Wort „entscheidend" ist bei Informatikern wie auch im täglichen Leben als Ersatz für „wichtig", „bedeutsam" hochbeliebt, obwohl diese beiden Wörter etwas anderes bedeuten. Wenn jemand „entscheidend" benutzt, muß auch etwas dadurch entschieden werden, und er muß sagen, was es ist. Da heißt es:

> Entscheidendes Leistungsmerkmal von Bussen ist ihre Übertragungsrate.

Was entscheidet die Übertragungsrate? Ein anderer schreibt:

> Der entscheidende Schwachpunkt des Data Encryption Standard ist die unzureichende Größe des Schlüsselraums und die dadurch resultierende Möglichkeit zu brute-force Angriffen.

Was entscheidet der Schwachpunkt? Oder:

> Schließlich ist die Hauptspeicher-Zugriffszeit entscheidend durch die Geschwindigkeit des Prozessor-Speicherbusses und des Hauptspeichers bestimmt.

Was bedeutet hier „entscheidend"? Kann man es nicht einfach weglassen?

Manche Modewörter sind für bestimmte Berufe charakteristisch. Wer immerzu das Wort „Dialog" im Munde führt, statt zur Abwechslung „Gespräch", „Diskussion", „Klärung", „Erörterung" zu sagen, kommt wahrscheinlich von der Kirche; wer ständig von etwas „ausgeht", statt es „anzunehmen" oder „vorauszusetzen", ist meist Politiker.

Es folgt nun eine alfabetische Liste weiterer Modewörter mit Bemerkungen dazu:

„gefragt sein". Die Wendung, daß etwas „gefragt ist", klingt nicht gut. Immer schon konnte jemand gefragt *werden*, doch nie konnte etwas gefragt *sein*.

„Kompetenz" heißt eigentlich Zuständigkeit, aber „jemand ist kompetent" heißt, er ist sachkundig. Heute wird von Medienkompetenz, Sprachkompetenz, sozialer Kompetenz, kommunikativer Kompetenz und anderen Kompetenzen gesprochen, denen Bedeutung nicht klar ist. Solche verschwommenen Kompetenzen verbreiten Mißverstehen um sich.

„Konsument". Der *Konsument* hat den *Kunden* und sogar den *Menschen* in der Werbe- und Wirtschaftssprache weitgehend verdrängt. Ist es nicht menschenverachtend, in seinen Mitbürgern nur noch Verbraucher zu sehen?

„letztendlich" und „schlußendlich" sind Verdopplungen, die man in Sachprosa vermeiden sollte. Das gleiche gilt für Saloppheiten wie *nichtsdestotrotz* und *ansonsten*.

„optimal" ist ein totgerittenes Modewort. Es erspart das Nachdenken darüber, ob vielleicht „minimal" oder „maximal" die genaueren Bezeichnungen wären. Manchmal reicht sogar das einfache „am besten". Wer schreibt, „der Dateizugriff ist hier mit optimaler Effizienz möglich", hat nicht nachgedacht, denn er meint die *maximale* Effizienz oder einfacher *größte* Effizienz. Hätte er nicht noch kürzer und besser „am schnellsten" geschrieben?

„Punkt". „Auf den Punkt bringen" und „punktgenau" sind zwei Modeworte, die nicht weiter kommentiert zu werden brauchen.

„rasant" ist schon fast kein Modewort mehr, so tief ist es in unsere Sprache eingedrungen. Obwohl seine Benutzer es mit „rasend" gleichsetzen, hat es mit Schnelligkeit nichts zu tun. Vielmehr ist es das französische Wort „rasant", das vom Verb „raser" = „scheren", „rasieren" kommt und flach, horizontal verlaufend, gestreckt bedeutet. Es

ist ein Fachwort der Ballistik zur Bezeichnung einer flach verlaufenden Geschoß-
bahn.

„Stellenwert" ist auch unter Leuten beliebt, die nichts vom Stellenwertsystem der
Arithmetik wissen. Für sie ist es einfach ein modischer Ersatz für „Wert", „Bedeut-
samkeit", „Rang", „Wichtigkeit". Selbst Informatiker sind dagegen nicht gefeit; so
schreibt ein Seminarteilnehmer:

> Da interne Dokumentation fast stets von den Softwaretechnikern anzufertigen ist, nimmt
> das technische Schreiben einen sehr hohen Stellenwert ein, und es erfüllt einen äußerst
> nützlichen Zweck.

Hat der Schreiber zuvor die Wichtigkeit der einzelnen Bestandteile des Gebietes
Softwaretechnik nach ihrem Wert in Stellen eingeteilt und sie numeriert? Natürlich
nicht, sondern er hat einfach etwas hingeschrieben, das ihm modisch gut zu klingen
schien. Nebenbei: das „äußerst" ist äußerst entbehrlich.

„Technologie". Daß *Technologie* die *Lehre von der Technik* ist und nicht die Technik
selbst, ist kein Geheimnis, sondern weiten Kreisen bekannt. Trotzdem schreiben sie
„Halbleitertechnologie" wenn sie „Halbleitertechnik" meinen. Sie wollen ja mit der
Zeit gehen und nicht als altfränkisch gelten. Das gute alte Wort „Technik" scheint allmählich von „Technologie" aufgefressen zu werden.

„Vor Ort" ist heute jeder Fernsehreporter, der vom Ministertreffen in Paris oder vom
Erdbeben in der Türkei berichtet. Früher hieß es „an Ort und Stelle", „am Ort des
Geschehens" oder etwas ähnliches. Warum nicht „vor Ort"? Weil es ein Ausdruck der
Bergmannssprache ist und dort *an der Spitze, am Ende eines Grubenganges* bedeutet.

„zögerlich" für „zögernd" ist ein Modewort, das so plötzlich aufgekommen ist wie
„Flieger" für „Flugzeug". Irgendein Politiker – war es vielleicht Bundeskanzler Kohl
im letzten Abschnitt seiner Regierungszeit? – benutzte das Wort, das vermutlich einer
westdeutschen Mundart entsprang, und es gefiel den Leuten so gut, daß es seitdem
allen ohne zu zögern über die Lippen geht. Im Duden von 1961 steht es noch nicht,
im Duden von 1996 ist es enthalten. Anscheinend ist die Öffentlichkeit für solche
idiomatischen Neuworte empfänglich. Als Konrad Adenauer einmal öffentlich sagte:
„In dieser Beziehung bin ich nicht *pingelig*", war das rheinische Wort (für „zimper-
lich", „übertrieben gewissenhaft") bald in aller Munde.

Einige weitere Modewörter, die ich dem Buch [Kaehlbrandt] entnahm und hier nur auf-
führe, sind „Banker", „Denkanstoß", „Betroffenheit", „Dialog", „Diskurs", „Dynamik",
„Essentials", „Identität", „Innovation".

Modewörter der Informatik

Die Informatik leidet mehr unter den Amerikanismen und den Nichtübersetzungen amerikanischer Begriffe als unter deutschen Modewörtern. Amerikanismen und Nichtübersetzungen kommen später an die Reihe, deshalb kann dieser Abschnitt kurz sein.

Das schlimmste augenblicklich grassierende Modewort der Informatiker ist „nutzen"
anstelle von „benutzen" und „der Nutzer" anstelle von „der Benutzer". Es hat längst
auch die Allgemeinsprache infiziert. Seit altersher *benutzen* wir Informationen, Pro-

gramme, Straßenbahnen, den Wetterbericht und alles mögliche, ohne uns dabei Arges zu denken. Mit einem Mal – es dürfte um 1999 herum gewesen sein – wurde alles, was früher *benutzt* wurde, *genutzt*. So lesen wir heute: „Sie können die Straßenbahn oder den Bus nutzen, um vom Hotel Ambassador zur Oper zu kommen." In einem Artikel über Kryptologie heißt es:

> Moderne Chiffrierverfahren nutzen häufig eine Kombination von Transpositions- und Substitutionsprozessen.

und in einer Arbeit über Dokumentsuche

> Dokumentsuchsysteme dienen dazu, aus einer Sammlung von Dokumenten diejenigen herauszusuchen, die den Informationsbedarf von Nutzenden möglichst gut befriedigen.

Woher kommt dieser Irrsinn? Vermutlich wieder einmal aus dem Amerikanischen. Dort haben wir den „User", für den die Computer, die Handys und die Straßenbahnen gebaut werden, damit er sie benutzen kann. Der „User" war deshalb bisher immer der „Benutzer". Irgendeinem Besessenen muß es nun eingefallen sein, daß man statt „Benutzer" auch „Nutzer" sagen kann; das steht in seiner Kürze dem „User" sogar näher, es ist die plane und darum sicherlich bessere Übersetzung von „User" und zugleich ungeheuer *innovativ*.

Natürlich ist „nutzen" und „benutzen" *nicht* dasselbe, wie jeder sprachlich auch nur etwas Feinfühlige bemerken müßte. „Nutzen" bedeutet *ausnutzen*, „benutzen" bedeutet *verwenden*. Der Unterschied zwischen beiden zeigt sich schlagend in dem Satz: „Nutze die Zeit, benutze die Bahn." Oder auch: „Ich benutze meinen Garten zur Erholung; aber ich nutze ihn nicht, denn er ist kein Nutzgarten." Um so verwunderlicher ist es, daß alle Welt den „Nutzer" aufgegriffen hat und seitdem nur noch nutzt statt benutzt. Hier sind weitere Beispiele dafür:

> Es wird allgemein erwartet, daß die erwähnten Technologien die Computernutzung in den nächsten Jahren grundlegend verändern.

> Wer Recycling-Papier nutzt, tut Gutes.

> Die Kommunikation zwischen Mensch und Maschine über grafische Oberflächen mit Zeigegerät und Schreibtisch-Funktion hat für den Einsatz von Computern bei ungeübten Nutzern einen entscheidenden Durchbruch gebracht.

> Einige Dokumentsuchsysteme wurden für kleine Dokumentsammlungen, Sachgebiete und Gruppen von Nutzenden konzipiert.

> Die wohl am häufigsten genutzte Form der direkten Kommunikation über das Internet ist die elektronische Post, genannt E-Mail.

> Auch im Bereich der Lehre werden Personal Homepages immer mehr genutzt.

Aus einem Brief an die Mitarbeiter einer Universität:

> Die Zentrale Verwaltung der Universität hat sich zum Ziel gesetzt, ihre Leistungen sowie die Organisationsabläufe auf den Prüfstand zu stellen. Dies ist jedoch nur möglich, wenn die „Nutzer" (Kunden) der Zentralen Verwaltung uns ihre Einstellung offen mitteilen.

Ein anderes Modewort der Informatik, das gedankenlos und bis zum Überdruß benutzt wird, ist „unterstützen", die Nichtübersetzung von „to support". Was wird nicht alles unterstützt:

> Nichtblockierende Caches unterstützen mehrere ausstehende Speicherzugriffe.

Ermöglichen sie ausstehende Speicherzugriffe oder *erleichtern* sie sie oder *beschleunigen* sie sie oder erlauben sie Parallelität? Gemeint ist „ermöglichen".

> Bei symmetrischen Multiprozessoren liegt immer ein gemeinsamer Speicher vor, der von der Hardware des Systems unterstützt wird.

Wie soll man es verstehen, daß ein Speicher von der Hardware „unterstützt" wird? Ein Speicher *ist* ja ein Stück Hardware!

Zum Schluß sei noch auf den Mißbrauch des Wortes „klassisch" hingewiesen, den man in der Informatik so oft findet. Da ist die Rede vom „klassischen v. Neumann-Rechner" und vom „klassischen Assemblerprogrammieren". Gemeint ist damit nur „herkömmlich" oder „historisch" oder „einer vergangenen Zeit angehörig". Das deckt sich nicht mit dem Begriff „klassisch", wie er in den Zusammenhängen „die Klassiker", „klassische Musik", „klassisches Altertum" gemeint ist. „Klassisch" bedeutete bisher immer in der Hauptsache oder sogar nur *Vorbildlichkeit*, *Größe*, ja *Unerreichbarkeit*. Schopenhauer hat das treffend so ausgedrückt:

> ... die Alten, deren Gedanken in ihren eigenen Worten schon Jahrtausende fortleben und die deswegen den Ehrentitel Klassiker tragen ...

Im etymologischen Wörterbuch [Pfeifer] wird definiert:

> **klassisch** Adj. das griechische und römische Alterum betreffend, einen Höhepunkt künstlerischer, über die Zeiten gültiger Leistungen darstellend, nach dem Vorbild der Klassik strebend, vollendet, mustergültig.

Ich sehe keinen Grund, warum sich diese Bedeutung eines Ehrentitels ändern sollte, nur weil ein paar unwissende Schreiber statt „herkömmlich" jetzt „klassisch" sagen.

4.2 Amerikanismen

Wir kommen nun zu dem in jeder Stilistik ausführlich diskutierten Bereich der Fremdwörter, wobei wir uns auf das Englische beschränken können, da es in der Informatik die einzige Quelle von Fremdwörtern ist und auch im täglichen Leben die englischen Fremdwörter die größte Rolle spielen. Da sie größtenteils aus Amerika kommen, nenne ich sie „Amerikanismen" statt „Anglizismen".

Zuerst soll etwas klargestellt werden: Wer Fremdwörtern kritisch gegenübersteht, ist noch lange kein Fremdwortjäger. Die Stilbücher berichten von Zeiten, in denen man wirklich Fremdwörter jagte, indem man „Pistole" durch „Meuchelpuffer", „Mumie" durch „Dörrleiche" und „orientieren" durch „bemorgenländern" zu ersetzen versuchte. Das wirkt heute lächerlich. Es gibt so viele Fremdwörter, die sich bewährt haben und uns unentbehrlich geworden sind, daß wir sie heute als deutsch empfinden, obwohl sie ausländischen Ursprungs sind. Einige Beispiele: „Büro", „Keks" (Thomas Mann schrieb noch „Cakes"), „Kontor", „Korrespondenz", „Kusine", „Nuance", „Scheck" (neuerdings wieder „Cheque"), „Sport", „Turnen". Für sie gilt das vielzitierte Goethewort:

> Die Gewalt einer Sprache ist nicht, daß sie das Fremde abweist, sondern daß sie es verschlingt.

Es gibt ferner viele Fremdwörter, denen man ansieht, daß sie von auswärts kommen, die aber in vielen Zusammenhängen kein hinreichend genaues deutsches Gegenstück haben. So läßt sich „Niveau" oft nicht durch „Ebene" ersetzen, „Nuance" nicht durch „Schattierung", und „Prinzip" fast nie durch „Anfang" oder „Ursprung". Sie sind willkommene Einwanderer, denn sie bereichern unsere Sprache durch neue Ausdrucksmöglichkeiten.

Es gibt auch Beispiele für neugebildete deutsche Wörter, die ihre für unentbehrlich gehaltenen ausländischen Gegenstücke verschlungen haben, wie „Abteil" (für „Coupé"), „Bahnsteig" (für „Perron"), „Luftbrücke" (für „air lift"), „Postkarte" (für „Correspondenzkarte"), „Selbstbedienung" (für „self service").

Einteilung

Man kann die Amerikanismen in zwei Gruppen einteilen:

Offene Amerikanismen sind die Wörter, denen man ihre Herkunft auf den ersten Blick ansieht, wie „Bahn Card", „Container", „Feature", „Fitness Center", „User". Sie bilden den Löwenanteil und stören am meisten, sowohl wegen ihrer Bedeutung, die nicht jedem bekannt ist, als auch wegen ihres fremden Klanges und der Schwierigkeit, sie auszusprechen.

Verborgene Amerikanismen sind Wörter und Wendungen, die ihre Herkunft verbergen, weil sie auf den ersten Blick deutsch aussehen. Wolf Schneider nennt sie *Nichtübersetzungen*. Dazu gehören wörtliche Übertragungen wie

„to make sense" – „Sinn machen" (statt „Sinn haben" oder „Sinn ergeben")

„this is my place" – „das ist mein Platz" (statt „hier bin ich zu Hause")

„once more" – „einmal mehr"

und Wörter, die im Deutschen und im Amerikanischen gleich aussehen oder gleich klingen, aber in beiden Sprachen Verschiedenes bedeuten, wie

„to adopt" – „adoptieren" (richtig: „übernehmen")

„to control" – „kontrollieren" (richtig: „steuern", „regeln")

„the copy" – „die Kopie" (richtig manchmal: „das Exemplar")

Solche Wörter heißen auch „Falsche Freunde"; das ist ein Begriff, der im Englischen (*false friends*) und im Französischen (*faux amies*) auch gebräuchlich ist.

Die verborgenen Amerikanismen machen nur einen kleinen Teil der Amerikanismen aus, sind aber besonders tückisch, weil man sie nicht leicht erkennt.

Bedingungen für die Eindeutschung von Fremdwörtern

Für die direkte oder leicht modifizierte Übernahme von Wörtern aus fremden Sprachen scheinen mir drei Bedingungen notwendig oder wenigstens wünschenswert zu sein:

1 Es gibt kein gleichwertiges deutsches Wort.
2 Die Aussprache des fremden Wortes muß deutsch klingen (wie bei „fit") oder leicht deutsch gemacht werden können (wie bei „cakes").
3 Das fremde Wort muß sich deutsch flektieren lassen und, wenn es ein Substantiv ist, ein deutsches Geschlecht bekommen.

Der Bedingung 1 fallen viele Amerikanismen zum Opfer. Für „stack" kann man „Stapel", für „heap" „Halde", für „to update" „aktualisieren" sagen. „Aktualisieren" ist zwar auch kein deutsches Wort, seine Bedeutung ist jedoch jedem bekannt, man kann es konjugieren und seine beiden Partizipien bilden. Die Tabelle auf Seite 72 enthält solche leicht übersetzbaren Amerikanismen.

Die Bedingung 2 ist oft schwer erfüllbar, da viele amerikanische Wörter Laute enthalten, die es im Deutschen nicht gibt, wie das „ai" in „Container", („ej"), das „u" in „User" („juser") oder gar das ganze Wort „Feature".

Die Bedingung 3 wird von vielen Informatikern völlig ignoriert. Da liest man „der File", „die File" und „das File", „die E-Mail" und „das E-Mail", „upgedated" und „geupdated".

Amerikanismen des täglichen Lebens

Die Liste der Amerikanismen des täglichen Lebens ist endlos. Sie reicht von „Babysitter" über „Blackout", „Center", „Countdown", „Kid" bis „Workshop". Fernsehen und Presse, die gegensteuern könnten, fördern die Fremdwortsucht der Deutschen noch. „Airline" und „Airport" haben „Fluggesellschaft" und „Fluglinie" vollkommen aus der Tagesschau verdrängt. Warum? Sie sind nur geringfügig kürzer und bestimmt in keiner Hinsicht besser. Darüber wird viel geschrieben und noch mehr gesprochen, es gibt sogar einen Verein, dessen Ziel es ist, die deutsche Sprache von solchen Auswüchsen zu befreien. Leserbriefe an Zeitungen beklagen die Zerstörung der deutschen Sprache durch Amerikanismen, und Ausländer, gerade Amerikaner und Engländer, schütteln den Kopf über den Masochismus der Deutschen. Obwohl also dieser Zustand bekannt ist, bessert sich nichts, im Gegenteil, es wird immer schlimmer. Von den „Zuständigen" kommt keine Hilfe. Die französischen offiziellen Sprachregelungen werden lächerlich gemacht, weil sie ihren Zweck nicht voll erfüllen, der neueste Duden nimmt das Wort „downloaden" auf, und Linguisten wiegeln ab: Es sei kein Grund zur Aufregung; die paar hundert Amerikanismen würden die deutsche Sprache nicht umbringen.

Deshalb kein weiteres Wort über die Amerikanisierung der Alltagssprache. Es wäre ein Kampf gegen Windmühlen.

Offene Amerikanismen der Informatik

Die Informatik ist besonders stark mit amerikanischen Wörtern überschwemmt. Das ist kein Wunder, denn wenn man immerzu „domain", „host", „instance", „link", „feature", „generic", „pervasive", „side effect" liest, *denkt* man auch in diesen Wörtern, besonders dann, wenn keine deutschen Gegenstücke existieren. Man benutzt sie im Gespräch mit Kollegen wie der Arzt lateinische Begriffe, und es ist kaum etwas dagegen einzuwenden.

Doch beim Schreiben oder Vortragen sollte man sorgfältiger mit seiner Muttersprache umgehen und leicht übersetzbare Amerikanismen auf deutsch ausdrücken. Damit wäre schon viel gewonnen. Bei allen anderen, besonders neuen amerikanischen Begriffen sollte man wenigstens den Versuch machen, sie deutsch zu umschreiben. Noch besser ist es, mutig neue deutsche Begriffe zu prägen. Man kann ja bei der Definition eines neuen Begriffs den amerikanischen in Klammern dazusetzen, dann entstehen keine Mißverständnisse.

Aber was liest man? In einem Technischen Bericht fand ich den Absatz:

> In der vorliegenden Concurrent Modula-2 Lösung für den Buffer-Prozeß ist noch kein exception-handling vorgesehen, falls etwa die mailbox des Buffer-Prozesses mit put-Nachrichten überschwemmt wird. Falls der Puffer voll ist, werden die Nachrichten von Producer-Prozessen nicht bearbeitet, d. h. nicht aus der mailbox genommen.

Ein Einzelfall? Keineswegs. Hier sind ein paar weitere Auswüchse:

> Challenge-response-Verfahren können von einem Angreifer für einen Chosen-plaintext-Angriff mißbraucht werden, indem dieser sich von A viele Challenges verschlüsseln läßt und so bei jeder Antwort ein zusammengehöriges Klartext-Chiffretext-Paar erhält.

Wer glaubt, das nur darum nicht zu verstehen, weil er kein Spezialist in der Chiffriertechnik ist, dem sei gesagt, was der Verfasser meint:

> ⇒ Die Zwei-Wege-Authentifizierung kann von einem Angreifer für einen Angriff mit frei wählbarem Klartext mißbraucht werden, indem dieser sich von A viele Zufallszahlen verschlüsseln läßt und so bei jeder Antwort ein zusammengehöriges Klartext-Chiffretext-Paar erhält.

Auch wenn man nicht weiß, was Zwei-Wege-Authentifizierung ist, kann man der deutschen Fassung mehr als der englischen entnehmen.

In der Hauszeitschrift des Rechenzentrums einer Universität war zu lesen:

> Das neue System performte überragend.

Und zum Schluß:

> Die Grundidee von Coda [einem Dateisystem] ist folgende: Die Server speichern alle Files und stellen den Clients einen einheitlichen Namensraum in Form von sog. Volumes (Subtrees im Unix File-System) zur Verfügung. Zur Erhöhung der Verfügbarkeit können Kopien der Files als sog. Replica auf mehreren Servern vorhanden sein. Die Clients verfügen über eine lokale Festplatte, die als Cache-Speicher genutzt wird.

Die Methode dieser Beispiele besteht darin, Begriffe, für die es keine deutschen Entsprechungen gibt oder zu geben scheint, einfach unverändert in den deutschen Text zu übernehmen. Das ist am bequemsten, aber auch am schlechtesten. Man liest dann in deutschen Texten ohne weiteres „Pumping-Lemma", „Handle-Pruning", „File", „Statement" usw. Das ergibt nicht nur ein häßliches deutsch-englisches Flickwerk, sondern leistet auch Fehlinterpretationen Vorschub, denn sofern der Leser keine genauen Definitionen dieser Begriffe mitgeliefert bekommt, muß er ihre englische Bedeutung schon kennen, wenn er ihre deutsche begreifen will. Weitere Probleme stellen sich meist dadurch ein, daß deutsch benutzte englische Substantive ein Geschlecht bekommen müssen. Das Geschlecht von „statement" ist sächlich (warum eigentlich, wo es doch „*die* Anweisung" und „*die* Aussage" heißt?), das von „File" nicht. Ebenso gibt es „der" und „das" Semaphor mit dem Plural „Semaphore" oder „Semaphoren" und „die Semaphore" mit dem Plural „Semaphoren".

Die folgende Liste enthält einige mir vernünftig erscheinende Eindeutschungen wichtiger Informatik-Begriffe. Davon ist uns „Betriebssystem" für „operating system" schon selbstverständlich (Dank sei dem Erfinder dieser schönen Übersetzung) und „Bildschirm" für „display" fast selbstverständlich. „Statement" für „Anweisung" findet man leider noch oft, und die schöne Übersetzung „aktualisieren" für „to update" scheint weithin unbekannt zu sein.

application	Anwendung (nicht Applikation)
balanced tree	ausgeglichener Baum (nicht balancierter Baum!)
compiler	Übersetzer

deadline	Termin, Endtermin
deadlock	Verklemmung
dedicated	speziell. Ein dedizierter Rechner ist oft nichts anderes als ein Rechner für besondere oder spezielle Aufgaben.
display	Bildschirm, manchmal auch Anzeige
(disk) drive	(Platten-)Laufwerk
domain	Bereich, Gebiet (meist besser als Domäne)
exception	Ausnahme
garbage collection	Speicherbereinigung
generic	verallgemeinert (nicht generisch!)
handle	Ansatz (im Kontext der Syntaxanalyse)
header	Kopf
identifier	Bezeichner
interrupt	(Programm-)Unterbrechung
link	Verweis
message	Botschaft, manchmal auch nur Nachricht, Mitteilung
operating system	Betriebssystem
paging	Seitenwechsel, Seitenwechselverfahren
parser	Syntaxanalysator
preemptive	verdrängend, unterbrechend
preprocessing	Vorverarbeitung
preprocessor	Vorprogramm, manchmal auch Vorübersetzer
pumping lemma	Schleifensatz, Iterationslemma
random access	Direktzugriff
record	Verbund
read-only storage	Lesespeicher
reference	Bezug
side effect	Nebenwirkung
software engineering	Softwaretechnik, Programmbau, Programmkonstruktion
software life cycle	Software-Lebenszyklus
statement	Anweisung
token	Marke, Symbol, Zeichen, Element, Einheit, Atom, Terminalsymbol, Wort
tool	(Software-)Werkzeug
to update	aktualisieren
workshop	Arbeitskreis

Hier sollen die Informatik-Professoren F. L. Bauer und G. Goos genannt werden, die in ihren Werken mit ungewöhnlicher Konsequenz amerikanische Fachbegriffe eingedeutscht haben. Ihnen verdanken wir mehrere gute Prägungen. So stammen „Bezug" (für „reference") und „Bezeichner" (für „identifier") von Bauer und „Speicherbereinigung" (für „garbage collection") und „Verklemmung" (für „deadlock") von Goos. Daß nicht alle ihre Schöpfungen Erfolg hatten, ist nur natürlich; Bauers „Programmatur" (für „Software-Entwicklung") und Goos' „Zerteilung" (für „parsing") und „Schachtel" (für „activation record") wurden nicht von der Gemeinde der Informatiker angenommen.

Goos hat darauf hingewiesen, daß kurioserweise die so beliebte „Black Box" ein Amerikanismus ist, der aus dem Deutschen stammt, nämlich die Übersetzung des Begriffs „schwarzer Kasten", der von dem Physiker Ernst Mach erfunden wurde, ins Englische. Eine andere Kuriosität ist der Begriff „token", der angeblich die englische Übersetzung des deutschen Wortes „Zeichen" ist. Als man nämlich die philosophischen Texte des 19. Jahrhunderts ins Englische übersetzte, bemerkte man, daß es für „Zeichen" in dem dort benutzten Sinn kein entsprechendes englisches Wort gab und erfand „token".

Leider gibt es auch eine Reihe amerikanischer Begriffe, für die uns deutsche Äquivalente fehlen. Manche, wie „Computer", „Flipflop", „Hardware" und „Software", werden wohl bleiben, für andere, wie „top-down" und „bottom-up", sollte man aber nach guten Übersetzungen suchen. Die folgende Liste enthält einige schwer übersetzbare Begriffe.

bottom-up	aufwärts? induktiv? aufsteigend?
top-down	abwärts? deduktiv? absteigend?
browser	Stöberer?
client / server	Kunde / Anbieter?
data dictionary	Daten-Wörterbuch?
debugger	?
desk top publishing	?
to edit	editieren (für redigieren, formatieren, druckfertig machen)
	edieren (für herausgeben)
framework	Rahmen?
handler	?
(z. B. in interrupt handler, error handler)	
hash table	Haschiertabelle? Manchmal paßt Schlüsseltabelle
laptop	?
master / slave	?
message passing	Botschaftenversand?
personal computing	?
prototyping	?
read-only	schreibgeschützt? Als Präfix „Lese-"
undo / redo	?
viable prefix	zulässiges Präfix?

Verborgene Amerikanismen der Informatik

Wie schon in dem Abschnitt „Einteilung" auf Seite 70 erwähnt, gibt es neben der brute-force-Übernahme (Verzeihung: der *rücksichtslosen* Übernahme) amerikanischer Wörter in einen deutschen Text die feinere Art der Sprachverhunzung. Bei ihr übersetzt man amerikanische Wörter und Wendungen, für die es *scheinbar* eine einfache Übersetzung gibt, ohne zu wissen oder zu berücksichtigen, daß das amerikanische Original und das deutsche Gegenstück verschiedene Bedeutungen haben, wie bei der Übersetzung von „to control" durch „kontrollieren" oder von „eventually" durch „eventuell". Solche „Nichtübersetzungen" richten womöglich noch größeren Schaden an als die unverhüllten Übernahmen amerikanischer Wörter, weil sie nicht als Übernahmen erkennbar sind. Sie schleichen sich auch in die Umgangssprache ein und verändern sie zu ihrem Nachteil (leidenschaftlicher ausgedrückt: sie *vergiften* die Umgangssprache).

Da hört man zum Beispiel täglich im Fernsehen die Wendung „das macht Sinn" – eine Nichtübersetzung von „this makes sense". Doch im Deutschen kann seit altersher nichts Sinn *machen*, sondern nur Sinn *haben* oder Sinn *ergeben*. Warum also plötzlich diese Scheußlichkeit? In diesem Fall *denkt* unsere Sprache für uns, denn Sinn kann man nicht einfach *machen*, nicht *herstellen* wie ein Auto. Man kann höchstens einem Ereignis oder einer Handlung einen Sinn *geben*, aber das ist auf bestimmte Bereiche, Philosophie und Religion, beschränkt. Hört sich „Sinn machen" nicht an wie „Liebe machen", was auf die gleiche Art zu uns gekommen und ebenso scheußlich ist?

Hier ist eine Zusammenstellung von Begriffen, die in den meisten Fällen nicht unverändert ins Deutsche übernommen werden sollten. Auf einige davon bin ich durch die Bücher von Wolf Schneider hingewiesen worden.

„to accept" sollte oft nicht einfach mit „akzeptieren" übersetzt werden.

„activities". Schneider schreibt in [Schneider 99]:

> *Aktivitäten* gibt es nicht. Die Summe aller Tätigkeiten ist auf Deutsch die *Aktivität*. Wer Aktivitäten schreibt, meint überdies zumeist Aktionen, erliegt aber dem modischen Hang zur Blähung. Einen Plural gibt es von Aktivität so wenig wie von Fleiß, Glück oder Wut.

„to address" sollte man nicht mit „adressieren", sondern mit „ansprechen" oder „berücksichtigen" übersetzen. In dem Beispiel:

> High Performance Fortran ist eine Erweiterung von Fortran-90. Es adressiert die Problematik der Codegenerierung bei Systemen mit verteiltem Speicher.

kann man schreiben: „Es löst die Codegenerierungsprobleme bei Systemen mit verteiltem Speicher." Und wenn es sie nicht löst, dann vielleicht: „Es versucht, die Codegenerierungsprobleme bei Systemen mit verteiltem Speicher zu lösen."

„to adopt" ist meist nicht „adoptieren" sondern „übernehmen":

> [Jemand hat gezeigt, daß] sogar noch der reife Brahms an Schumannsche Satzmodelle anknüpft und bestimmte Satztechniken adoptiert.

„advanced" bedeutet meist nicht „fortgeschritten", sondern „weiterführend". „Ein fortgeschrittenes Thema" für „an advanced topic" klingt übel.

„alternativ" ist heute alles, was früher *anders* war. „Eine alternative Lösung des Problems besteht darin, …" klingt natürlich gelehrter als „eine andere Lösung ...". „alter" (lateinisch) bedeutet „der andere", und die „Alternative" ist „die andere", also eine Entscheidung zwischen *zwei* Möglichkeiten. Eine Wahl zwischen drei oder mehr Alternativen gibt es dementsprechend eigentlich nicht.

„to annotate". Das Wort „annotieren" als Nichtübersetzung von „to annotate" wie in

> Jeder Befehl im Befehlscache ist dort mit zwei Bits annotiert, die den aktuellen Zustand der Vorhersage angeben.

gibt es im Deutschen nicht. Empfehlung: „anmerken", „markieren".

„argumentieren" *über etwas* sagt man im Deutschen nicht.

„aufsetzen" siehe „to set up".

„author" kann man natürlich mit „Autor" übersetzen (aber bitte nicht mit „Author", was auch zu finden ist). „Verfasser" (manchmal auch nur „Schreiber") dürfte aber meist besser klingen.

„is based on" ist eine häufige Wendung, die von Informatikern gern mit „basiert auf" ausgedrückt wird: Dieses Kriterium basiert auf der Beobachtung ...

Die Wendungen „ergibt sich aus der Beobachtung" oder „folgt aus der Beobachtung" oder „gründet sich auf die Beobachtung" bilden mehrere Möglichkeiten, das penetrant wiederkehrende „basiert auf" zu ersetzen.

„to block" bedeutet zwar blockieren, aber „the action blocks" kann man nicht mit „die Aktion blockiert" übersetzen, denn blockieren ist im Deutschen transitiv.

„body" in „procedure body", „task body" usw. sollte man nicht mit „Körper" übersetzen, wie es neuerdings meist geschieht. Wir haben aus den sechziger Jahren die schönere Übersetzung „Rumpf", und oft kann man sogar noch besser „Anweisungsteil" sagen.

„card deck" ist natürlich kein „Kartendeck" (kommt in seriösen Büchern tatsächlich vor!), sondern ein „Kartenstapel". Es sei denn, man meint damit jenes Schiffsdeck, auf dem die Kartenspieler sitzen.

„the construct" wird ständig mit „das Konstrukt" übersetzt, und Konstrukt scheint auch in der Umgangssprache die Konstruktion allmählich zu verdrängen. Doch in den großen deutschen Wörterbüchern findet man Konstrukt nicht. Es ist auch rätselhaft, wozu das neue Wort gut ist, da es doch der Konstruktion keine neue Facette hinzufügt. Manche sagen zwar, das Konstrukt sei das Ergebnis einer Konstruktion und dadurch eben doch etwas anderes als die Konstruktion selbst. Dennoch sind wir bisher immer (zum Beispiel bei der Konstruktion von Brücken und der von Sätzen) ohne diese Unterscheidung ausgekommen, denn sie ergibt sich stets aus dem Zusammenhang. Deshalb weg mit dem häßlichen Wort „Konstrukt"!

„to control" wird oft mit „kontrollieren" übersetzt, z. B. in dem folgenden Satz, der aus der Übersetzung eines amerikanischen Buches stammt:

> Verteilte Systeme können untersucht werden, indem man die 3 Dimensionen Hardware, Kontrolle und Daten verwendet.

„Kontrollieren" heißt doch „überwachen", „prüfen", „die Richtigkeit feststellen" (das, was der Kontrolleur in der Straßenbahn tut). „Control" in technischen Texten bedeutet dagegen fast immer „steuern" oder „regeln", also etwas erheblich anderes, und in diesen Bedeutungen tritt es auch in der Informatik-Literatur auf. Control Theory ist Regelungstheorie und nicht Kontrolltheorie! Damit der Schreiber nicht unterscheiden muß, ob in seinem Fall „regeln" oder „steuern" das richtige Wort ist, schreibt er einfach „kontrollieren". Der obige Satz muß heißen:

> ⇒ Verteilte Systeme können untersucht werden, indem man die drei Dimensionen Hardware, Ablaufsteuerung und Daten verwendet.

Daß der Satz danach immer noch Unfug ist, liegt am Verfasser; die Übersetzung ist jedenfalls richtig. Einige weitere Beispiele dieser Art:

> Der Kontrollmechanismus eines Aufzugs ist ein gutes Beispiel für ein System mit einer endlichen Zustandsmenge.

> Ein erstes Beispiel ist ein Schaltkreis oder die Kontrolleinheit eines Computers.

> Im wesentlichen ist der Kellerautomat ein endlicher Automat mit einer Kontrolle sowohl über einem Eingabeband als auch über einem Keller.

„the copy" ist oft keine „Kopie", sondern ein „Exemplar". Zum Beispiel schreibt jemand falsch:

> Ein Prozeß, der eine Monitorprozedur ausführt, hat Zugriff zu der einzigen Kopie der Monitorvariablen.

„to copy" sollte manchmal nicht mit „kopieren", sondern mit „übertragen" oder „schreiben" übersetzt werden. Zum Beispiel ist der Satz „Variable *A* wird in Variable *B* kopiert" unglücklich.

„dekomprimieren" wird als Gegenstück zu „komprimieren" im Englischen gern benutzt. Warum verwenden wir im Deutschen nicht das einfachere „expandieren"?

„delay" wird immer mit „Verzögerung" übersetzt, was meist nicht richtig, sondern oft ausgesprochen irreführend ist. „Verzögern", angewandt auf eine Sache, bedeutet *langsamer werden* dieser (bewegten) Sache und ist das Gegenteil von *beschleunigen* („durch Gas geben wird das Auto beschleunigt, durch Bremsen wird es verzögert"). Angewandt auf ein Ereignis bedeutet es oft *Verspätung* („die Ankunft des Zuges verzögert sich um 10 Minuten"). Wenn bei der Diskussion der Synchronisation paralleler Prozesse „the process is delayed" mit „der Prozeß wird verzögert" übersetzt wird, staunt der aufmerksame Leser, denn er kann sich nicht recht vorstellen, daß der Prozeß nun langsamer und langsamer ablaufen soll. Hätte der Verfasser „der Prozeß wird angehalten" geschrieben, wäre es einfach und richtig gewesen. Auch „die Fortsetzung des Prozeßablaufs verzögert sich" würde noch gehen, ist aber umständlicher.

„expertise" Das englische „to have expertise" bedeutet „Sachkenntnis haben". Im Deutschen kann man aber keine Expertise *haben*, sondern höchstens eine *abgeben*, nämlich ein *Gutachten*.

„feature" sollte nicht einfach in das nichtssagende „Feature" übersetzt werden. Meist paßt „Funktion" recht gut.

„instance" wird gedankenlos mit „Instanz" übersetzt, doch das ist in den meisten Fällen Unsinn! In der objektorientierten Programmierung muß man „instance" mit „Exemplar" oder „Objekt" übersetzen und das ungefüge Wort „instantiieren" (oder „instanzieren") mit „ein neues Exemplar oder Objekt erzeugen". Eine „instance variable" ist eigentlich die Komponente eines Objekts und müßte deshalb mit „Objektkomponente" übersetzt werden. Wer die richtige Übersetzung nicht kennt, wird in die Irre geführt; er stellt sich vielleicht unter Instanz irgendetwas vor, das (wie eine Gerichtsinstanz) entscheidet und merkt nicht, welch einfacher Begriff hier mit „Instanz" gemeint ist.

„interpreter" als Programm, das ein anderes interpretiert, ist im Deutschen kein Interpreter, sondern ein „Interpretierer".

„invalidieren" steht zwar im Duden als „veraltet für ungültig machen, entkräften", sollte aber nicht als Scheinübersetzung von „to invalidate" herhalten, auch wenn es noch so gut klingt und wir nur das schwerfälligere „ungültig machen" haben.

„mächtig" siehe „powerful".

„meinen" wird leider oft an Stelle von „bedeuten" benutzt, wie in den Sätzen „Glauben meint Vertrauen" und „der Begriff Algorithmus meint ein systematisches Verfahren". Dieses „meinen" ist die Nichtübersetzung von „to mean". Im Deutschen können aber nur denkende Wesen etwas meinen, Begriffe dagegen nur etwas *bedeuten* oder *bezeichnen*. Deshalb muß es heißen: „Glauben bedeutet Vertrauen" und „der Begriff Algorithmus bezeichnet ein systematisches Verfahren".

„Methode der Wahl" Da schreibt jemand

> Die Huffman-Codierung war über Jahrzehnte die Codiermethode der Wahl.

als Nichtübersetzung von „method of choice". Deutsch wäre: „die *beste* Methode", nämlich die, die man wählen sollte, wenn man die Wahl hat.

„network" heißt im Deutschen „Netz"! In [Pfeifer] wird definiert:

> Netz: geknüpftes Maschenwerk, Gespinst der Spinne, Gesamtheit vieler sich kreuzender und voneinander abzweigender Verbindungen.

Ein Netzwerk ist dagegen eine bestimmte Ornamentart in der Architektur.

„once more" mit „einmal mehr" zu übersetzen ist eine Barbarei, die man leider täglich einmal mehr im Fernsehen hören kann. Besser: „noch einmal", „(schon) wieder", „erneut".

„philosophy" bedeutet in der Informatik fast nie „Philosophie", sondern „Auffassung", „Meinung", „Ansicht", „Theorie", „Vorgehensweise" und anderes.

„physical" in Informatik-Texten bedeutet im Deutschen meist „physisch", nicht „physikalisch", denn gemeint ist das Gegenständliche, die Hardware, etwas physisch vorhandenes, jedoch nichts, das mit Physik zu tun hat.

„policies" sind keine „Politiken", sondern „Vorgehensweisen", auch „Grundsätze".

„powerful" ist ein Teufelswort. Es kommt oft in englischen Informatiktexten vor und wird meist mit „mächtig" übersetzt. Das ist häßlich und womöglich irreführend, weil „mächtig" im Deutschen so nicht gebraucht wird und überdies zweideutig ist: ein „mächtiger Haufen" kann ein machtvoller oder ein großer Haufen sein. Leider ist es mitunter schwer, treffende und flüssig lesbare Übersetzungen für „powerful" zu finden. Manchmal paßt „leistungsfähig", manchmal „weitreichend" oder „ausdrucksstark" am besten.

„the primitive" für „Elementaroperation" scheint auch im Englischen ein nur selten verwendeter Begriff zu sein, denn in kleineren Wörterbüchern ist er als Substantiv nicht enthalten. Noch weniger gibt es „die Primitive" im Deutschen; dennoch ist sie in Büchern über Parallelprogrammierung beliebt.

„propagieren" für „fortpflanzen" geht namentlich jungen Informatikern anstandslos über die Zunge. Sie haben die Zeiten, in denen es ein Propagandaministerium gab, nicht mehr erlebt, sonst wüßten sie, daß „propagieren" werben, Propaganda treiben bedeutet.

„proprietär" als Nichtübersetzung von „proprietary" gibt es im Deutschen nicht. Beispiel:

> Manche Chiffrierverfahren sind standardisiert und publiziert, andere sind proprietär und werden geheimgehalten.

Hier kann man „proprietär" durch „rechtlich geschützt" oder „Firmeneigentum" ersetzen.

„to provoke" mit „provozieren" zu übersetzen, ist oft schlecht, wie in dem Satz:

> Die von Shannon veröffentlichten und zunächst theoretisch orientierten Ideen haben in der Literatur eine Reihe praktischer Arbeiten provoziert.

„provozieren" heißt zwar ursprünglich „herausrufen" oder „hervorrufen", wird aber heute nur im Sinn von „herausfordern" benutzt. Man braucht „provoziert" nur durch „hervorgerufen" zu ersetzen, und der Satz ist in Ordnung.

„to realize" darf man nur in Ausnahmefällen mit „realisieren" übersetzen, denn das bedeutet „verwirklichen", während „to realize" meist „erkennen", „sich etwas klar machen" bedeutet.

„to reside" kann man natürlich nicht mit „residieren" übersetzen wie in dem Satz:

> Der Programmierer muß sich, wenn er effiziente Programme schreiben will, Gedanken machen, wo seine Programme residieren sollen.

Dabei hätte der Verfasser (oder Übersetzer?) nur das einfache „wo seine Programme gespeichert werden sollen" zu schreiben brauchen.

„to set up" sollte man im Deutschen nicht durch „aufsetzen" ausdrücken, denn das ist Informatiker-Jargon:

> Im Zuge der Seitenfehlerbehandlung setzt das Betriebssystem Seitenabbildungen auf.

Wie einfach ist es, das auf deutsch auszudrücken:

⇒ Im Zuge der Seitenfehlerbehandlung führt das Betriebssystem Seitenabbildungen durch.

In manchen Fällen, wie bei „einen Server aufsetzen", bietet sich „einrichten" oder „installieren" an.

„side effect" Dieser in der Programmierung wichtige Begriff wird meist mit „Seiteneffekt" (nicht)übersetzt. Er hat aber mit „Seite" nichts zu tun, sondern ist ein Effekt, der zusätzlich zu dem beabsichtigten Effekt, also neben ihm (und oft unerwünscht) auftritt. „Nebenwirkung" scheint mir dafür das viel bessere Wort zu sein.

„technology" müßte fast immer mit „Technik" übersetzt werden, nicht mit „Technologie", denn das bedeutet im Deutschen die Lehre von der Technik oder die Lehre von der Gewinnung von Rohstoffen und ihrer Verarbeitung zu Fertigprodukten (Chemische Technologie!). Leider klingt „Technik" einfach und bescheiden und „Technologie" so viel großartiger.

„unifizieren" Das englische Verb „to unify" = „vereinigen" ist als Fachbegriff „unifizieren" latinisiert und in der logischen Programmierung gebräuchlich. Dagegen ist gar nichts einzuwenden. Es kann aber seinem Sinn gemäß nur passivisch gebraucht werden: „Zwei Variablen x und y *werden* unifiziert". Die aktivische Formulierung: „Zwei Variablen x und y *unifizieren*" ist im Deutschen wie im Englischen Informatiker-Jargon und sollte nicht verwendet werden.

Treten solche Falschübersetzungen an wichtigen Stellen auf, sind sie schlimm, weil sie den Leser irreführen; an weniger wichtigen Stellen sind sie nur Kuriositäten. So hat der erste Übersetzer „stable marriage problem" mit „Problem der stabilen Heiraten" übersetzt, und seitdem machen ihm das alle anderen nach. Aber gibt es denn so etwas wie eine *stabile Heirat?* Eine Heirat ist ein Vorgang, Stabilität kommt doch aber nur Zuständen zu. Muß nicht jedem, der „stabile Heirat" liest, unbehaglich werden? Wer der Sache auf den Grund gehen will, braucht nur im Wörterbuch nachzuschlagen. Er findet leicht, daß „marriage" auch „Ehe" bedeutet, und nun fällt es ihm wie Schuppen von den Augen: ja, unter einem *Problem der stabilen Ehen* kann man sich etwas vorstellen!

An dieser Stelle sei noch auf die immer mehr um sich greifende Unsitte aufmerksam gemacht, Substantiv-Verbindungen, die im Englischen als zwei Worte nebeneinanderstehen, auch im Deutschen ohne Bindestrich zu schreiben, also

> das Erzeuger-Verbraucher Problem
>
> die V Operation
>
> die Buddy Methode
>
> Ein-/Ausgabe Kanäle
>
> Das Design Konzept
>
> Schweizer Informatiker Gesellschaft

Auch in rein deutschen Veröffentlichungen bürgert sich dieser Fehler mehr und mehr ein. Eine solche Schreibweise widerspricht allen Gepflogenheiten der deutschen Sprache. Mir ist nicht bekannt, daß es irgendeine Situation gibt, in der man zwei Substantive im Nominativ unmittelbar, ohne Bindestrich, nebeneinanderschreiben kann, außer in der, wo das zweite ein Name ist, wie in „das Wort Gebilde", was man aber eigentlich wieder „das Wort ›Gebilde‹" schreiben sollte. Hier spricht man in einer Metasprache über eine Objektsprache. Richtig aufgefaßt, kann also die Wendung „das Design Konzept" nur das Design mit dem Namen „Konzept" bedeuten. Ebenso kann „die Datei Operation" nur die Datei mit dem Namen „Operation" sein, nicht jedoch eine *Datei-Operation*. Diese feine Unterscheidung ist gerade in der Informatik nützlich, weil wir es dort oft mit Sätzen zu tun haben, in denen Sprache und Metasprache gemischt sind. Zum Beispiel:

> das File System = Die Datei mit dem Namen „System"
>
> das File-System = Das Dateisystem

Im Englischen ist diese Unterscheidung nicht möglich, und wir sollten es vermeiden, sie uns auch im Deutschen zu verbauen.

4.3 Austriazismen

Da dieses Buch sich an Leser im ganzen deutschen Sprachraum wendet, will ich hier noch einige Bemerkungen über Austriazismen anschließen (Helvetismen sind mir nicht bekannt). Davon gibt es nur ganz wenige, und sie spielen in der Informatik-Literatur kaum eine Rolle. Als geborener Berliner, der seit über 25 Jahren in Österreich lebt, sind mir einige Wörter aufgefallen, die man in Schriftwerken, die für den ganzen deutschen Sprachraum bestimmt sind, lieber nicht oder mit Vorsicht verwenden sollte.

> „allfällig" bedeutet *gegebenenfalls, möglicherweise vorkommend, etwaig*. Am Ende einer Tagesordnung, wo in Deutschland der Punkt „Verschiedenes" oder „Sonstiges" steht, heißt es in Österreich „Allfälliges".

„am" ist in Österreich nicht nur die Abkürzung von „an dem", sondern auch von „auf
dem". Da heißt es: „Am Bildschirm stand die Lösung" und gemeint ist natürlich „Auf
dem Bildschirm stand die Lösung". Der Satz „Wir fuhren am Attersee mit dem Segel-
boot" ist ebenso üblich wie „Wir wohnen am Attersee." Was gemeint ist, ergibt sich
meist aus dem Zusammenhang, doch nicht immer, wie in dem Satz: „Der Löffel liegt
am Teller". Komisch für Nichtösterreicher wirken Sätze wie: „Er hatte die Mütze am
Kopf" oder „Für heute abend steht mein Lieblingsfilm am Programm".

„durchwegs" in einem österreichischen Text ist kein Druckfehler, sondern dasselbe
Wort wie „durchweg" in Deutschland. Das „e" wird aber lang wie in „Weg und Steg"
gesprochen.

„eher" bedeutet bekanntlich so viel wie „früher", aber auch „leichter", „lieber",
„mehr", also einen Komparativ. Es erfordert deshalb auch die Nennung des Gegensatzes:

 Eher sterben als in Knechtschaft leben!

 Wir kamen zu einem See, der eher ein Sumpf war.

 „Kommst Du morgen?" – „Morgen paßt es schlecht, eher übermorgen!"

In Österreich kann man statt dessen auf die Frage des letzten Beispiels die Antwort
hören: „eher nicht" mit der Bedeutung „höchstwahrscheinlich nicht" und das wieder
auch nur als höfliche Umschreibung von „nein". Dieses eigenartige „eher" ohne die
Nennung eines Gegensatzes scheint sich auch in Deutschland zu verbreiten.

„fix" heißt in Österreich immer „fest", „konstant" („Es sei x eine fixe Größe"), nie
„schnell", „behende" wie in Norddeutschland.

„ident" wird in Österreich häufig für „identisch" oder „gleich" gebraucht („die Werte
der Variablen x und y sind ident").

„nur mehr" ersetzt das „nur noch" der Norddeutschen und ist wohl auch in Süddeutsch-
land verbreitet.

„Risken" ist kein Druckfehler, sondern die österreichische Variante von „Risiken". Der
Singular heißt aber wenigstens „Risiko", nicht „Risko".

„auf etwas vergessen" ist üblich, klingt aber Nichtösterreichern fremd im Ohr. Natürlich kennen es ältere Leser aus Lehars Zarewitsch: „Hast du im Himmel vergessen
auf mich?"

„nach vorwärts", „nach rückwärts" Das sind Austriazismen, die man als Schreiber vermeiden sollte, denn „vorwärts" allein heißt schon „nach vorn". Kommt allerdings in
der besten Literatur vor, z.B. bei Hofmannsthal.

„weil" + Hauptsatz: „Ich bleibe heute zu Hause, weil ich bin müde", sagt man in Österreich, schreibt es aber glücklicherweise nicht. Das Wort „denn" ist in der Umgangssprache ungebräuchlich. Dringt als schicke Modewendung heute leider auch ins Bun-
desdeutsche ein.

„weiters" bedeutet „weiter" im Sinne von „ferner", „weiterhin" und läßt sofort den
Österreicher erkennen.

„zielführend" wie in dem Satz „Sein Verhalten war nicht zielführend" ist eine Verkürzung von *zum Ziel führend* (steht nicht im Duden, wohl aber im österreichischen
Wörterbuch). Es läßt sich immer anders ausdrücken, und oft bleibt es am besten einfach weg.

4.4 Zusammenfassung

Man vermeide Modewörter, denn sie sind Schablonen, Wörter aus zweiter Hand, und sie
veralten schnell. Um sie zu erkennen, prüfe man Fernsehen, Rundfunk und Zeitungen
auf immer wiederkehrende, bisher unübliche Wörter und frage sich, ob man das mit
ihnen Bezeichnete nicht auch durch einfachere bewährte Wörter ausdrücken kann.
Modewörter verraten dem Leser, daß der Verfasser seiner Sprache keine Sorgfalt ange-
deihen und andere für sich denken läßt.

Amerikanismen sind den Modewörtern verwandt. Meist sind sie überflüssig, oft irreführend. Sie stellen dem Schreiber das Armutszeugnis aus, daß er unfähig ist, sich in seiner
Muttersprache auszudrücken oder daß er gar nicht bemerkt, welch häßliches Flickwerk
er erzeugt.

Amerikanismen in der Informatik lassen sich zwar nicht ganz vermeiden, denn es gibt
zahlreiche neue Fachbegriffe, die in Amerika geschaffen wurden, die oft kurz und prä-
gnant sind und für die es keine deutschen Entsprechungen gibt. Aber da, wo es passende
deutsche Wörter gibt, sollte man auf amerikanische verzichten und gelegentlich sogar
den Mut aufbringen, eigene deutsche Begriffe zu prägen.

4.5 Aufgaben

1. Diese Aufgabe ist nur etwas für Leser, die mit der Begriffswelt funktionaler Programmiersprachen vertraut sind. Da schreibt jemand:

> Die referentielle Transparenz der Ausdrücke in funktionalen Sprachen erlaubt es, Program-
> me mit besonders einfachen und mächtigen Umformungsregeln zu manipulieren.

Falls Ihnen irgendetwas an diesem sachlich richtigen Satz stilistisch nicht gefällt, versuchen Sie, es zu verbessern.

2. Beim Vergleich der Programmiersprachen BCPL und C schreibt jemand den Satz:

> In BCPL und C sind der Zeiger und der Wert auch als *left hand value* und *right hand value*
> der Variablen bekannt.

Auch ohne genau zu verstehen, was das bedeutet, könnten Sie den Wunsch nach einer
stilistischen Verbesserung des Satzes haben.

3. Jemand schreibt über „Schaltkreise mit beschränktem Fan-in". Falls Sie wissen, was
er damit meint, können Sie es vielleicht auf deutsch ausdrücken.

4. Nach dem Besuch einer Vorlesung über Theoretische Informatik sollte man dem folgenden Satz eine Fassung geben können, die ohne das Wort „mächtig" auskommt.

> Der Lambda-Kalkül ist genau so mächtig wie Turingmaschinen.

5. Bei der Erklärung von Protokollen in Mehrprozessorsystemen charakterisiert der Verfasser einen bestimmten Protokolltyp folgendermaßen:

> Schreibe-Invalidiere (write-invalidate): Der schreibende Prozessor sendet, bevor er den Block ändert, ein entsprechendes Signal über den Bus.

Können Sie das ohne das Wort „Invalidiere" ausdrücken?

6. Jemand schreibt:

> Der Beweis benutzt eine Divide-and-Conquer Strategie.

Können Sie das auf deutsch ausdrücken?

7. Falls der folgende Absatz über Rechnernetze Sie stilistisch nicht befriedigt, versuchen Sie, ihn zu verbessern.

> Frühe Modelle von Rechnernetzen gingen davon aus, daß ein Netz ausschließlich aus Vermittlungsrechnern und Endsystemen, die über Punkt-zu-Punkt-Verbindungen Nachrichten austauschen, besteht. Dieses Modell ist aufgrund der technischen und organisatorischen Entwicklung als überholt zu betrachten.

8. Jemand schreibt über Betriebssysteme:

> Die Prozesse erzwingen durch eingebaute Synchronisationsprimitive einen bestimmten Ablauf.

Können Sie das Wort „Synchronisationsprimitive" durch ein klareres ersetzen?

9. N. Habermann behandelte in seinem englisch geschriebenen Buch über Betriebssysteme unter anderem die Prozessor-Zuteilungsstrategie „First come first served", die dem am längsten wartenden Prozeß den Prozessor überläßt. Er wollte, daß bei der Übersetzung ins Deutsche die Zuteilungsstrategie deutsch ausgedrückt wird. Wie würden Sie „First come first served" ins Deutsche übersetzen?

10. Zur Behandlung von Nachrichten in Rechnernetzen schreibt jemand:

> Ein Datengramm hat ein Header-Feld und ein Datenfeld; der Header enthält ...

Können Sie das eindeutschen?

11. Jemand benutzt in einem Aufsatz über Betriebssysteme die Überschriften:

> Klassenbasiertes Scheduling
>
> Terminabhängiges Scheduling (Deadline Scheduling)

Nachträglich stört ihn das Wort „Scheduling" und er drückt es auf deutsch aus. Wie würden Sie das tun?

12. Jemand schreibt über Theoretische Informatik den Satz:

> Mit diesen elementaren Methoden lassen sich viele Probleme nicht behandeln. Aus diesem Grund wurde eine mächtige Theorie aufgebaut.

Das Wort „mächtig" stört mich darin, weil es die Nichtübersetzung von „powerful" ist und man nicht von „mächtiger Theorie" im Deutschen spricht. Machen Sie ohne zu wissen, von welchen Methoden und welcher Theorie der Verfasser spricht, ein paar Vorschläge dafür, was man anstatt „mächtig" vermutlich in diesem Zusammenhang sagen kann.

13. Der folgende Satz ist recht salopp geschrieben.

> Zwar haben Turingmaschinen einige Konstrukte mit realen Rechnern gemein, aber ansonsten erscheinen sie reichlich antiquiert.

Wie würden Sie ihn abfassen?

14. In einer Arbeit über Rechnernetze beschreibt jemand eine Methode zur Wegwahl so:

> Distanzvektor-Algorithmen zur Wegwahl in einem Rechnernetz basieren darauf, daß jedes beteiligte System seine lokal gehaltene Routing-Information an seine Nachbarn propagiert.

Können Sie das besser ausdrücken?

15. In einer Arbeit über Schaltnetze heißt es:

> Neben der logischen Funktion besitzen Digitalschaltungen auch physikalische Eigenschaften, die vor allem einen Einfluß auf ihr zeitliches Verhalten haben.

Falls Sie an irgendetwas in diesem Satz Anstoß nehmen sollten, verbessern Sie ihn.

16. Diese Aufgabe ist etwas für Kenner der logischen Programmierung. Jemand schreibt:

> Negation als Fehlschlag ist eine Version der closed world assumption, die das Nichtvorhandensein von Information als Negation dieser Information interpretiert.

Können Sie „closed world assumption" zwanglos auf deutsch ausdrücken?

17. In einer Arbeit über Rechnernetze beschreibt jemand eine Methode des Weitergebens von Nachrichten in einem Netzknoten so:

> Ein weiterer verteilter Routing-Algorithmus ist das „Fluten" (flooding), bei welchem ein bei einem Router ankommendes Paket auf alle ausgehenden Links repliziert wird.

Falls Sie sich in der Terminologie von Rechnernetzen einigermaßen auskennen und den Inhalt des Satzes verstehen, sollten Sie versuchen, den Satz von Amerikanismen zu befreien.

18. Ein Aufsatz über das Betriebssystem Unix enthält folgenden Absatz:

> Kommunikation über Pipes: Eine Pipe oder Pipeline ist ein Kommunikationskanal zwischen zwei Prozessen. Dieser Kanal wird von den beteiligten Prozessen wie eine Datei be-

handelt; dadurch ist dieser Mechanismus sehr flexibel. Etabliert wurden Pipes von UNIX; dort können durch Zusammenwirken mehrerer kleiner Systemprogramme in Pipes erstaunlich mächtige Funktionen realisiert werden.

Versuchen Sie, seinen Inhalt sprachlich besser auszudrücken.

19. In einer österreichischen Tageszeitung stand folgende Notiz:

Erfreut zeigte sich Stadtrat Amerstorfer darüber, daß im Vorjahr weniger Kinder am Schulweg verunfallt sind. 22 Kinder sind vor zwei Jahren verunglückt, im Vorjahr waren es 13. Ein neues Maßnahmenpaket will der Verkehrsstadtrat heuer zum zweiten Mal zusammen mit dem Ludwig Boltzmann Institut schnüren.

Können Sie es besser ausdrücken?

20. In einer Darstellung des funktionalen Programmierens steht der Satz:

Die Striktheitsanalyse vereinfacht alle Domänen für primitive Datentypen zu einer Zweipunktdomäne *definiert / undefiniert*.

Um diesen Satz leichter verständlich zu machen, brauchen Sie nicht zu wissen, was Striktheitsanalyse ist. Es geht vielmehr um das Wort „Domäne".

5

Grammatik

> Wie groß und bewunderungswürdig waren doch jene Urgeister des Menschenge-
> schlechts, welche, wo immer es gewesen sein mag, das bewunderungswürdigste der
> Kunstwerke, die Grammatik der Sprache erfanden, die partes orationis schufen, am
> Substantiv, Adjektiv und Pronomen die Genera und Casus, am Verbo die Tempora
> und Modi unterschieden und feststellten, wobei sie Imperfekt, Perfekt und Plus-
> quamperfekt, zwischen welchen im Griechischen noch die Aoriste stehn, fein und
> sorgfältig sonderten; alles in der edlen Absicht, ein angemessenes und ausreichen-
> des materielles Organ zum vollen und würdigen Ausdruck des menschlichen Den-
> kens zu haben, welches jede Nuance und jede Modulation desselben aufnehmen und
> richtig wiedergeben könnte.
>
> Schopenhauer: Über Schriftstellerei und Stil

> Die Grammatik mißfiel mir, weil ich sie nur als ein willkürliches Gebilde ansah; die
> Regeln schienen mir lächerlich, weil sie durch so viele Ausnahmen aufgehoben
> wurden, die ich alle wieder besonders lernen sollte.
>
> Goethe: Dichtung und Wahrheit I

5.1 Idee und Wirklichkeit

Ein unvollendbares Regelwerk ...

Wer technische oder wissenschaftliche Aufsätze schreibt, sollte eigentlich die Gramma-
tik beherrschen. Das ist auch normalerweise der Fall, dennoch gibt es einige Hürden im
Kampf mit ihr, die nicht jeder überspringt. Schlimmer noch: Für den geschicktesten
Autor ebenso wie für den besten Deutschlehrer gibt es Zweifelsfälle, in denen er eine
Entscheidungsinstanz sucht, die „richtig" oder „falsch" sagt. Doch eine solche Instanz
existiert nicht, denn die deutsche Grammatik ist kein vollständiges und eindeutiges
Regelwerk, das in allen Zweifelsfällen Auskunft erteilt. Jedes Grammatikbuch ist anders

aufgebaut und teilt die grammatischen Erscheinungen anders ein. Eines lehrt, daß es neun, ein anderes, daß es zehn Wortarten gibt. Eines führt die Zahlwörter als eigene Wortart auf, ein anderes nennt sie „Zahladjektive" und schlägt sie zu den Adjektiven. Manche Grammatikbücher benutzen den Begriff „Partikel" als Zusammenfassung aller nichtflektierbaren Wortarten, die Duden-Grammatik sieht Partikel als eigene Wortart an.

Kein mir bekanntes Grammatikbuch definiert den Begriff „Nebensatz" so klar, daß man von jedem satzartigen Gebilde entscheiden kann, ob es ein Nebensatz ist oder nicht. Und schließlich gibt es Sätze, bei denen einem sein Sprachgefühl sagt, daß etwas mit ihnen nicht stimmt, man aber nicht benennen kann, was es ist, und infolgedessen nicht im Stichwortverzeichnis eines Grammatikbuches danach suchen kann. In den einfachen Grammatikbüchern findet man sich zurecht, doch in schwierigen Fällen geben sie keine Antwort; in komplizierten findet man sich unter Umständen nicht zurecht, und wenn man trotzdem das Phänomen, das man sucht, gefunden hat, ertrinkt man in der Fülle der Sonderfälle, Ausnahmen und Verweise.

Die deutsche Grammatik wird in den Schulen oft stiefmütterlich behandelt, weil die Lehrer erwarten, daß die Schüler ihre Muttersprache intuitiv richtig anwenden. Aus dem Teil, der behandelt wird, dürften die Schüler oft den Eindruck bekommen, die Grammatik sei ein festes, in sich abgeschlossenes System von Regeln, die man erlernen muß, wonach man die Grammatik „kann". Aber das ist nicht so. Die Grammatik ist keine endliche, sondern eine unendliche Regelmenge. Als man Georg Cantor, den Schöpfer der Mengenlehre fragte, wie er sich eine Menge vorstelle, soll er geantwortet haben: „Eine Menge, das ist ein Abgrund." Und so kann man sich auch die Grammatik als einen Abgrund vorstellen, auf dessen Boden man nie gelangt. Das liegt daran, daß zuerst die Sprachen entstanden sind und danach erst ihre Bildungsgesetze untersucht und als Regeln festgeschrieben wurden; ferner daran, daß die Sprache lebendig ist und sich ständig ändert; die Grammatiker müssen ihr immer hinterherlaufen. Was gestern noch grammatisch verboten war, wird heute vielleicht als Ausnahme toleriert und morgen als Sonderregel in die umfangreichsten Grammatiken aufgenommen. Wir haben eine analoge Erscheinung in der Musik. Auch dort wurden zuerst von den Komponisten Musikwerke geschaffen; erst danach analysierte man die Werke und formulierte die Regeln der Harmonielehre, nach denen sie aufgebaut sind.

Zur Unterstützung dieser Äußerungen führe ich hier einen Ausschnitt aus dem Artikel „Grammatik" der Brockhaus-Enzyklopädie von 1996 an:

> Charakteristisch für die traditionelle Grammatik, in deren Mittelpunkt die Klassifikation der Wörter in Wortarten, die Aufstellung von (Flexions-)Paradigmen sowie die Bestimmung der Satzteile stand bzw. steht, ist vor allem: 1) die eher auf das Sammeln von Einzeltatsachen und Belegen, auf das Katalogisieren und Nebeneinanderstellen verschiedener Erscheinungen ausgerichtete Vorgehensweise, 2) die Vermischung bzw. fehlende Trennung verschiedener Ebenen, Sicht- und Vorgehensweisen, so daß die Kriterien der Klassifikationen wie auch die Definitionen oft heterogen sind (z.B. die Klassifikation der Wortarten, bei der morphologische, syntaktische, semantisch logische und ontologische Gesichtspunkte ohne einheitliche systematische Begründung herangezogen werden), 3) die fehlende Explizitheit und die oft zu vagen Formulierungen, die sehr stark auf die Intuition des Adressaten bauen.

Warum verbreite ich mich so sehr über die Grammatik? Erstens, um zu betonen, daß sich ein Schreiber mit Deutsch als Muttersprache normalerweise nicht um grammatische Korrektheit zu kümmern braucht, denn er spricht und schreibt einfach richtig, weil er seine Muttersprache beherrscht – mit ihren unendlich vielen Möglichkeiten, Wörter und Satzteile zu kombinieren. Zweitens, um zu betonen, daß die Grammatik keine Sammlung unumstößlicher Gesetze ist wie Logik und Mathematik, sondern sich im Laufe der Zeit verändert. Es gibt keine Grammatikregeln, die wie die zehn Gebote vom Himmel gefallen sind und ewigen Bestand haben; sondern die hervorragenden Schriftsteller und die Massenmedien bestimmen den Sprachgebrauch und damit, was zur Zeit als richtig und als falsch gelten soll.

... und sein Nutzen

Das heißt aber nicht, daß jeder völlige Freiheit hat, seine Worte zu setzen, denn er will ja von den Menschen, an die er sich wendet, verstanden werden. Er will seine Leser auch nicht durch private Neuerungen vor den Kopf stoßen, sondern von ihnen geschätzt werden. Und schließlich will er sich nicht der Gefahr aussetzen, daß seine Leser glauben, er beherrsche seine Muttersprache nicht.

Außerdem braucht man die Grammatik, um Kindern und Deutsch lernenden Ausländern beizubringen, was zur Zeit als richtig und was als falsch gilt, um festzulegen, wie Behörden und Zeitungen schreiben und was Deutschlehrer lehren sollen. Man braucht sie auch, um den Wandel der Sprache zu lenken und zu zähmen, damit die Sprache nicht zu schnell verflacht und zum Chaos entartet, denn die Tendenz dazu besteht immer.

Die Grammatik mit ihrem Begriffssystem ist ferner nötig, damit man die Regeln für die Zeichensetzung anwenden und über Sätze, die einem falsch vorkommen, überhaupt reden kann. Da schreibt jemand den Satz:

> Es kann auf sämtliche multimediale Dokumente zugegriffen werden.

Ein anderer empfindet das als falsch und sagt, es müsse heißen:

> ⇒ Es kann auf sämtliche multimedialen Dokumente zugegriffen werden.

Und schon muß man grammatische Begriffe heranziehen, um darüber diskutieren zu können, wer recht hat. Man kommt darauf, daß „auf" eine Präposition ist, erinnert sich vielleicht daran, daß „auf" den Dativ und den Akkusativ regieren kann, und ist damit bereits in der Begriffswelt der Grammatik. Wie kommt man weiter? Man möchte in einem Grammatikbuch nachschlagen, um die Frage zu entscheiden, doch kleine Grammatikbücher geben in diesem Fall keine Auskunft. Man weiß auch nicht, wie man die Frage genau stellen soll, um im Stichwortverzeichnis (falls das Grammatikbuch überhaupt eines hat) die passende Stelle zu suchen. Da bleibt nichts übrig, als aufzugeben und eine von beiden Möglichkeiten nach Gefühl zu wählen, oder jemanden zu fragen, der es besser weiß, oder sich in eine große Grammatik zu vertiefen, mit der Aussicht, darin vielleicht stundenlang diesen Fall suchen zu müssen und doch nicht zu finden. Die Duden-Grammatik gibt Auskunft, und wenn man Glück hat, findet man die Stelle auch. Im Kapitel „Wortarten", im Abschnitt „Adjektive" gibt es einen fünfseitigen (!) Unterabschnitt mit dem Titel „Alphabetische Zusammenstellung der wichtigsten unbestimmten Zahladjektive und Pronomen, nach denen die Deklination schwankt". In ihm steht unter „sämtlich-", daß beide Bildungen möglich sind. Begründet, also auf eine Regel zurückgeführt, wird das nicht, man ist jedoch schon glücklich über die Beispiele „sämtliche *schwedische* Offiziere (R. Huch)", „sämtliche *alten* Räume (Zuckmayer)" und die Feststellung, daß beides vorkommt.

5.2 Einige Probleme

Technische Schriftsteller beherrschen die deutsche Grammatik wenigstens so weit, daß meine Zitatsammlung nur wenige Arten grammatischer Fehler enthält. Ich beschränke mich auf das Zusammentreffen von Singular und Plural, Nebensätze mit „um zu" und „ohne zu" (die sogenannten *Finalsätze*), Probleme mit dem Passiv und die Handhabung des Wortes „trotzdem".

Singular und Plural

In meiner Sammlung am häufigsten sind Fehler, bei denen der Verfasser statt des Singulars den Plural verwendet, wie in dem Satz:

> Eine große und stetig wachsende Zahl von Anwendungsdiensten werden durch Anwendungsprotokolle realisiert.

Hier sollte klar sein, daß es „wird" statt „werden" heißen muß. Die Regel dafür lautet in der Duden-Grammatik:

> Subjekt und Finitum müssen im Numerus übereinstimmen.   (1)

(Ein *Finitum* ist ein Verb in Personalform im Gegensatz zu den infiniten Verbformen *Infinitiv* und *Partizip*). Die „große Zahl" wie auch die „stetig wachsende Zahl" sind beide Singulare. Der Fehler kommt davon, daß der Schreiber an die Anwendungsdienste dachte, die realisiert werden. Vom Sinn des Satzes her hat er also recht. Die Semantik des Satzes und seine Grammatik folgen jedoch verschiedenen Regeln, und man muß sich nun einmal an die Grammatikregeln halten. Nebenbei bemerkt: Der Verfasser kann „Zahl" nicht von „Anzahl" und „stetig" nicht von „ständig" unterscheiden.

Ein weiterer Satz dieser Art entstammt dem Vorwort eines Programmier-Lehrbuches:

> Die Beherrschung dieser fundamentalen Konzepte zeichnen einen versierten Programmierer aus und geben ihm einen Werkzeugkasten in die Hand, der ihn zum Meister macht und ihn von Gelegenheitsprogrammierern unterscheidet.

Das ist sachlich ausgezeichnet, aber grammatisch danebengeraten, wiederum weil sich „auszeichnen" semantisch zwar auf den Plural „Konzepte", grammatisch aber auf den Singular „Beherrschung" bezieht. Dieser Fehler kommt besonders oft vor, wenn das Subjekt des Satzes „Menge" ist:

> Es treten eine Menge von Problemen auf.

Der Verfasser denkt hier an die Probleme, die die Elemente der Menge sind; aber der Singular „Menge" ist das Subjekt, und deshalb muß der Satz lauten:

> ⇒ Es tritt eine Menge von Problemen auf.

Ebenso bei dem Satz:

> Es treten eine Vielzahl von Problemen auf.

Beide Sätze sind übrigens nicht gut, da die gedankliche Hauptsache (*Problem*) und die grammatische Hauptsache (*Menge* oder *Vielzahl*) auseinanderfallen. Es ist aber leicht, sie miteinander zu verschmelzen:

⇒ Es treten viele Probleme auf.

Damit sind alle Unstimmigkeiten beseitigt, und der Satz ist sogar noch kürzer und einfacher geworden.

Nun eine andere Variation des Themas Singular und Plural aus der Seminararbeit eines Studenten:

> Die Resultate sind die Ernte, die mit der Arbeit eingefahren werden.

Grammatisch ist der Satz in Ordnung, da das Subjekt „Resultate" und „eingefahren werden" beide im Plural stehen. Logisch schlägt er einen Purzelbaum, denn was wird eingefahren: die Resultate oder die Ernte? Das Bild ist schief.

Wir wissen nun, wie die Grammatikregel lautet und glauben, daß uns nichts mehr passieren kann. Doch wie steht es mit den beiden folgenden Sätzen, die hier ohne inneren Zusammenhang hintereinander notiert seien:

> In heutigen Systemen steht der Komfort für den interaktiven Benutzer und die Flexibilität im Vordergrund.

> Stehen solche Befehle nicht zur Verfügung, muß einer der obengenannten Sperrmechanismen oder eine algorithmische Lösung benutzt werden.

Sie sind nach der Grammatikregel (1) falsch und müßten eigentlich lauten:

⇒ In heutigen Systemen *stehen* der Komfort für den interaktiven Benutzer und die Flexibilität im Vordergrund.

⇒ Stehen solche Befehle nicht zur Verfügung, *müssen* einer der obengenannten Sperrmechanismen oder eine algorithmische Lösung benutzt werden.

Mein Sprachgefühl sagt mir aber, daß sie nicht falsch sind. Im Gegenteil: die beiden der Grammatikregel nach korrekten Fassungen klingen so schlecht, daß man sie als falsch ansehen möchte. Warum? Weil in „stehen der Komfort" und „müssen einer der obengenannten Sperrmechanismen" das Verb im Plural und das Substantiv im Singular zusammenstoßen und dadurch Verwirrung stiften. Hier scheint also der gute Sprachgebrauch nicht mit der Grammatik übereinzustimmen. Die Grammatiker haben das anscheinend bemerkt, und die Duden-Grammatik hat diese Ausnahme als Regel erfaßt, indem sie dekretiert:

> Stehen die Subjektteile im Singular, so kommt beim Finitum auch der Singular vor.

Das sind die Tücken der Grammatik, die Nischen und Sonderfälle, die denjenigen, der grammatisch korrekt schreiben will, Zeit und Nerven kosten. Früher konnte man wohl sagen: Das wird der Lektor schon korrigieren, aber heute haben wir keine Lektoren mehr, jedenfalls nicht für die technische Literatur.

Präpositionen, die verschiedene Fälle regieren

Hier ist ein anderes, ähnliches Beispiel. In dem Abschnitt „Passiv" auf Seite 49 wurde aus einem passivischen Satz der folgende aktivische Satz gemacht:

⇒ Man unterscheidet Tastaturen mit und ohne fühlbarem Druckpunkt.

Ist dabei nicht ein Grammatikfehler entstanden? Muß es nicht heißen:

⇒ Man unterscheidet Tastaturen mit und ohne fühlbare*n* Druckpunkt.

Oder ist auch das falsch, und man muß schreiben:

⇒ Man unterscheidet Tastaturen mit fühlbarem und ohne fühlbaren Druckpunkt.

Das Problem kommt daher, daß die Präposition „mit" den Dativ und die Präposition „ohne" den Akkusativ regiert. Wieder gibt die Duden-Grammatik Auskunft. Nach einigem Suchen findet man einen Abschnitt mit der Überschrift „Zwei oder mehrere Präpositionen vor einem Substantiv", und in ihm heißt es:

> Ist bei verschiedener Rektion der Präpositionen die Form des Substantivs verschieden, dann kann – in schwerfälliger Konstruktion – das Substantiv wiederholt oder durch ein Pronomen ersetzt werden. Im Allgemeinen wird jedoch die Form des Substantivs gebraucht, die die zunächst stehende Präposition verlangt.

In unserem Fall ist das Substantiv die zusammengesetzte Form „fühlbarer Druckpunkt", so daß nach Duden-Grammatik „ … ohne fühlbaren Druckpunkt" das Richtige ist.

Finalsätze

Eine weitere Quelle grammatischer Fehler beim Technischen Schreiben sind *Infinitivgruppen* mit „um zu" und „ohne zu" (wie „um eine Entscheidung zu treffen"). Obwohl solche Infinitivgruppen eigentlich keine Nebensätze sind, werden sie (wenigstens in der Duden-Grammatik) als *satzwertig* behandelt und „Infinitivsätze" genannt. Sie sind inhaltlich sogenannte *Finalsätze*, weil sie immer einen Zweck ausdrücken müssen, wenn sie korrekt sein sollen. So ist der Satz „Sie fuhr nach Berlin, um dort zu heiraten" sprachlich richtig, der Satz „Sie fuhr nach Berlin, um dort bei einem Verkehrsunfall zu sterben" sprachlich falsch. Trotz der offenkundigen Falschheit des letzten Satzes haben unsere größten Schriftsteller (zum Beispiel Thomas Mann) gelegentlich Sätze mit um-zu und nichtfinaler Bedeutung geschrieben, und das mag der Grund dafür sein, daß Reiners diesen Fehler als *läßliche Sünde* einstuft. Da es in technischer Prosa aber gerade auf Logik der Gedankenführung ankommt, sollte man nichtfinales „um zu" hier nicht leicht nehmen.

Manchmal verbirgt sich der Fehler ganz raffiniert wie in dem Satz eines namhaften Schriftstellers, der in seinen Lebenserinnerungen über die Zeit beim Ende des dritten Reiches schreibt:

> Viel zu tief hatte die Mehrheit auf den Wahn und die Gewalt des dritten Reiches sich eingelassen, um von seinem Zusammenbruch nicht belastet zu sein.

Das klingt doch ganz gut und vernünftig, so daß kaum jemand darüber stolpern wird. Ist die Infinitivgruppe mit „um zu" denn nicht final? Verkürzt, jedoch logisch gleichwertig, lautet der ganze Satz:

> Man hatte zu viel von *A* getan, um von *A*'s Folgen nicht belastet zu sein.

Das könnte man final auffassen mit der Bedeutung: Man hatte zu viel von *A* getan, *damit* man von *A*'s Folgen später nicht belastet werde. Doch so ist es von dem Schriftsteller ja nicht gemeint! Es ergibt auch keinen Sinn, etwas zu tun, um seine Folgen *nicht* zu spüren. Gemeint ist vielmehr:

> Man hatte zu viel von *A* getan, *als daß man nicht* von *A*'s Folgen belastet würde.

Und nun sieht man, daß der Satz nicht final und die um-zu-Konstruktion falsch ist. Der Satz ist ein sogenannter *Konsekutivsatz*, das heißt, er gibt eine *Folge* des Hauptsatzes an. Sprachlogisch richtig müßte der Satz wohl lauten:

> ⇒ Viel zu tief hatte die Mehrheit auf den Wahn und die Gewalt des dritten Reiches sich eingelassen, als daß sie von seinem Zusammenbruch nicht belastet gewesen wäre.

Die Fehler, die den Verfassern bei Finalsätzen unterlaufen, liegen aber meist nicht darin, daß ihre um-zu-Sätze gar nicht final sind, sondern daß sie gegen eine andere Regel verstoßen, die lautet:

Ein Finalsatz muß sich immer auf das Subjekt des ihm übergeordneten
Satzes beziehen.   (2)

Gegen diese Regel wird besonders häufig verstoßen, wenn der übergeordnete Satz passivisch ist. Da heißt es im Vorwort eines Buches über das Internet:

> Eines der Ziele dieses Buches besteht darin, daß jedes Kapitel über die verschiedenen Konzepte von Web-Technologie einzeln gelesen werden kann, ohne sich eingehend mit allen anderen Kapiteln befassen zu müssen.

Wir haben hier einen aktivischen Hauptsatz: „Eines der Ziele dieses Buches besteht darin", einen passivischen Nebensatz: „daß jedes Kapitel über die verschiedenen Konzepte von Web-Technologie einzeln gelesen werden kann" und einen Finalsatz, dessen übergeordneter Satz der passivische Nebensatz ist. Was aber ist das Subjekt des Nebensatzes? Anscheinend „jedes Kapitel". Wenn die Infinitivgruppe sich auf dieses Subjekt bezöge, würde der ganze Satz bedeuten:

> ⇒ Eines der Ziele dieses Buches besteht darin, daß jedes Kapitel über die verschiedenen Konzepte von Web-Technologie einzeln gelesen werden kann, ohne daß das Kapitel sich eingehend mit allen anderen Kapiteln befassen muß.

Das meint der Verfasser natürlich nicht, sondern seine Infinitivgruppe bezieht sich auf den Leser des Buches. Also ist sie falsch. Der Fehler wäre nicht entstanden, wenn der Verfasser den Nebensatz aktivisch formuliert hätte:

> ⇒ Eines der Ziele dieses Buches besteht darin, daß man jedes Kapitel über die verschiedenen Konzepte von Web-Technologie einzeln lesen können soll, ohne sich eingehend mit allen anderen Kapiteln befassen zu müssen.

Man gerät also in grammatisch schwieriges Gelände, wenn der Satz, auf den sich eine um-zu-Konstruktion bezieht, passivisch ist. Deshalb Vorsicht in solchen Fällen!

Das nächste Beispiel zeigt, daß durch die Konstruktion „Passiv + Finalsatz" mehrdeutige Sätze entstehen können. Wie bekannt, muß man neuronale Netze, die man zur Mustererkennung einsetzen will, zuvor mit Beispielen trainieren, so daß sie später neue, unbekannte Muster dem Erlernten entsprechend klassifizieren können.

> Dabei wird ein neuronales Netz zuerst mit einer Menge von Beispielen trainiert, um dann eine Klassifizierung von neuen Mustern durchzuführen.

Das Subjekt des Hauptsatzes ist hier „ein neuronales Netz". Um zu verdeutlichen, ob sich die um-zu-Konstruktion auf dieses Subjekt beziehen läßt, können wir den Satz so ändern:

> ⇒ Dabei wird ein neuronales Netz zuerst mit einer Menge von Beispielen trainiert, damit es (das neuronale Netz nämlich) dann eine Klassifizierung von neuen Mustern durchführt.

Anscheinend ist der Satz, auf diese Weise gedeutet, grammatisch richtig. Ob er auch das ausdrückt, was sein Verfasser sagen wollte, ist allerdings zweifelhaft. Ich vermute, der um-zu-Satz sollte sich auf den Trainer beziehen und folgendes sagen:

> ⇒ Dabei trainiert man ein neuronales Netz zuerst mit einer Menge von Beispielen, um dann mit ihm neue Muster zu klassifizieren.

Das ist wieder ein schönes Beispiel für die größere Einfachheit und Kürze des Aktivs gegenüber dem Passiv.

„trotzdem"

Unter den zahllosen Wörtern, die grammatische Schwierigkeiten machen können, will ich nur eines herausgreifen: „trotzdem". Der Satz „Es regnete; trotzdem gingen sie spazieren" ist grammatisch in Ordnung. Der Satz „Trotzdem es regnete, gingen sie spazieren" wird von den Grammatikbüchern als schlechtes Deutsch bezeichnet. Es muß vielmehr heißen „*Obwohl* es regnete, gingen sie spazieren". Aber warum denn? Der zweite Satz mit „trotzdem" ist doch offensichtlich richtig, denn „trotzdem" ist ja eine Zusammenziehung von „trotz" und „dem", bedeutet also „trotz dieser Tatsache", und der Satz ist somit nur eine Abkürzung von „Trotz dem, daß es regnete, gingen sie spazieren". Außerdem haben viele unserer besten Stilisten „trotzdem" in dieser Weise benutzt, unter ihnen Stifter, Raabe und Gerhart Hauptmann. Fontane schreibt sogar nie „obgleich" oder „obwohl", sondern immer nur „trotzdem"!

Anscheinend müssen wir einfach zur Kenntnis nehmen, daß man heute da, wo man „obwohl" oder „obgleich" benutzen kann, auf „trotzdem" verzichten soll, weil sich der allgemeine Sprachgebrauch dafür entschieden hat. Wir sollten aber denjenigen, der weiterhin „trotzdem" schreibt, nicht abschätzig ansehen.

5.3 Zusammenfassung

Die deutsche Grammatik ist ein hochkompliziertes Regelwerk, von dem kaum jemand sagen kann, daß er es vollkommen beherrscht. Dennoch sind die meisten Schreiber ihrer Muttersprache so mächtig, daß sie nur selten gegen die Grammatik verstoßen. Je einfacher man seine Sätze baut, je weniger man das Passiv benutzt, je mehr man um Sprachlogik bemüht ist, um so weniger grammatische Fehler wird man machen.

Dennoch gehört ein gutes, detailliertes Grammatikbuch in die Handbibliothek jedes Schreibenden. In schwierigen Zweifelsfällen, die er in seinem Grammatikbuch nicht findet, soll er sich seiner Gewohnheit und Intuition anvertrauen in dem Bewußtsein, daß sich Sprachgebrauch und Grammatik ständig ändern und es keinen Schreiber gibt, der nicht gelegentlich gegen die Grammatik verstößt.

5.4 Aufgaben

1. Die TCP/IP-Protokollfamilie wird im Internet benutzt. Doch das braucht man nicht zu wissen, um den folgenden Satz zu berichtigen:

> Es existieren heute eine Vielzahl von Produkten, welche die TCP/IP-Protokollfamilie verwenden und damit auf einfache Weise vernetzt werden können.

2. Das richtige Beiwort darf weder gekünstelt wirken, noch darf es abgegriffen sein. Daher ist es relativ schwer, treffende Beiwörter zu finden, da es überraschend sein muß und dennoch selbstverständlich wirken.

Das entstammt der Seminararbeit eines Studenten. Erkennen Sie den grammatischen Fehler, und können Sie den Satz auch stilistisch verbessern?

3. Der folgende Satz erklärt, wie die Grübchen (pits) auf einer CD angeordnet sind.

> Sie sind entlang der Spur entsprechend des binären Datenmusters angeordnet.

Sind Sie mit dieser Formulierung zufrieden, oder finden Sie sie verbesserungsbedürftig?

4. Ein Gefühl für gute Typographie zu entwickeln, ist schwierig und bedarf sowohl einer gewissen Begabung als auch viel Erfahrung.

Wo steckt der grammatische Fehler?

5. Vielleicht verstehen Sie den folgenden Satz inhaltlich nicht ganz. Trotzdem könnten Sie grammatisches Unbehagen über ihn äußern, herauszufinden versuchen, was Sie stört und womöglich sogar, ihn stilistisch verbessern.

> Für jedes Datenmodell einer Datenbank ist von vornherein festgelegt, Elemente welcher Datentypen als unabhängig erzeugbare Einheiten auftreten können.

6. Aus einer Zeitung:

> Seit Jahren gibt es Beschwerden gegen einen Lehrer. Er soll eine 13-jährige Schülerin mißbraucht haben. Dieses Sexualdeliktes verdächtig, laufen gegen den Lehrer gerichtliche Vorerhebungen.

Gegen die ersten beiden Sätze ist nichts einzuwenden, aber der dritte Satz ist falsch. Worin besteht sein Fehler, und wie kann man den Satz korrekt ausdrücken?

7. In einem Mittelklassewagen moderner Bauart sind heute eine Vielzahl von Rechnern eingesetzt.

Ich hoffe, daß Sie diesen Satz gar nicht gut finden und ihn leicht berichtigen können.

8. Prozessoren mit Fließbandtechnik enthalten oft einen sogenannten Sprungzielspeicher, in dem die zuletzt angesprungenen Befehle und die ersten auf sie folgenden

Befehle gespeichert werden, damit die durch die nichtsequentielle Befehlsfolge erzwungene Lücke im Befehlsfließband geschlossen werden kann. Ein Autor beschreibt das so:

> Im Sprungzielspeicher wird der angesprungene Befehl selbst und – in Abhängigkeit von der jeweiligen Prozessororganisation – weitere sequentiell folgende Befehle abgespeichert.

Akzeptieren Sie diesen Satz, oder lesen Sie ihn mit Unbehagen?

9. Zur mechanischen Ausführung dieser Regeln sind eine Vielzahl abstrakter Maschinen vorgeschlagen worden.

Erkennen Sie den grammatischen Fehler und können Sie ihn berichtigen?

10. Aus dem Wetterbericht für Oberösterreich vom 10. 5. 2001:

> Heute dehnt das Hochdruckgebiet mit Schwerpunkt zwischen Island und Skandinavien seinen Einfluß weit genug nach Süden hin aus, um auch in Oberösterreich für recht sonniges Wetter sorgen zu können.

Sicherlich stört Sie an diesem Satz etwas, und Sie können ihn leicht verbessern.

11. Jemand beginnt die Erklärung eines Sachverhalts, bei dem es um die Speicherung von Texten in einem Netz geht, mit dem Satz:

> Beginnen wir mit derjenigen Abstraktionsstufe, deren Elemente die Wörter sind, und stellen uns ihre Speicherung in einem Netzwerk vor.

Ist das gutes Deutsch, oder würden Sie es ändern?

12. Hier ist eine Kombination von fehlerhafter Sprachlogik und Grammatik (*KI = Künstliche Intelligenz*):

> Die KI hat in den siebziger Jahren von einer rein theoretischen Disziplin den Weg in die Praxis eingeschlagen.

Seine Berichtigung sollte Ihnen leichtfallen.

13. Der folgende Text aus einem Seminarbericht ist nicht nur grammatisch nicht ganz korrekt, sondern enthält auch andere Ungeschicklichkeiten, die sich ausmerzen lassen.

> Welche Vorzüge hat unsere Sprache? Das augenscheinlichste ist wohl der Wortschatz. Daß das Deutsch so viele Wörter hat, kommt größtenteils daher, weil im Deutschen durch eine Vielzahl von Vor- und Nachsilben neue Wörter geschaffen werden.

14. In einem Artikel über die verkehrstechnischen Probleme, die ein neuer Theaterbau mit sich bringt, steht in der Zeitung:

> Ein entscheidendes verkehrstechnisches Detail ist ausdiskutiert und müssen die Planer mit berücksichtigen.

Würden Sie als Redakteur diesen Satz durchgehen lassen?

15. Damit wird der Entwurfsaufwand und die Transistoranzahl für neue Prozessoren reduziert.

Stört Sie etwas an dem Satz? Wenn ja: Wie würden Sie es beseitigen?

16. Hier geht es um die Darstellung von Oberflächen in der Computergrafik:

Textur bezeichnet jede Feinstrukturierung einer Oberfläche, welche durch Farbe, Reflexion, Glanz, Transparenz und Unebenheit hervorgerufen werden können.

Dreht sich Ihnen bei diesem Satz auch der stilistische Magen um?

17. Die Ablaufsteuerung definiert, wie Anweisungen ausgeführt und damit der Gesamtablauf eines Programms gesteuert wird.

Können Sie diesen Satz verbessern?

18. Daß WWW-Browser so viele verschiedene Dateiarten behandeln können, ist interessant, der Satzbau jedoch nicht korrekt.

Da es sich dabei um verschiedenartige Text-, Grafik-, Audio-, Video- oder multimediale Dateien handeln kann, ist die Information für den Browser von Bedeutung, um die Darstellung der erhaltenen Dokumente entsprechend organisieren zu können.

Können Sie ihn korrekt machen?

19. Den folgenden Satz können Sie sicherlich leicht korrigieren:

Multiprozessoren bestehen aus mehr als einem Prozessor, die unabhängig voneinander verschiedene Programme abarbeiten können.

20. In einem Seminarbericht über das Thema *Technisches Schreiben* steht:

Damit die Adressaten [einer wissenschaftlichen Arbeit] den größtmöglichen Nutzen von der Arbeit haben, sollte sie ihnen so präsentiert werden, daß die Prinzipien und Zusammenhänge verstanden werden. Teilergebnisse dürfen nicht wahllos nebeneinander stehen, sondern müssen verknüpft werden, daß der Adressat den inneren Zusammenhang versteht. Der Kandidat muß also den „roten Faden" bestimmen, der sich durch seine Arbeit von Anfang bis Ende durchzieht.

Können Sie das klarer ausdrücken?

6

Gliederung

Jeder längere Text ist in *Absätze* und *Abschnitte* gegliedert. Bücher bestehen aus *Kapiteln* (mit Abschnitten und Unterabschnitten), Vorwort, Anhängen und Stichwortverzeichnis. Bei umfangreichen Büchern können mehrere Kapitel zu *Buchteilen* oder gar, wie in der Bibel, zu *Büchern* zusammengefaßt sein.

Das hat zwar nichts direkt mit Technischem Schreiben zu tun, sondern gilt für Texte aller Art. Aber die technische Literatur hat ihre eigenen Gliederungs-Probleme, und auf sie wollen wir in diesem Kapitel unser Auge werfen: ob man kurze oder lange Absätze, Abschnitte, Kapitel schreiben soll, nach welchen Gesichtspunkten man eine Arbeit gliedern soll, welche typischen Gliederungen es bei Berichten, Diplomarbeiten, Fachaufsätzen und Büchern gibt und was bei Literatur- und Stichwortverzeichnissen zu beachten ist.

6.1 Hierarchische Textgliederung

So wie der Satz *einen* Gedanken ausdrücken soll – möglichst nicht mehrere –, wird der Absatz meist eine zusammenhängende Gedanken*folge* enthalten. Seine Länge ergibt sich damit aus der Sache: kürzere und längere Absätze werden sich normalerweise harmonisch abwechseln. Wer ständig kurze oder ständig lange Absätze schreibt, mißachtet die Bedeutung von Absätzen. Zu kurze Absätze trennen nicht Gedankenfolgen voneinander, sondern zerhacken *eine* Gedankenfolge in kleine Häppchen, womit dem Leser nicht gedient ist. Zu lange Absätze, womöglich solche, die über eine Seite gehen, zeigen, daß der Verfasser nicht an den Leser denkt und nicht bereit ist, ihm Hilfestellung zum Verständnis zu geben. In der künstlerischen Literatur kommen Absätze vor, die mehr als eine Seite lang sind (zum Beispiel bei Proust und Stifter), und dementsprechend schwer sind solche Werke zu lesen.

Über Absätze hinaus sind längere Werke in hierarchisch angeordnete Abschnitte gegliedert, die meist Überschriften tragen: Kapitelüberschriften, Abschnittsüberschriften und möglicherweise noch weitere. Wie viele Überschriften soll der Verfasser verwenden, wie tief soll er sie schachteln und wie soll er sie markieren, damit er sich von anderen Stellen aus auf sie beziehen kann? Das richtet sich in erster Linie nach dem Inhalt des Textes, aber auch der persönliche Geschmack spielt dabei eine Rolle. Allgemeine Regeln dafür gibt es nicht. Einige Anhaltspunkte lassen sich dennoch geben.

Wenn zwischen einer Überschrift und der nächsten mehrere Textseiten liegen, ist das meist ein Zeichen von zu schwacher Gliederung, denn die Diskussion eng zusammengehöriger Gedanken wird sich nur selten auf so lange Abschnitte erstrecken. Wenn eine Seite häufig mehr als eine Überschrift enthält, sind die Abschnitte zu kurz. Der Leser kommt dann, kaum hat er einen Abschnitt angefangen, schon an sein Ende und ist darüber enttäuscht, daß der Abschnitt kaum Substanz enthielt. Darum ist es auch unpassend, Abschnitte zu machen, die nur aus einem Absatz bestehen. Als Faustregel kann etwa gelten: Jeder mit einer Überschrift versehene Abschnitt enthält mehrere Absätze, und eine Seite enthält im Mittel nicht viel mehr als eine Überschrift.

Die Strukturierung, also die Gliederung *Kapitel*, *Abschnitte*, *Unterabschnitte*, ... kann flach oder tief sein. Das richtet sich nach dem Gegenstand. Eine zu flache Gliederung, etwa die Gliederung eines Kapitels mit 10 Gegenständen in 10 Abschnitte wie in Bild 1 links erschwert es, Dinge zu erörtern, die für mehrere der 10 Abschnitte gelten. Eine zu tiefe Gliederung wie in Bild 1 rechts mag logisch anziehend sein, kann aber den Leser durch die vielen Stufen verwirren.

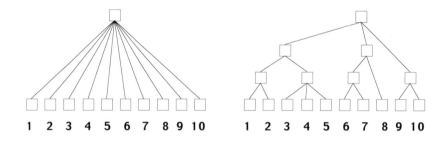

Bild 1   Links eine zweistufige flache, rechts eine vierstufige tiefe Hierarchie

Wie tief soll die Hierarchie sein? Die Erfahrung zeigt, daß eine Gliederung in drei Ebenen (Kapitel, Abschnitt, Unterabschnitt) meist ausreicht.

In technisch-naturwissenschaftlichen Texten werden Überschriften heute meist dezimal in der folgenden Weise numeriert:

1 Kapitel

  1.1 Abschnitt

    1.1.1 Unterabschnitt

Diese drei Gliederungsebenen können bei Bedarf durch unnumerierte Überschriften und Spitzmarken (= fett oder kursiv geschriebene Absatzanfänge) weiter verfeinert werden.

Die dezimale Numerierung ist aber nicht selbstverständlich, sondern verbreitete sich erst nach dem 2. Weltkrieg. Sie ist in der Informatik heute Standard, in den Geistes- und Sozialwissenschaften dagegen noch nicht. Hier findet man Ordnungsverfahren mit römischen Zahlen und Buchstaben in bunter Folge wie zum Beispiel:

Erstes Kapitel: Überschrift 1. Ordnung

  1. Überschrift 2. Ordnung

    A. Überschrift 3. Ordnung

      I. Überschrift 4. Ordnung

        a. Überschrift 5. Ordnung

          aa. Überschrift 6. Ordnung

So etwas sieht verwirrend aus, ist aber nicht rundweg abzulehnen, denn man erspart sich damit die dezimalen Bandwürmer wie 1.2.3.4. Überhaupt braucht man nicht sklavisch jede Überschrift zu numerieren. Auf die Nummern kann man im Text leicht verweisen, und einer dezimal numerierten Überschrift sieht man ihre Hierarchietiefe an: das sind ihre Vorteile. Falls keine Verweise erforderlich sind, kann man unter Umständen auf Nummern verzichten.

6.2 Dokumentarten

Berichte, Studien- und Diplomarbeiten

Obwohl die Form jeder schriftlichen Arbeit durch die Sache bestimmt sein sollte, kann man für Laborberichte, Beschreibungen von Programmierprojekten, Seminarberichte und Diplomarbeiten ein Gliederungsschema empfehlen, bei dessen Einhaltung nicht viel schiefgehen kann:

Zusammenfassung (Vorreiter)

Aufgabe

Methodik und Durchführung der Arbeit

Ergebnisse

Literaturverzeichnis

Die Zusammenfassung, oft als Vorreiter klein gedruckt, ist für den eiligen Leser bestimmt, der nur wissen will, worum es geht und welche Ergebnisse herausgekommen sind. Manchmal wird sie als *Kurzfassung* konzipiert, die alle Berichtsteile in abgekürzter Form enthält, das ist aber weniger zu empfehlen. Eine gute Zusammenfassung kann schwierig sein, weil für den Verfasser des Berichts jede Einzelheit wichtig ist. Dann weiß er nicht, was er weglassen soll und schreibt womöglich nur ein paar allgemeine Sätze, mit denen der Leser nichts anfangen kann. Oder der Verfasser weiß selbst nicht, was den Kern seiner Arbeit ausmacht, kann zentrale und periphere Teile nicht unterscheiden.

Die eigentliche Arbeit sollte mit der Beschreibung der Aufgabe anfangen, so daß der
Leser zuerst erfährt, was gegeben und was gesucht ist. Dieser Punkt wird bei Diplomar-
beiten leider manchmal weggelassen oder bleibt nebelhaft, weil dem Kandidaten die
Aufgabe vor Anfang der Arbeit nur unklar und womöglich nicht schriftlich von seinem
Betreuer mitgeteilt wurde oder weil sie sich während der Arbeit geändert hat, oder auch,
um zu verdecken, daß bei der Arbeit nicht das Gewünschte herausgekommen ist.

Das „Fleisch" der Arbeit besteht meist in der Beschreibung ihrer Durchführung, englisch und pointiert: „how I did it". Das ist als Dokumentation wichtig und zeigt, welche
Mühe die Arbeit gemacht, wieviele Versuche der Verfasser durchgeführt, wieviele Programme er geschrieben und getestet hat. Doch es kann ermüdend und mit Details überladen sein, wenn es nicht didaktisch gut dargestellt wird. Da ist es wertvoll für den
Leser, etwas über die Methodik zu erfahren, warum der Verfasser gerade so und nicht
anders an die Arbeit herangegangen ist, auf welche Fragen er gestoßen ist und wie er
Antworten auf sie gefunden hat.

Die Ergebnisse, um derentwillen die Arbeit ja unternommen wurde, müssen sorgfältig
angegeben und diskutiert werden. Der Verfasser soll nicht voraussetzen, daß der Leser
seinen Ausführungen durch die ganze Arbeit geduldig gefolgt ist und deshalb die Ergebnisse genau so sicher interpretieren kann wie der Verfasser selbst. Sondern er soll dem
Leser helfen, indem er die Ergebnisse sorgfältig diskutiert, dem Leser klar macht, wie
sie zu lesen sind und was sie eigentlich bedeuten. Dagegen wird oft gesündigt, aber
gerade darauf kommt es an. In [Deininger] heißt es dazu:

> Eine Arbeit muß die eigenen und zitierten Resultate auch deuten und werten; an dieser Stel-
> le tun sich gerade Studenten sehr schwer, denn sie spüren, daß ihnen für eine Wertung noch
> der Überblick fehlt. Aber um die Wertung kommen sie nicht herum, und so wedeln sie gern
> mit verbalen Weichmachern, setzen also an die Stelle pointierter Aussagen Formulierun-
> gen, die einem Regierungssprecher entquollen sein könnten.

Das Literaturverzeichnis besteht aus den bibliografischen Angaben über die Werke, die
in der Arbeit erwähnt wurden. Sein Zweck ist vordergründig die Dokumentation, nämlich zu zeigen, auf welche Vorgänger sich die Arbeit stützt, in welchem größeren Zusammenhang sie steht und unter Umständen, wo man weitere Informationen zu Einzelheiten
finden kann. Hintergründig dient das Literaturverzeichnis oft dazu, die Belesenheit des
Autors und sein Bemühen zu zeigen, alles herbeizuschaffen, um seine Arbeit den wissenschaftlichen Gepflogenheiten gemäß auszuführen. Das Literaturverzeichnis sollte
keine trivialen Belegstellen enthalten, wie so oft bei programmierungstechnischen
Arbeiten zu beobachten ist. Kaum wird der Name einer Programmiersprache, wie Fortran, Pascal, Ada, erwähnt, gibt es gleich einen Verweis auf die Sprachdefinitionen in der
Literatur. Die braucht man jedoch so gut wie nie, und wenn man sie einmal brauchen
sollte, weiß man, wo sie zu finden sind.

Dissertationen und Fachaufsätze

Während die Diplomarbeit die Fähigkeit des Kandidaten zeigen soll, unter der Anleitung durch einen Betreuer wissenschaftlich zu arbeiten, soll die Dissertation zeigen, daß
der Kandidat selbständig wissenschaftlich arbeiten kann. Sie ist anspruchsvoller, meist
umfangreicher, und sie soll neue Ergebnisse von wissenschaftlichem Wert enthalten.

Mehr noch als bei Berichten gilt hier, daß der Inhalt die Form bestimmt. Vor allem ist die Länge einer Dissertation kein Maßstab für ihren Wert. Es gibt mathematische Arbeiten, in denen auf weniger als 50 Seiten Sätze aufgestellt und bewiesen werden und programmierungstechnische Arbeiten, in denen auf über 200 Seiten ein Programm dokumentiert wird. Bloße Benutzungsanleitungen sollten in Anhänge verbannt werden.

Das Gliederungsschema von Dissertationen und Fachaufsätzen ist dem von Berichten und Diplomarbeiten ähnlich. Dazu kommt oft noch ein *definitorisches Kapitel*, in dem der Formelapparat und neu eingeführte Begriffe definiert werden, und ein Kapitel, in dem der *Stand der Technik* dargestellt wird, also das Wissen, von dem der Verfasser ausgegangen ist. Ein Kapitel für die Aufgabenstellung fällt dafür meist weg. Damit ergibt sich etwa das Schema

Zusammenfassung (Vorreiter)
Einführung
Definitionen
Stand der Technik
Methodik und Durchführung der Arbeit
Ergebnisse
Literaturverzeichnis

Fachaufsätze sind ähnlich aufgebaut, nur daß alles infolge des kleineren Umfangs kürzer ist.

Bücher

Die Einteilung von Büchern ähnelt der von Dissertationen, erfordert aber noch Vorwort, Inhaltsverzeichnis und Stichwortverzeichnis; dafür können Bücher, falls sie nur wenig Formalismen enthalten, auf ein Definitionskapitel verzichten. Damit ergibt sich die Standard-Einteilung:

Vorwort
Inhaltsverzeichnis
Text
Literaturverzeichnis
Stichwortverzeichnis

Das Inhaltsverzeichnis kann auch vor dem Vorwort, es sollte aber nicht am Ende des Buches stehen wie oft in geisteswissenschaftlichen und kunsthistorischen Büchern.

Das *Vorwort* kann kurz sein (1 bis 2 Seiten), dann gibt der Verfasser mit ihm sozusagen nur seine Visitenkarte beim Leser ab; oder es kann lang sein, wenn der Verfasser ausführlich das Buch begründen und den Plan des Buches erklären möchte. Es gibt Leser, die Vorworte grundsätzlich auslassen oder von langen Vorreden gelangweilt werden, weil die Beweggründe des Verfassers sie nicht interessieren. Jedenfalls sollte das Vorwort besonders sorgfältig geschrieben und redigiert werden. Druckfehler schon im Vorwort lassen nichts Gutes für das Buch erwarten.

Zum *Text* ist nichts Allgemeinverbindliches zu sagen, und die verschiedenen *Verzeichnisarten* werden im nächsten Abschnitt separat behandelt.

Weitere Hinweise zur Abfassung von Seminararbeiten, Diplomarbeiten, Dissertationen und Fachaufsätzen sind in Anhang *C* zusammengestellt.

6.3 Verzeichnisse

Längere Werke wie Dissertationen und Bücher enthalten außer dem Text meist noch Verzeichnisse. Ein Inhaltsverzeichnis sollte immer vorhanden sein, andere Verzeichnisse wie Begriffsverzeichnis, Literaturverzeichnis und Stichwortverzeichnis können für den Leser eine unschätzbare Hilfe sein, weshalb der Verfasser die Mühe ihrer Herstellung nicht scheuen sollte.

Inhaltsverzeichnis

Das Inhaltsverzeichnis zeigt die Gliederung des ganzen Werkes. Manche Leser ziehen es während der Lektüre des Buches immer wieder zu Rate, und es sollte dementsprechend übersichtlich sein. Es muß die übliche baumartige Gliederung gut erkennen lassen; deshalb verfehlen Inhaltsverzeichnisse, bei denen die Namen von Kapiteln, Abschnitten und Unterabschnitten gleich weit eingerückt sind, ihren Zweck. Also

nicht so: sondern so:

1	Informatik	**1**	**Informatik**
1.1	Gegenstand	1.1	Gegenstand
1.2	Kerninformatik	1.2	Kerninformatik
1.2.1	Theoretische Informatik	1.2.1	Theoretische Informatik
1.2.2	Technische Informatik	1.2.2	Technische Informatik
1.2.3	Praktische Informatik	1.2.3	Praktische Informatik
1.3	Angewandte Informatik	1.3	Angewandte Informatik

Bei dicken Büchern mit vielen und tief geschachtelten Überschriften kann die Angabe *aller* Überschriften zu Inhaltsverzeichnissen führen, die zehn und mehr Seiten lang sind. Dann ist es empfehlenswert, zwei Inhaltsverzeichnisse zu machen: eine *Inhaltsübersicht*, die nur die Grobgliederung enthält, und ein detailliertes Inhaltsverzeichnis, das aber auch nicht *alle* Überschriften bis zur untersten Hierarchiestufe enthalten muß.

Begriffsverzeichnis (Glossar)

Alle Werke, in denen viele Begriffe vorkommen, die dem Leser neu sein könnten, sollten diese Begriffe nicht nur im Text bei ihrem ersten Auftreten definieren, sondern die Definitionen in einem eigenen Abschnitt „Begriffsdefinitionen" zusammenfassen. Das kann eine große Hilfe für den Leser sein. Die Definitionen in einem solchen Verzeichnis brauchen unter Umständen nicht bis ins letzte vollständig und exakt zu sein (dann besteht die Gefahr, daß sie zu lang und gewunden werden), sondern sie sollen den Begriff so weit umreißen, daß der Leser einigermaßen im Bilde ist. Zum Beispiel können in einer Arbeit über Programmiersprachen die verschiedenen Datentypen ausführlich über viele Seiten hin behandelt worden sein. Falls ein Leser diesen langen Abschnitt nicht oder nur flüchtig gelesen hat und deshalb nicht genau weiß, was ein Datentyp nun eigentlich ist, hilft ihm vielleicht die Erklärung in einem Begriffsverzeichnis weiter:

> **Datentyp** (*data type*). Zusammenfassende Bezeichnung für alle Daten, die gleiche Struktur haben, deren Werte demselben Wertebereich angehören und mit denen die gleichen Operationen ausgeführt werden können. Trotz scheinbarer Einfachheit ein schwieriger Begriff, der sich in vielen Variationen definieren läßt.

Literaturverzeichnis

Das fachmännische Zitieren von Literaturstellen wird von manchen (besonders Geisteswissenschaftlern) fast als eigene Wissenschaft angesehen. Zum Beispiel enthält ein Buch über Schreibtechnik, das sich an Studenten wendet, ein zwanzigseitiges Kapitel über das richtige Zitieren. Dergleichen ist grotesk. Will man alle Einzelheiten so korrekt machen, wie der Bibliothekar einer großen Bibliothek, sind die Zitierregeln tatsächlich kompliziert, weil viele Sonderfälle zu berücksichtigen sind. Doch in den Literaturverzeichnissen der Dokumente, die wir hier im Auge haben, treten diese Sonderfälle kaum auf. Es genügt, die wichtigsten Zitierregeln zu beachten, die in der Norm DIN 1505 Teil 2 von 1984 festgelegt sind. Das Folgende gründet sich darauf.

Deskriptionszeichen. Die einzelnen Bestandteile eines Zitats werden durch bestimmte Deskriptionszeichen voneinander getrennt. Die Deskriptionszeichen haben immer ein Leerzeichen hinter sich, teilweise aber auch ein Leerzeichen vor sich. Es sind: *Punkt*, *Komma*, *Doppelpunkt* (alle drei ohne Leerzeichen davor), *Doppelpunkt* (mit Leerzeichen davor), *Semikolon* (mit Leerzeichen davor), *Gedankenstrich* (mit Leerzeichen davor).

Zitierreihenfolge bei Büchern. Man unterscheidet selbständig und unselbständig erschienene bibliografische Einheiten. Selbständig erschienene sind in der Hauptsache Bücher. Die Zitierreihenfolge bei ihnen ist:

> Verfasser: Titel. [Band.] [Auflage.] Ort : Verlag, Jahr. [– ISBN]

Teile in eckigen Klammern bedeuten wahlweise Angaben.

Verfasser. Der Verfasser hat die Form *Zuname*, *Vorname*, worauf noch die Anfangsbuchstaben weiterer Vornamen, jeder gefolgt von einem Punkt, folgen können. Adelstitel und Titulaturen (wie Prof., Dr.) werden weggelassen. Beispiele:

> O'Neill, Eugene
>
> de la Motte-Fouque, Friedrich
>
> von Müller, Johannes

Bei mehreren Verfassern werden alle, durch Semikolon getrennt, angegeben. Beispiel:

> Hopcroft, John ; Ullman, Jeffrey D.: Introduction to automata theory ...

Nach DIN steht (wie hier geschrieben) auch *vor* dem Semikolon ein Leerzeichen; aber das wird fast immer weggelassen.

Gibt es keine Verfasser, werden Herausgeber angegeben. Auf den Namen folgt dann „(Hrsg.)".

Titel. Der Titel wird der Haupttitelseite entnommen. Wichtige Zusätze zum Titel werden nach Leerzeichen, Doppelpunkt, Leerzeichen angeschlossen. Beispiel:

Riedl, Rupert ; Kaspar, Robert (Mitarb.): Biologie der Erkenntnis : Die stammesgeschicht-
lichen Grundlagen der Vernunft. 3. Aufl. Berlin : Parey, 1981. – ISBN 3-489-61034-2

Titel in Großbuchstaben oder anderen Sonder- oder Schmuckformen oder in besonderer
typografischer Ausführung werden im allgemeinen in normaler Groß-/Kleinschreibung
wiedergegeben. Die Großschreibung der Anfangsbuchstaben der meisten Wörter in englischen Titeln kann beibehalten werden.

Typografische Extravaganzen wie T_EX und L^AT_EX ebenso die Großschreibung der
Namen von Programmiersprachen wie FORTRAN dürfen damit also beseitigt werden.
Darüber hinaus wird damit implizit erlaubt, in englischen Buchtiteln alle Wörter bis auf
das erste klein zu schreiben, also „The elements of style" statt „The Elements of Style".
Das kann nützlich sein, weil im Englischen die Regeln für die Groß- und Kleinschrei-
bung in Titeln nicht genau festgelegt sind.

Band. Nach einem Punkt folgt die Bandangabe, z.B. Bd. 2

Auflage. Nach einem Punkt folgt die Auflagenbezeichnung, wenn sie nicht als Hochzahl
beim Erscheinungsjahr vermerkt ist. Beispiel: 2. Aufl.

Ort. Nach einem Punkt wird als Erscheinungsort der erstgenannte Verlagsort angegeben. Fehlt er, ist die herausgebende Körperschaft zu nennen, fehlen beide, ist der Druck-
ort anzugeben.

Verlag. Nach einem Doppelpunkt wird nur der erstgenannte Verlag so kurz wie möglich
angegeben. Der Verlag wurde früher (und wird in den Geisteswissenschaften noch
heute) oft weggelassen, er ist aber sowohl zur Beurteilung einer Quelle wie zur Beschaf-
fung meist wichtiger als der Erscheinungsort.

Jahr. Nach einem Komma wird das Erscheinungsjahr angegeben. Ist es nicht bekannt,
sollte es geschätzt und mit „ca." angegeben werden. Das sagt die Norm; üblich ist es
jedoch, dann „o.J." (= ohne Jahrgang) zu schreiben. Vor das Erscheinungsjahr wird
gegebenenfalls die Auflage als Hochzahl gesetzt.

ISBN. Bei Bedarf wird die internationale Standard-Buchnummer angegeben. Sie wird
nach Punkt, Leerzeichen, Gedankenstrich, Leerzeichen mit „ISBN " eingeleitet.

Beispiele stehen im Literaturverzeichnis dieses Buches.

Zitierreihenfolge bei unselbständig erschienenen Einheiten. Dazu gehören Zeit-
schriften- und Handbuchbeiträge, Vorträge auf Tagungen und dergleichen. Hier wird
zunächst der spezielle Beitrag angegeben, dann in der Herkunftsangabe nach „ In: " die
Quelle:

Verfasser: Titel. In: Quelle

Quelle. Die Herkunft besteht bei Zeitschriftenbeiträgen aus folgenden Angaben: Titel
der Zeitschrift, Bandzählung, Erscheinungsjahr in Klammern, Heftnummer, Seitenzäh-
lung.

Beispiel:

Quate, Calvin F.: The Acoustic Microscope. In: Sci. Am. 241 (1979), Nr. 4, S. 58–66

Man beachte, daß das Trennzeichen zwischen erster und letzter Seite ein Gedankenstrich (kein Bindestrich) ist und keine Leerzeichen ihn umgeben.

Besondere Schrifttumsarten. Der Vollständigkeit halber sei hinzugefügt, daß in der Norm noch besondere Zitierregeln für folgende Schrifttumsarten aufgeführt werden: Tagungsschriften, Hochschulschriften (Dissertationen, Diplomarbeiten, ...), Forschungs- und Entwicklungsberichte, Firmenschriften, Schutzrechte (Patente, Gebrauchsmuster ...), Normen, Loseblattausgaben, geografische Karten, audiovisuelle und sonstige Materialien, mündliche Äußerungen, Unika und ähnliche Dokumente.

Marken und Verweise. Im Literaturverzeichnis wird jedes Zitat durch eine Marke, meist in eckigen Klammern, gekennzeichnet, und im Text wird mit der gleichen Marke auf die Literaturstelle verwiesen. Üblich sind drei Arten von Marken:

* Nummern wie in

    [6] Boger, Marko: Java in verteilten Systemen. Heidelberg : dpunkt.Verlag, 1999

* Anfänge von Verfassernamen und Erscheinungsjahr wie in

    [Bog 99] Boger, Marko: Java in verteilten Systemen. Heidelberg : dpunkt.Verlag, 1999

* Vollständige Verfassernamen, ohne oder mit Erscheinungsjahr wie in

    [Boger 99] Boger, Marko: Java in verteilten Systemen. Heidelberg : dpunkt.Verlag, 1999

Nummern sind am kürzesten und lassen sich in umfangreichen Literaturverzeichnissen am schnellsten finden. Im übrigen haben sie nur Nachteile: Sie sagen nichts über den Verfasser oder das Erscheinungsjahr, und sie lassen sich nicht in ein schon bestehendes Literaturverzeichnis einordnen, sondern nur hinten anhängen. Daher sind solche Literaturverzeichnisse meist nicht nach Verfassern geordnet. Sie kommen deshalb – wenn überhaupt – nur für kurze Literaturverzeichnisse, besonders in Zeitschriftenaufsätzen in Betracht.

Anfänge von Verfassernamen herrschen heute in der Informatik vor. Ihre Vorteile sind die gleiche Maximallänge aller Marken und die Möglichkeit, auch mehrere Verfasser, dann allerdings stark verstümmelt, zu verwenden, wie in

    [OW 96] Ottmann, T. ; Widmayer, P.: Algorithmen und Datenstrukturen.
            Heidelberg : Spektrum-Verlag, 1996

Vollständige Verfassernamen haben den Vorteil, daß der Name des ersten Verfassers nicht verstümmelt wird, dafür den Nachteil, daß weitere Verfasser in dem Verweis nicht vorkommen. Außerdem haben sie ungleiche Länge und können bei langen Namen recht lang werden.

Ich empfehle die vollständigen Verfassernamen, weil ich die Verstümmelung von Namen für inakzeptabel halte. Daß dabei nur der erste Verfasser genannt wird, ist nicht ideal, aber annehmbar, denn es handelt sich ja nur um einen Code, der die Literaturstelle eindeutig identifiziert. Im Literaturverzeichnis selbst findet man alle Verfasser.

Individuelle Abweichungen von der Norm. Die Normvorschriften sind für Bibliotheken gedacht und als Leitlinie auch für den einzelnen Verfasser nützlich; sie müssen aber nicht sklavisch erfüllt werden. Gerade in kleinen Literaturverzeichnissen, wie sie in Seminar- und Diplomarbeiten, jedoch auch in Büchern vorkommen, kann man sicherlich davon abweichen. Zum Beispiel kann es jemanden stören, beim Verfasser einer Literaturstelle immer den Zunamen zuerst zu nennen. Die Verfasser in einem der obigen

Beispiele heißen ja nicht Ottmann T. und Widmayer P., sondern T. Ottmann und P. Widmayer, also warum nicht schreiben:

[Ottmann 96] T. Ottmann, P. Widmayer: Algorithmen und Datenstrukturen. Spektrum 1996

Hier ist auch der Erscheinungsort weggelassen, denn der Verlag, besonders wenn es ein großer, renommierter ist, reicht zum Auffinden des Buches aus.

Stichwortverzeichnis

Daß Bücher am Ende ein Stichwortverzeichnis (auch *Index* genannt) enthalten, war nicht immer so und ist auch heute noch hauptsächlich auf die technische und naturwissenschaftliche Literatur beschränkt. Das Stichwortverzeichnis hat sich als so nützlich erwiesen, daß man – überspitzt – sagen kann, ein technisches oder wissenschaftliches Buch ohne Stichwortverzeichnis ist unbrauchbar. Deshalb darf ein Autor, wenn er eigentlich mit seinem Buch schon fertig ist, nicht die Mühe scheuen, ihm noch ein Stichwortverzeichnis hinzuzufügen.

Bei Dissertationen und Diplomarbeiten ist das noch nicht üblich, wäre aber oft auch hier eine große Hilfe für den Leser. Das Stichwortverzeichnis soll möglichst ausführlich sein. Die Herstellung eines Stichwortverzeichnisses, in dem der Leser (fast) alles findet, was er sucht, ist keine triviale Aufgabe, sondern eine Kunst. Manche Textverarbeitungsprogramme helfen zwar bei der Speicherung und Organisation der Stichwörter, doch was in das Stichwortverzeichnis hinein soll, muß der Verfasser auswählen; und hier liegt die Schwierigkeit. Enthält das Stichwortverzeichnis zu wenige Stichwörter, verliert es seinen Wert; enthält es zu viele (nämlich unbedeutende), ist der Leser beim Nachschlagen darüber verärgert, daß er vielleicht nur eine Erwähnung des Wortes, aber keine Ausführungen dazu findet. Als Regel mag daher gelten:

Der Autor soll alle Begriffe aufnehmen,

• die so charakteristisch sind, daß es Leser geben wird, die nach ihnen suchen;
• deren Fundstelle dem Leser Information über den Begriff liefert.

Aus dieser vagen Regel geht zumindest eines hervor: das Stichwortverzeichnis soll nicht nur Hauptbegriffe enthalten, die im Text ausführlich behandelt werden, sondern alle Begriffe, die mehr als nur einmal kurz erwähnt werden. Dazu gehören insbesondere

• alle definierten oder auf andere Art erklärten Begriffe;
• wichtige Abkürzungen, die im Text benutzt werden;
• englische Begriffe, die häufig benutzt werden.

Oft vergessen wird die Übernahme von Begriffen aus Überschriften in das Stichwortverzeichnis. Wenn in einem Buch über Praktische Informatik ein Kapitel „Datentypen und Ausdrücke" heißt, sollten die Stichwörter „Datentyp" und „Ausdruck" aus der Überschrift ins Stichwortverzeichnis übernommen werden, weil in dem Kapitel bereits von Datentypen und Ausdrücken die Rede sein kann, bevor noch die Begriffe „Datentyp" und „Ausdruck" genannt wurden.

Ferner muß der Verfasser des Stichwortverzeichnisses entscheiden, ob die Stichwörter vorzugsweise im Singular oder im Plural stehen und ob Eigennamen wie *Amdahl*, *Boole*, *Turing* aufgenommen werden, und wenn ja, ob sie (zum Beispiel durch Kursivschreibung) besonders hervorgehoben werden sollen.

Stichwortvarianten. Die einfache Übernahme von Wörtern aus dem Text ins Stichwortverzeichnis reicht nicht immer aus; manchmal sind Veränderungen angezeigt. Wird
zum Beispiel in einem Text über Formale Sprachen der Begriff „leere Kette" definiert,
sollte im Stichwort nicht nur „leere Kette", sondern zusätzlich „Kette, leere", „leere Zeichenkette" und „Zeichenkette" stehen. Solche Stichwortvarianten sind jedoch mit Vorsicht zu verwenden, weil der Leser dann unter Umständen das Wort, so wie es im Stichwortverzeichnis steht, im Text nicht findet. Dieses Problem lösen Verweise, etwa in der
Form „leere Zeichenkette siehe leere Kette".

Begriffspermutationen. Begriffskombinationen sollen, wenn es Sinn hat, zu mehreren
Stichwörtern führen:

„freie Halbgruppe"	liefert auch	„Halbgruppe, freie",
„rekursive Grammatik"	liefert auch	„Grammatik, rekursive",
„Satz von Savitch"	liefert auch	„Savitch, Satz von"
„Gesetz von Amdahl"	liefert auch	„Amdahls Gesetz"

In solchen Fällen ist zu bedenken, daß das Stichwortverzeichnis auch zur Gruppierung
verwandter Begriffe dienen kann. So kann es wünschenswert sein, alle Automatenarten,
die in einem Text über Automatentheorie behandelt werden, auch im Stichwortverzeichnis gemeinsam unter dem Stichwort „Automat" vorzufinden, etwa in der Art:

Automat
– deterministischer
– endlicher
– Keller-
– linear beschränkter
– nichtdeterministischer

Hervorhebung eines Eintrags. Ein bestimmtes Auftreten eines Stichworts kann durch
Fettdruck hervorgehoben werden (z.B. die Definition).

Mehrmaliges Vorkommen. Falls Stichwörter auf mehreren, unmittelbar aufeinander
folgenden Seiten vorkommen, sollte das durch „Turingmaschine 228–230" oder „Turingmaschine 228 ff." angegeben werden.

7

Einzelfragen

Dieses Kapitel behandelt Fragen, die nicht zu den großen Themen Klarheit, Kürze, Klang, Einfachheit und Wortwahl gehören, aber trotzdem für das Technische Schreiben von Bedeutung sind.

7.1 Sprache und Metasprache

Die meisten technischen Werke behandeln sachliche Gegenstände. Sie sind in einer natürlichen Sprache abgefaßt (zum Beispiel deutsch) und beziehen sich auf Nichtsprachliches. In einem Text dagegen, der von einer Sprache handelt, wie dieses Buch, kommen meist Wörter aus der behandelten Sprache vor, die selbst, als Wörter, den Gegenstand der Untersuchung bilden. In solchen Texten kann und soll man klar unterscheiden zwischen der Sprache, *über* die man spricht (*Objektsprache*), und der Sprache, *in* der man spricht (*Metasprache*).

Beispiele für Sätze mit Mischungen aus Objekt- und Metasprache sind:

- „Der Löwe brüllt" ist ein einfacher Hauptsatz. „Der Löwe" ist das Subjekt, „brüllt" das Prädikat.

  Metasprache: deutsch, Objektsprache: deutsch.

- Der Pythagoräische Lehrsatz $a^2 + b^2 = c^2$ bezieht sich auf ein rechtwinkliges Dreieck mit den Katheten a und b und der Hypothenuse c.

  Metasprache: deutsch, Objektsprache: die mathematische Formelsprache.

- Instead of *if c then x := true else x := false end* you should write *x := c*.

  Metasprache: englisch, Objektsprache: Pascal

Man sieht an diesen Beispielen, daß auch in Texten der Informatik und Mathematik Objektsprache und Metasprache gemeinsam auftreten können und auseinandergehalten werden müssen.

Um Mißverständnisse zu vermeiden, sollen die Wörter der Objektsprache von den Wörtern der Metasprache durch *Hervorhebung* klar unterscheidbar sein. Zur Hervorhebung sind vor allem Kursivschreibung und Einschließen in Anführungszeichen gebräuchlich (siehe dazu auch den Abschnitt „Hervorhebungen" auf Seite 129) .

Sind Objektsprache und Metasprache gleich, nimmt man meist Anführungszeichen:

Das Kind kann schon ein Wort sagen. – Das Kind kann schon „ein Wort" sagen.

Grün ist die Heide. – „Grün" ist eine Farbe.

Der Spiegel im „Spiegel". – „Der Spiegel" im Spiegel.

Mittagessen in der Sonne. – Mittagessen in der „Sonne" (einem Lokal).

Berlin ist die Hauptstadt Deutschlands. – „Berlin" ist zweisilbig.

Sind Objektsprache und Metasprache verschieden, wie in Texten der Mathematik und Informatik, nimmt man meist Kursivschreibung. In mathematischen Texten kommen Formelzeichen wie Klammern, Bruchstriche, Integrale und griechische Schriftzeichen nur in der Objektsprache und nicht in der Metasprache vor. Sie brauchen deshalb nicht besonders gekennzeichnet zu werden. Nur bei Symbolen aus Buchstaben (meist Variablen- und Funktionsnamen) besteht eine (geringe) Verwechselungsgefahr zwischen Objekt- und Metasprache. Deshalb hat sich die Tradition herausgebildet, Variablen- und Funktionsnamen kursiv zu schreiben (siehe auch den Abschnitt „Mathematische Typografie" auf Seite 133).

Dasselbe gilt für Texte der Informatik, nur mit dem Unterschied, daß hier die Variablen- und Prozedurnamen nicht aus einzelnen Zeichen, sondern aus ganzen Wörtern bestehen, wodurch die Verwechselungsgefahr von Objekt- und Metasprache wächst. Zum Beispiel lautet eine verbale Erklärung der Anweisung „Variable := Wert" ohne Unterscheidung von Objekt- und Metasprache so: „Der Variablen Variable wird der Wert Wert zugewiesen". Mit Unterscheidung durch Kursivdruck für die Objektsprache ergibt sich: „Der Variablen *Variable* wird der Wert *Wert* zugewiesen", und das ist natürlich besser.

Die Unterscheidung zwischen Objektsprache und Metasprache ist manchmal nicht leicht zu treffen. In den meisten Fällen gibt es eine Eselsbrücke: Weiß man nicht, ob man xyz oder „xyz" schreiben soll, kann man sich fragen: Ist der *Gegenstand* xyz oder das *Wort* xyz gemeint? Das funktioniert jedoch nicht immer. In seltenen Fällen lassen sich

wohl Objekt- und Metasprache auch gar nicht auseinanderhalten. Wie steht es zum Beispiel mit dem Satz:

Liebe ist nur ein Wort.

Sollte man ihn in der Form

„Liebe" ist nur ein Wort

schreiben? Dann wäre er eine Plattheit, nämlich ein Pleonasmus, der besagt: Das Wort
„Liebe" ist nur ein Wort. Der Schreiber meint wohl vielmehr, daß es keine Liebe gibt,
daß das Wort „Liebe" kein Name für irgendetwas Existierendes sei, sondern ein *leeres*
Wort. Er meint also nicht das Wort „Liebe", sondern den dahinterstehenden Begriff: das
spricht für ein Schreiben ohne Anführungszeichen. Andererseits bezeichnet er aus-
drücklich Liebe als ein Wort, meint also doch das *Wort* „Liebe". Vielleicht deutet diese
Schwierigkeit darauf hin, daß der Satz logisch unzulässig ist, leer, nichts bedeutet.

7.2 Ich – Sie – wir – man – es

Wie soll sich ein Autor ausdrücken, wenn er mit dem Leser redet?

„Ich kann daraus den Schluß ziehen, daß ..."

„Sie können daraus den Schluß ziehen, daß ..."

„Wir können daraus den Schluß ziehen, daß ..."

„Man kann daraus den Schluß ziehen, daß ..."

„Es kann daraus der Schluß gezogen werden, daß ..."

Die Antwort darauf hängt vom Autor, vom Text und von den Umständen ab. Sie sollte
nicht leichtfertig entschieden werden, denn sie kann die Qualität des Geschriebenen,
besonders seine Akzeptanz durch den Leser beeinflussen.

Der Ich-Stil ist am einfachsten zu handhaben, wird aber für sachliche Inhalte, wie sie ja
beim Technischen Schreiben vorliegen, meist abgelehnt, weil er angeblich subjektiv ist.
Der Schreiber will oder soll hinter der Sache zurücktreten. Nur in Briefen ist er unein-
geschränkt verwendbar.

Der Sie-Stil, mit dem man den Leser direkt anredet, ist im Deutschen ungebräuchlich.
Er kommt eigentlich nur in Gebrauchsanweisungen vor. Im Amerikanischen ist es
jedoch durchaus üblich, den Leser ständig mit „you" anzureden, weil dort „you" auch
„man" bedeutet, und deshalb dringt diese Ausdrucksweise auch ins Deutsche ein.

Der Wir-Stil wird von Wissenschaftlern und Technikern wohl am häufigsten benutzt.
Bei ihm sind drei Varianten zu unterscheiden: Der Pluralis majestatis, bei dem der Autor
sich allein als „Wir" bezeichnet („Wir vertreten im Gegensatz zu Kollegen die Ansicht,
daß ..."), und der Pluralis modestiae, bei dem der Autor hinter der Sache zurücktreten
will und aus Bescheidenheit sein ich zum wir macht („Wir kommen damit zu der
Frage"). Bei der dritten spricht der Autor mit dem Leser, nimmt ihn gewissermaßen bei
der Hand, und gemeinsam ziehen sie dann Schlüsse und finden Ergebnisse („Wir erkennen nun, daß ..."). Alle drei Varianten vermeiden formal das subjektive „ich", doch die
ersten beiden meinen eigentlich „ich", nur die dritte meint wirklich „wir", nämlich die

Gemeinschaft von Autor und Leser. Dieses Gemeinschafts-Wir ist in vielen Fällen eine gute Lösung des Problems. Es wirkt aber – durchgängig angewandt – mitunter langweilig lehrerhaft, und es kann in Texten, die Objektivität, Allgemeingültigkeit betonen wollen, noch zu subjektiv wirken.

Dagegen hilft der Man-Stil. Er ist tatsächlich unpersönlich und deshalb für Sachthemen oft am besten geeignet. Ich verwende ihn gern, wie Sie, lieber Leser, längst gemerkt haben werden. Allerdings ist er bei vielen Autoren unbeliebt, weil er für empfindliche Leser etwas Apodiktisches an sich haben kann. Außerdem wirkt der Man-Stil oft trokken oder amtlich.

Der Man-Stil nennt zwar den Schreiber nicht und ist insofern unpersönlich, das „man" bedeutet jedoch immer noch Personen, nämlich alle. Diesen letzten Anklang an persönliche Ausdrucksweise beseitigt das Passiv. Es ist in denjenigen Fällen angemessen, in denen der Verursacher (der *Täter*) nicht genannt werden soll. Doch über längere Strekken hin ist das Passiv stilistisch unschön, was in diesem Buch an mehreren Stellen zur Sprache gekommen ist (siehe darüber besonders den Abschnitt „Passiv" auf Seite 49).

Als Ergebnis dieser Überlegungen können wir festhalten, daß man sich nicht von vornherein einem dieser Stile konsequent verschreiben, sondern je nach dem Gegenstand, der zu behandeln ist, den einen oder den anderen benutzen sollte. Zum Beispiel kann der Schreiber da, wo er hinter dem Gegenstand zurücktreten will, den Man-Stil, da wo er zusammen mit seinem Leser einen Gedankengang verfolgt, den Wir-Stil, und da, wo er seine persönliche Ansicht ausdrücken will, den Ich-Stil benutzen.

7.3 Geschlechtsneutralität

Der Wahn, geschlechtsneutral schreiben zu sollen, ist ungebrochen, mag die Sprache dadurch auch noch so sehr vergewaltigt werden. Immer ergeben sich dabei krampfhafte Formulierungen, die einem die Haare zu Berge stehen lassen. Studenten werden zu Studierenden, Lehrer zu Lehrenden, Benutzer zu Nutzenden und die so abgefaßten Texte zur Qual für den Lesenden.

Bei [Deininger] wird beschrieben, was herauskommt, wenn man den Satz „Der Student trifft regelmäßig seinen Betreuer" auf alle mögliche Arten geschlechtsneutral ausdrükken will:

1 „Der/die Student/in trifft regelmäßig seineN/ihreN BetreuerIn."

2 „Die Studentin trifft regelmäßig ihre Betreuerin."

3 „Der Student trifft regelmäßig seine Betreuerin."

4 „Das Student trifft regelmäßig sein Betreuer."

Dem Fall 1 begegnet man oft. Er führt zu denkbar unbeholfenen, unlesbaren Sätzen, und die vollständige Geschlechtsneutralität ist in ihm nicht erreichbar. Als Beispiel sei ein Ausschnitt aus der Satzung einer Universität angeführt:

> Dem Fakultätskollegium gehören an:
>
> 1. Vertreter/innen der Universitätsprofessor/inn/en;

2. Vertreter/innen der Universitätsassistent/inn/en und der wissenschaftlichen Mitarbeiter/innen im Forschungs- und Lehrbetrieb in halber Anzahl der Vertreter/innen gemäß Z 1;

3. Vertreter/innen der Studierenden in halber Anzahl der Vertreter/innen gemäß Z 1;

4. zwei Vertreter/innen der Allgemeinen Universitätsbediensteten.

Sitzungsleitung:

Dem/Der Vorsitzenden obliegt die Aufrechterhaltung der Ordnung und Sicherheit in der Sitzung. Er/Sie kann „zur Sache" oder „zur Ordnung" rufen; nötigenfalls kann er/sie auch das Wort entziehen. Wenn er/sie das für erforderlich hält, kann er/sie an die Wahrung des Amtsgeheimnisses bzw. an die Verschwiegenheitspflicht aller Mitglieder erinnern.

Und so geht es weiter durch die ganze Satzung. Ob das Gremium, das für diese Formulierungen verantwortlich ist, bedacht hat, daß eine Satzung ein juristisches Dokument ist, in dem oft nachgeschlagen wird, das so klar und kurz wie möglich sein, dessen Text so sorgfältig abgefaßt werden sollte, daß es gleichsam in Erz gegossen werden könnte? Ich frage mich, wie wohl das deutsche Grundgesetz aussähe, wäre es von diesem Gremium formuliert worden.

In Fall 2 macht man alle Menschen zu Frauen nach dem Motto: Es schadet den Männern gar nichts, wenn sie nun endlich einmal erfahren, wie sich die Frauen bisher immer gefühlt haben! Das ist absurd.

Fall 3 ist der demokratische Kompromiß: Abwechselnd männlich und weiblich. Aber wehe, wenn die männliche Form einmal öfter als die weibliche auftritt! Und wie realitätsfern ist das, wenn die Betreuer alle Männer sind, wie es in der Informatik der Normalfall ist!

Fall 4 kann nur dem Kopfe reiner Verstandesmenschen entsprungen sein. Statt der männlichen oder der weiblichen Form ist eine sächliche Form genommen worden. Es gibt nur noch *das Student* und *das Betreuer*.

Wen wundert es, daß die Erprobung dieser vier Fälle, die anscheinend tatsächlich durchgeführt wurde, zur Ablehnung auf der ganzen Linie führte? Am Ende resümieren die Experimentatoren: „Bei einem Frauenanteil von 13 % (Studentinnen und wissenschaftliche Mitarbeiterinnen) ist die übliche Schreibweise nicht richtig in knapp einem Viertel der Fälle." Ob da 23 % gemeint waren?

Dabei ist die Lösung des Problems doch so einfach! Rede ich von „dem Leser", meine ich ja keinen *Mann*, sondern einen *Menschen*, und der ist nun einmal im Deutschen grammatisch männlich. Selbstverständlich ist mit „dem Leser" der männliche *und* der weibliche Leser gemeint. Und so ist es auch im täglichen Leben. Sagt jemand: „Ich muß zum Arzt", wird doch keiner daraus schließen, daß sein Arzt keine Frau ist. *Der* Minister kann durchaus eine Frau sein und man darf sie mit „Frau Minister" anreden (nicht Frau Ministerin) wie man eine Ärztin mit „Frau Doktor" anredet (nicht Frau Doktorin). Hier sind die *Funktionen* und *Berufe* gemeint, nicht Männer oder Frauen, die die Funktion oder den Beruf ausüben.

7.4 Akronyme

Abkürzungen lassen sich nicht immer umgehen, aber sie sollten mit Zurückhaltung und Vorsicht verwendet werden. Abkürzungen aus Anfangsbuchstaben (Akronyme) wie UNESCO, ISBN, IBM sind unvermeidbar. In der Informatik wimmelt es nur so von ihnen (zum Beispiel API, ASCII, ASIC, ATM, DBMS). Wer für Spezialisten schreibt, braucht die einschlägigen Akronyme nicht zu erklären, doch wer mit Lesern rechnet, die nicht wissen, welche Worte die Akronyme abkürzen, sollte die Langfassungen beim ersten Auftreten der Abkürzung nennen.

Je allgemeiner der Leserkreis ist, an den sich ein Werk wendet, um so vorsichtiger sollte man Akronyme benutzen. Oft spricht die Kürze für sie. Wer über Datenbanken schreibt und den Begriff „Datenbankverwaltungssystem" oft benutzt, ist geneigt, an seiner Stelle das Akronym DBMS (database management system) zu verwenden. Doch der Leser, der das Werk nur überfliegt oder punktuell liest, kennt die Bedeutung von DBMS vielleicht nicht und ärgert sich. Meist ist die Platzersparnis durch Akronyme übrigens so gering, daß sie nicht ins Gewicht fällt.

Schlimm ist es, wenn ein Schreiber sich der Bedeutung eines Akronyms nicht bewußt ist. Dann entsteht die ISBN-Nummer (internationale Standardbuchnummer-Nummer), die PIN-Nummer (persönliche Identifikationsnummer-Nummer) oder der ASCII-Code (American standard code for information interchange Code). Wer so etwas schreibt, diskreditiert sich. Richtig ist es, einfach „die ISBN", „die PIN", „der ASCII" zu schreiben, auch wenn das vielleicht seltsam aussieht. In Österreich gibt es sogar eine Bank, die sich offiziell „VKB-Bank" nennt und diesen Titel über allen ihren Filialen führt. Und was heißt „VKB"? Es heißt Volkskreditbank. Das Institut nennt sich also Volkskreditbank-Bank.

7.5 Fußnoten

Fußnoten haben eine lange Tradition. Sie sind des Wissenschaftlers liebstes Kind und leider auch des Pseudowissenschaftlers. Je mehr Fußnoten ein Werk enthält, um so höher ist sein wissenschaftlicher Rang – scheinen besonders Geisteswissenschaftler und Studenten zu glauben.

Für Fußnoten spricht, daß der Verfasser mit ihnen Worterklärungen, Literaturverweise, historische Anmerkungen, Nebensächliches und Weiterführendes vom laufenden Text abtrennen kann. Das ist für die klare Gliederung von Vorteil. Gegen sie spricht, daß sie den Lesefluß unterbrechen, weil die Augen des Lesers unwillkürlich hin- und herwandern, was bei häufigen Fußnoten sehr stört. Der Leser kann außerdem verärgert werden, wenn er in den Fußnoten Lappalien findet oder Gedankengänge, die ihn vom Hauptzweig der Untersuchung wegführen.

Deshalb fassen manche Autoren alle Fußnoten am Ende ihres Werkes in einem eigenen Abschnitt zusammen, der zum Beispiel „Anmerkungen" heißen kann. Im Text erscheint dann nur eine unauffällige laufende Nummer als kleine Hochzahl, die auf die Anmerkungen verweist. Das ständige Blättern zwischen laufendem Text und dem Kapitel Anmerkungen ist zwar noch lästiger als das Aufsuchen von Fußnoten, aber der Verfasser hofft, daß der Leser sich darauf nicht einläßt, sondern die Verweise zuerst überliest und am Ende das Kapitel Anmerkungen für sich liest. Man nennt solche Fußnoten auch „Endnoten". Sie werden in amerikanischen Büchern häufig benutzt. Während Fußnoten normalerweise nur wenige Zeilen einnehmen, kann man in Endnoten beliebig lange Ergänzungen und Abschweifungen unterbringen.

Manche Leute sind der Ansicht, daß man auf Fußnoten (oder Endnoten) ganz verzichten und alles, was man zu sagen hat, im laufenden Text sagen soll. Fußnoten würden nur zeigen, daß der Verfasser unfähig ist, seine Gedanken richtig zu ordnen. Das trifft in vielen Fällen zu, und der Versuch, ohne Fußnoten auszukommen, ist sicherlich empfehlenswert. Manchmal möchte man aber doch die Möglichkeit haben, einen Gedanken vom laufenden Text zu separieren.

7.6 Zitate und Plagiate

Soll man in der Diplomarbeit, einem Fachaufsatz oder einem Buch viele oder wenige Zitate bringen oder ganz auf Zitate verzichten? Das richtet sich wieder – wie fast alles – nach dem behandelten Gegenstand. Autoren, die jede Trivialität mit einem Zitat belegen, wollen damit entweder zeigen, wie viel sie gelesen haben, oder sie trauen sich nicht, auf eigenen Beinen zu stehen. Hat dagegen ein Autor irgendwo einen Satz gelesen, der seine eigene Ansicht treffender wiedergibt, als er selbst es könnte, spricht nichts dagegen, den anderen zu zitieren. Nur sollte das nicht zu häufig geschehen, damit sich ein Werk nicht als Zitatsammlung liest. Das hat Schopenhauer so hervorragend ausgedrückt, daß ich nichts Besseres tun kann, als ihn zu zitieren:

> Durch viele Zitate vermehrt man seinen Anspruch auf Gelehrsamkeit, vermindert aber den auf Originalität, und was ist Gelehrsamkeit gegen Originalität! Man soll sie also nur gebrauchen, wo man fremder Auktorität wirklich bedarf. Denn überdies wird, wenn wir unsre Meinung durch einen ähnlichen Ausspruch eines früheren großen Schriftstellers belegen, der Neid sogleich vorgeben, wir hätten sie auch nur daher geschöpft. Finden wir also, daß große frühere Autoren mit uns übereinstimmen; so ist dies sehr dienlich, uns in der Zuversicht, daß, was wir sagen, richtig ist, zu bestärken und zu ermutigen. Aber es anzuführen ist nicht dienlich.

Das Gegenstück zum Zitat ist das *Plagiat*. Hat ein anderer einen Gedankengang so gut ausgedrückt, wie man es selbst nicht kann, ist mancher Schreiber geneigt, den anderen zu zitieren, jedoch so, daß der Leser es möglichst nicht bemerkt. Die grobe Methode dafür ist die einfache Übernahme des Zitats ohne Kennzeichnung in den laufenden Text; die feine besteht darin, den fremden Text zwar dem Gedankengang nach oder sogar teilweise wörtlich zu übernehmen, in ihm aber kleine Veränderungen anzubringen, so daß sich kein Plagiat nachweisen läßt. Dagegen ist kein Kraut gewachsen, man muß es einfach hinnehmen. In seinen eigenen Texten sollte man deshalb Zitate eindeutig kennzeichnen, so daß man sagen kann: „Alles, das nicht als Zitat gekennzeichnet ist, stammt von mir." Und wie soll man sie kennzeichnen? So, daß nicht nur ihr Anfang, sondern auch ihr Ende leicht erkennbar ist. Werden Zitate im laufenden Text nur durch einen Doppelpunkt eingeleitet, kann der Leser ihr Ende leicht übersehen. Stehen sie in Anführungszeichen, enthalten aber selbst auch eine Passage in Anführungszeichen, kommt der Leser ebenfalls leicht durcheinander. Die hier gewählte Markierung durch Kleindruck *und* beiderseitige Einrückung vermeidet diese Nachteile.

7.7 Bilder und Tabellen

Bilder und Tabellen sind beide Einfügungen in einen laufenden Text. Sie sollen im Text
verschiebbar sein, damit die Seiten gut gefüllt werden können. Deshalb ist es empfehlenswert, sie zu numerieren, denn man möchte sich im Text auf sie beziehen. Trotz dieser Ähnlichkeiten werden sie traditionsgemäß getrennt als *Bild* oder *Abb.* und *Tab.*
bezeichnet und getrennt gezählt. Bilder haben Bild*unter*schriften, Tabellen Tabellen-
*über*schriften. Das mag dadurch gerechtfertigt sein, daß Tabellen über mehrere Seiten
laufen können, wobei die Tabellenüberschrift auf jeder Seite wiederholt wird. Verfasser,
die keine so großen Tabellen benutzen und bereit sind, mit der Tradition zu brechen,
sollten überlegen, ob sie nicht besser Bilder und Tabellen gemeinsam „Bilder" nennen,
als Bilder zählen und mit Bild*unter*schriften versehen. So mache ich es und bin bisher
gut damit gefahren. Es hilft dem Leser, wenn er bei der Suche nach einem zurückliegen-
den Bild oder einer Tabelle nicht zwischen beiden unterscheiden muß.

Bilder

Mit Bildern sind hier Technische Zeichnungen, Skizzen, Graphen und Ähnliches
gemeint, keine Fotografien. In der Informatik bestehen solche Bilder meist aus rechtek-
kigen oder runden geschlossenen Gebilden, die Gegenstände (in einem allgemeinen
Sinn) darstellen, Linien oder Pfeilen, die die Gegenstände miteinander verbinden, und
Text. Gut gezeichnete Bilder sollen zwei Kriterien erfüllen: *Einfachheit* und *Harmonie*.

Einfachheit. Bilder sollen einen Sachverhalt so einfach und nackt wie möglich wiedergeben, damit der Leser nur das sieht, worauf es wirklich ankommt, und nicht durch
modischen Schnickschnack abgelenkt wird. Schnickschnack sind vor allem Schatten,
und Grautöne. Bild 1 zeigt oben und unten den Unterschied zwischen Schnickschnack
und Einfachheit.

Schatten können nützlich sein, wenn bestimmte Gegenstände hervorgehoben werden
sollen, sie sind aber vom Übel, wenn sie schematisch angewandt werden, nur weil sie
gerade Mode sind, „schick" aussehen und man sie vom Zeichenprogramm gratis gelie-
fert bekommt.

Harmonie. Früher wurden technische Bilder von Berufszeichnern fachmännisch herge-
stellt, heute stellen Informatiker nicht nur den Text ihrer Arbeiten, sondern auch die
Zeichnungen selbst her. Das führt, je nach dem verwendeten Zeichenprogramm, dem
Geschick und der Geduld des Verfassers oder seiner Helfer zu unterschiedlicher Bildqualität. Schlechte Bildqualität zeigt sich besonders auf vier Weisen:

- Äußerlich große Bilder (z. B. eine halbe Seite oder mehr), die in ihrer Struktur so einfach sind, daß man sie auch halb so groß oder noch kleiner zeichnen könnte. Das
  wirkt klobig und läßt den Sinn für Harmonie vermissen.
- Dicke Pfeilspitzen, die sich im Bild so breitmachen, als wären sie die Hauptsache.
- Grobe, knallige Striche, oft nur eine einzige Strichdicke, wo Differenzierung nützlich
  wäre.
- Zu großer Text, zu kleiner Text oder sogar verschiedene Textgrößen.

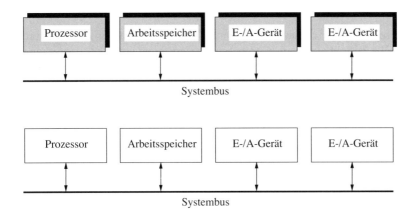

Bild 1   Oben: Grautöne und Schatten, unten: ihre Abwesenheit

Dabei ergibt sich eine passende Bildgröße meist von selbst. Die Texte im Bild sollen etwas kleiner als der laufende Text sein und die Konturen, die den Text beranden, nur soviel größer, daß der Text die Kontur einigermaßen harmonisch ausfüllt. Bild 2 zeigt Beispiele für dicke Umrandungen, dicke Pfeilspitzen und unangemessene Textgrößen (außer beim Arbeitsspeicher).

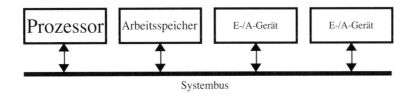

Bild 2   Dicke Umrandungen, dicke Pfeile, verschiedene Textgrößen

Bildunterschriften. Bildunterschriften sollen so ausführlich sein, daß ein eiliger Leser, der das Werk nur durchblättert und an einem Bild hängen bleibt, das Wesentliche des Bildes versteht: was es darstellt und was die Abkürzungen und Formelzeichen in ihm bedeuten. Wo das ausnahmsweise einmal nicht geht, kann man immer noch schreiben „Erläuterung im Text".

In der Bildunterschrift steht „Bild", oder „Abb."; die Bezeichnung „Fig." ist bei uns veraltet, aber in Amerika üblich. „Abb." ist am häufigsten. Ich bevorzuge „Bild", weil es einfach ist und nicht abgekürzt zu werden braucht. Auch scheint mir ein kleiner semantischer Unterschied zwischen Bild und Abbildung zu bestehen. Eine Abbildung setzt immer ein Urbild voraus, etwas schon Vorhandenes. Deshalb kann ein Graph zwar als Bild dargestellt, jedoch kaum abgebildet werden.

Tabellen

Tabellen sind rechteckige Schemata aus *Zellen*, die in Zeilen und Spalten angeordnet sind. Eine Tabelle besteht aus einer oder mehreren *Kopfzeilen* und einer oder mehreren *Rumpfzeilen*. Der Zelleninhalt ist normalerweise ein Text, kann aber in Sonderfällen auch ein Bild oder selbst wieder eine Tabelle sein.

Form. Die Hervorhebung der Zellen durch waagerechte und senkrechte Striche wird unterschiedlich gehandhabt. Bild 3 zeigt vier typische berandete und die entsprechenden unberandeten Formen.

X	Y	Z
1	y_1	z_1
2	y_2	z_2
3	y_3	z_3

Form 1   Form 2   Form 3   Form 4

X	Y	Z
1	y_1	z_1
2	y_2	z_2
3	y_3	z_3

Form 5   Form 6   Form 7   Form 8

Bild 3   Vier berandete und vier unberandete Tabellenformen

Die Entwicklung tendiert zur Einfachheit. Deshalb sollte man zuerst die Formen 4 und 8 in Betracht ziehen und nur, wenn sie unübersichtlich wären, eine der anderen verwenden. Viele Mischformen sind möglich; ein Beispiel dafür zeigt Bild 4.

$T(n)$	Max. Problemgröße n bei einer Laufzeit von			
	1 s	1 min	1 Std	
	1000 Schritte	60000 Schritte	$3.6 \cdot 10^6$ Schritte	
n	1000	60000	3600000	Faktor 60
n^2	31	244	1897	Faktor $\sqrt{60} = 7.75$
2^n	9	15	21	Summand ld 60 = 5.91

Bild 4   Beispiel einer Tabelle aus einer Mischung der Grundformen. 2 Kopfzeilen, 3 Rumpfzeilen, 5 Spalten, Spalten 1 bis 4 berandet, Spalte 5 unberandet. Inhalt: Auswirkung verschiedener asymptotischer Laufzeitkomplexitäten auf die maximale Problemgröße.

Inhalt. Falls die Tabelleneinträge Zahlen sind, ist zu beachten, daß die Zahlen nicht zu viele Dezimalstellen haben. Dagegen wird oft verstoßen. Wer die Tageshöchsttemperaturen einen Monat lang vom Thermometer in ganzen Celsiusgraden abliest und dann den Mittelwert als 12.352 Grad Celsius, also mit drei Nachkommastellen, in eine Tabelle einträgt, macht sich lächerlich. Wer mit einem Zeitmeßprogramm festgestellt hat, daß ein Schleifendurchlauf 34648 ns dauert, und dann die Gesamtlaufzeit des Programms bei 1000 Schleifendurchläufen mit 34.648 ms angibt, hat nichts verstanden. Wenn neben der Straße unter dem Schild, das eine Geschwindigkeitsbegrenzung auf 80 km/Std befiehlt, der Zusatz steht: „Auf 1310 m" ist das ebenso lächerlich.

Gauß soll gesagt haben: „In nichts manifestiert sich mathematische Unbildung so sehr wie in maßloser Schärfe im Zahlenrechnen". Vor diesem Wort sollten sich die Informatiker fürchten; besonders, wenn sie mit Gleitkommazahlen arbeiten und einen Rechnerausdruck mit 7 Dezimalen einfach in eine Tabelle übernehmen. Selbst bei Zahlen, die auf zwei Stellen hinter dem Komma genau sind, kann Runden angemessen sein; nämlich dann, wenn die Tabelle lang ist und der Leser weit auseinanderliegende Einträge miteinander vergleichen will. Ein Vergleich von 20 Werten mit je fünf Ziffern ist schwieriger als einer von 20 Werten mit nur je drei Ziffern. Daraus lassen sich etwa drei Regeln für Zahlenangaben in Tabellen aufstellen:

1 Zahlen nicht genauer tabellieren, als das Meßinstrument es erlaubt (z.B. bei der Bildung von Mittelwerten).

2 Die letzte oder vorletzte Stelle soll diejenige sein, der man noch vertraut.

3 Zur Erhöhung der Lesbarkeit und für leichte Vergleiche reichen 3 Ziffern meist aus.

Begründete Ausnahmen von diesen Regeln sind natürlich erlaubt.

7.8 Mathematische Texte, Algorithmen und Programme

Mathematische Texte

Mathematiker haben eine Vielfalt von Schreibstilen entwickelt, vom normalen Text, in dem nur gelegentlich Formeln vorkommen bis zu äußerst knappen Darstellungen, die nur noch die unbedingt nötigen Wörter der Umgangssprache enthalten. Ich betrachte hier die mathematischen Texte vom Standpunkt des Informatikers aus, der sich der Mathematik als Hilfsmittel bedient, das heißt zugleich, für den mathematische Strenge nicht Selbstzweck ist.

Wieviel Formalismus? In Diplomarbeiten und Dissertationen werden oft mathematische Trivialitäten durch Formeln aufgeputzt, und der Leser fragt sich, ob es nicht auch einfacher gegangen wäre. Gewiß sind mathematische Formeln und Symbole wundervolle Abkürzungen, die es uns ermöglichen, komplizierteste Zusammenhänge mit wenigen Zeichen unmißverständlich auszudrücken. Bei weniger komplizierten Zusammenhängen, bei denen man mit Umgangssprache und vielleicht Zeichnungen auskommt, sollte man sich überlegen, ob sich die Einführung eines Formelapparates lohnt.

Dem Vorteil der Formeln steht nämlich die Mühe des Erlernens neuer Formalismen als Nachteil gegenüber. Wenn der Leser einer Diplomarbeit sich erst durch fünf Seiten mit

Definitionen von Symbolen hindurcharbeiten muß, damit der Verfasser im weiteren Verlauf der Arbeit durch die Symbole Platz sparen und Eleganz zeigen kann, stellt sich die Frage, ob für den Leser der Lernaufwand für den Formalismus von der Kürze und Eleganz der Formeln aufgewogen wird. Viele Leser werden durch Formalismen abgeschreckt; sie scheuen es, neue Symbole und ihre Bedeutungen zu lernen und beim Lesen die Bedeutung der Symbole immer wieder nachzuschlagen. Deshalb sollte – meiner Meinung nach – der Verfasser von Informatiktexten sich vorher gut überlegen, mit wieviel Formalismus er seine Arbeit ausstattet.

Alle Symbole soll man auch innerlich sprechen können. Ein Logiker, der schreibt:

> Um auszudrücken, daß eine Aussage ϕ in einer bestimmten Situation A wahr ist, schreibt man $A \models \phi$. Man nennt dies die *Modellbeziehung* zwischen A und ϕ.

hat sich nicht in seinen Leser versetzt, der die Formel $A \models \phi$ auch innerlich sprechen können will. Solange er das nicht kann, wird ihm das Symbol „$\models$" fremd und nur halb verstanden bleiben. Setzt der Verfasser jedoch hinzu: „sprich: ›in A gilt ϕ‹", weiß der Leser sofort was gemeint ist.

Formelstil. Formelzeichen am Satzanfang sollte man vermeiden, denn sie lesen sich nicht gut:

nicht: *L* sei eine gegebene Liste

sondern: Gegeben sei eine Liste *L*

Formeln, die ohne Zwischentext unmittelbar aufeinander folgen, sollte man ebenfalls vermeiden, weil sie sich schlecht lesen, schlecht sprechen und vielleicht auch schwerer verstehen lassen:

Nicht: Gegeben: $L_1[1:n]$, $L_2[1:m]$, $n > m \geq 0$

Sondern: Gegeben seien zwei Listen $L_1[1:n]$ und $L_2[1:m]$ mit $n > m \geq 0$

Das gilt besonders für Sätze, die manchmal als nackte Aneinanderreihung von formalen Ausdrücken angegeben werden. Man kann dann den Eindruck haben, daß der Verfasser sich diebisch freut, wenn er daran denkt, wie lange es dauert, bis der Leser den Sinn seiner Formelreihen wirklich verstanden hat. Als Beispiel dafür sei der uvwxy-Satz oder Schleifensatz (englisch: pumping lemma) aus den Formalen Sprachen angeführt.

Nicht: Sei L eine kontextfreie Sprache über Σ^*. Dann

$(\exists\, n \in \mathbb{N})\, (\forall\, z \in L \text{ und } |z| \geq n)\, (\exists\, u,v,w,x,y \in \Sigma^*)$, so daß

$z = u\,v\,w\,x\,y$, $|v\,w\,x| \leq n$, $|v\,x| \geq 1$ und $(\exists\, i \in \mathbb{N})\,(u\,v^i\,w\,x^i\,y \in L)$.

Sondern: Alle Sätze σ einer kontextfreien Sprache L über dem Alfabet V_T, die eine von der Sprache abhängige minimale Länge n überschreiten, lassen sich in fünf Abschnitte u, v, w, x, y so zerlegen, daß gilt

1. $\sigma = u\,v\,w\,x\,y$ mit $|v\,w\,x| \leq n$ und $|v\,x| \neq \varepsilon$.
2. Alle Ketten der Form $u\,v^i\,w\,x^i\,y$ für $i \geq 0$ sind ebenfalls Sätze von L.

In [Knuth] wird darauf hingewiesen, daß viele Leser beim ersten Lesen Formeln nur überfliegen. Deshalb soll ein guter Text so geschrieben werden, daß man die meisten Formeln nicht in allen Einzelheiten verstehen muß, um sich vom Inhalt des Gesamtwerkes ein Bild zu machen.

Lokalität. Mathematiker haben oft die Eigenart, in Sätzen Symbole zu verwenden, die sie viele Seiten zuvor eingeführt haben. Es gibt aber Leser, die einen Satz, der vielleicht das Hauptergebnis einer Arbeit darstellt, beim Durchblättern der Arbeit wenigstens oberflächlich verstehen wollen. Sie möchten in der näheren Umgebung der Stelle, an der der Satz steht, auch die Bedeutungen der in ihm benutzten Symbole finden. Definitionen und Sätze sollen deshalb für sich allein verständlich sein. Am besten nennt man nicht nur die Symbole selbst, sondern auch ihre Typen mit.

Nicht: *Hauptsatz für Gröbner-Basen*: F ist genau dann eine Gröbner-Basis, wenn für alle f, g in F die F-Division von $SP(f,g)$ den Rest 0 liefert.

Sondern: *Hauptsatz für Gröbner-Basen*: Eine Menge F von Polynomen ist genau dann eine Gröbner-Basis, wenn für alle Polynome f und g in F die F-Division der S-Polynome von $SP(f,g)$ den Rest 0 liefert. (Über F-Division und $SP(f,g)$ siehe die vorstehenden drei Absätze.)

Doppelte Formulierung. Eine gute Angewohnheit ist es auch, Sätze oder andere wichtige Aussagen zweimal zu formulieren: einmal mehr umgangssprachlich, einmal mehr formal oder unter der Betonung verschiedener Gesichtspunkte. Das hilft dem Leser zu prüfen, ob er die Aussage verstanden hat. Beispiel:

Satz über das Verhältnis von exponentiellem und polynomialem Wachstum:

Für beliebige reelle Zahlen $a > 1$ und $b > 0$ und natürliche Zahlen n gilt:

$$\lim_{n \to \infty} \frac{a^n}{n^b} = \infty$$

In Worten: Die Exponentialfunktion wächst stärker als jede noch so große Potenz.

Einfache Symbole! Da die Mathematik an sich schon schwierig genug ist, sollte man unnötig komplizierte Symbole vermeiden. Das gilt für Indizierungen (besonders doppelte Indizierungen), griechische Buchstaben oder besondere Schriftarten wie Frakturschrift und Schriftauszeichnungen wie Unter- und Überstreichung. Zum Beispiel benutzen die Logiker für Aussagen traditionell die griechischen Buchstaben ϕ und ψ, auch wenn sie im übrigen nur lateinische Buchstaben für Formelzeichen verwenden. Einige amerikanische Bücher benutzen statt dessen F und G oder P und Q, wodurch ihre Texte leichter lesbar sind.

Einfache Formeln brauchen oft keine komplizierten Symbole. Um auszudrücken, daß i eine beliebige natürliche Zahl ist, kann man schreiben „$i \in \mathbb{N}$" oder „für $i = 1, 2, 3, ...$". „$i \in \mathbb{N}$" ist kürzer, enthält aber zwei Symbole, die manchem Leser vielleicht nicht bekannt sind. Ebenso empfiehlt es sich in manchen Zusammenhängen, statt

$$S = \sum_{i=1}^{n} a_i$$

lieber $S = a_1 + a_2 + ... + a_n$ zu schreiben.

Vermeide besondere Sprechweisen der Mathematiker! Informatiker sollten einige besondere Sprechweisen der Mathematiker nicht nachahmen. Statt „a ist größer Null" sollten sie „a ist größer *als* Null" schreiben, statt „Sei A eine endliche Menge", sollten sie schreiben „*Es sei A eine endliche Menge*". Es kommt sogar vor, daß Mathematiker davon sprechen, daß x „echt größer" als y ist, womit sie aber nur meinen, daß x größer als y ist.

Mathematiker schreiben auch oft den Plural von „Variable" und „Konstante" wie den Singular:

> Um diese Situation zu erfassen, setzen wir eine abzählbar unendliche Menge voraus, deren Elemente wir Variable, oft auch logische Variable oder Unbestimmte nennen. Die Zeichen, mit denen wir Variable notieren, heißen Variablenbezeichner.
>
> Die allgemeine Form verlangt jedoch, daß wir zusätzlich in Terme Variable aufnehmen können, die für beliebige Mengen stehen.
>
> Bei den Axiomen für Keller haben wir in gleicher Weise Variable k und t benutzt.

Woher kommt das? Anscheinend ergänzt der Schreiber im Geiste immer „Größen", wenn er „Variable" schreibt. Hört man das mit, werden die Sätze zu:

> Um diese Situation zu erfassen, setzen wir eine abzählbar unendliche Menge voraus, deren Elemente wir variable Größen, oft auch logische variable Größen oder unbestimmte Größen nennen. Die Zeichen, mit denen wir variable Größen notieren, heißen Variablenbezeichner.
>
> Die allgemeine Form verlangt jedoch, daß wir zusätzlich in Terme variable Größen aufnehmen können, die für beliebige Mengen stehen.
>
> Bei den Axiomen fur Keller haben wir in gleicher Weise variable Größen k und t benutzt.

Das kann zu Mißverständnissen führen, zum Beispiel bei einer Überschrift „Variable und Konstante", die (mindestens) zwei Bedeutungen haben kann: „Die Variable und die Konstante" oder „Die Variablen und die Konstanten". Es ist deshalb besser, „Variable" und „Konstante" als Substantive aus eigenem Recht anzusehen, deren Plural dann natürlich „Variablen" und „Konstanten" heißt.

Vorsicht mit Verweisen! Formeln werden oft numeriert, weil auf sie verwiesen werden muß. In einem Buch, in dem Formeln, Aufgaben und Beispiele *getrennt* numeriert sind, kann die Suche unter Umständen mühsam sein. So heißt es in einem Buch über Theoretische Informatik in Kapitel 2.3 auf Seite 71:

> Wegen möglicher Sackgassen, auf die wir im Beispiel 1.3 hinwiesen, ist aber nicht sicher, daß ...

Nun fängt der Leser an zurückzublättern, um Beispiel 1.3 zu finden. Auf Seite 70 gibt es *Satz* 2.16, auf Seite 69 *Beispiel* 2.3 und *Aufgabe* 2.32 bis 2.34, auf Seite 68 Beispiel 2.2 und Satz 2.14, auf Seite 66 Aufgabe 2.29 bis 2.31. Da alle mit 2 anfangen, braucht man anscheinend erst vom Ende des Kapitels 1 an rückwärts zu suchen. Kap.1 endet auf Seite 42. Weiter zurückblätternd findet man Aufgabe 1.4, Beispiel 1.4 und schließlich auf Seite 37 Beispiel 1.3. Der Verfasser hat also um $71 - 37 = 34$ Seiten zurückverwiesen, die man zum großen Teil suchend durchblättern mußte. Wieviel einfacher für den Leser wäre es gewesen, die Seite 37 in den Rückverweis mit aufzunehmen; und wieviel weniger verwirrend, wenn Sätze, Beispiele und Aufgaben gemeinsam numeriert wären!

Algorithmen und Programme

Wie soll man Algorithmen und Programme beschreiben? Algorithmen bestehen aus *Anweisungen*, Handlungen in einer bestimmten Reihenfolge auszuführen; oft sieht man auch die Typen der *Daten*, die vom Algorithmus verarbeitet und erzeugt werden, als zu ihm gehörig an. Programme sind Algorithmen, die in einer bestimmten Programmiersprache formuliert sind. Beschreibt man von vornherein Algorithmen in einer bestimmten Programmiersprache, fallen Algorithmen und Programme zusammen. Damit erreicht man höchste Genauigkeit und Vollständigkeit, unter Umständen jedoch auf Kosten der Verständlichkeit, nämlich dann, wenn der Leser die betreffende Programmiersprache nur mangelhaft oder gar nicht beherrscht oder wenn die Darstellung dadurch mit unwesentlichen Einzelheiten überladen wird. Um das zu vermeiden, kann man Algorithmen unabhängig von einer bestimmten Programmiersprache darstellen.

Bild 5 charakterisiert die vier häufigsten Algorithmusdarstellungen: Stilisierte Prosa, Ablaufdiagramm, Algorithmenbeschreibungssprache, Programmiersprache.

Darstellungsart	Anwendung	Vorteile	Nachteile
Stilisierte Prosa	Übersichts- und Detaildarstellung	Durch Abwesenheit von Formalismus für jeden verständlich. Programmiersprachen-unabhängig. Erläuterungen und Kommentare leicht hinzuzufügen.	Unübersichtlich. Struktur tritt schlecht hervor. Gefahr der Mehrdeutigkeit.
Ablaufdiagramm	Übersichtsdarstellung	Anschaulich. Unübertroffen gute (da zweidimensionale) Darstellung von Verzweigungen und Schleifen.	Nur für Steuerfluß. Deklarationen schlecht unterzubringen. Undisziplinierte Anwendung beim Entwurf fördert unklare Programmstrukturen.
Algorithmen-beschreibungs-sprache (Pseudocode)	Übersichts- und Detaildarstellung	Flexibel und meist genügend präzise.	Linear und unanschaulich. Setzt Kenntnis der Sprache voraus.
Programmier-sprache	Detail-darstellung	Größte Präzision. Nach Übersetzung unmittelbar für eine Maschine verständlich.	Sprachabhängig. Mit Details überladen. Setzt Kenntnis der Sprache voraus.

Bild 5   Charakteristik der Darstellungarten von Algorithmen

Für die Formatierung von Programmtexten gibt es viele Regeln; sie unterscheiden sich in fast jedem Buch und wohl bei jedem Lehrer des Programmierens. Die zwei wichtigsten Stilregeln sind:

• Systematische Einrückungen benutzen, damit man die Struktur des Programms erkennt.

• Einen Stil wählen und den konsequent beibehalten: Variablen, Typen, Methoden nach einem einheitlichen System benennen, Assertionen und andere Kommentare systematisch anbringen.

Alles andere, wie die Wahl einer proportionalen oder nichtproportionalen Schriftart, die Hervorhebung oder Nichthervorhebung von Schlüsselwörtern, die Groß- und Kleinschreibung der Namen von Typen, Variablen und Methoden, soll hier nicht diskutiert werden.

7.9 Rechtschreibung und Zeichensetzung

Mit Rechtschreibung und Zeichensetzung steht es ähnlich wie mit der Grammatik: Wer schreibt, sollte sie gut kennen, muß sie aber nicht bis ins letzte beherrschen. Perfektion in Rechtschreibung und Zeichensetzung ist – meiner Ansicht nach – für das Technische Schreiben eine durchaus sekundäre Tugend. Jemand kann ein hervorragender Stilist sein und trotzdem ab und zu ein selten benutztes Wort falsch schreiben oder ein Komma falsch setzen. Die Manuskripte unserer großen Schriftsteller sind beeindruckende Zeugen dafür. Wieder muß – wie schon mehrfach in diesem Buch – gesagt werden, daß sich früher solche Fehler nicht bemerkbar machten, weil sie vom Redakteur oder vom Schriftsetzer stillschweigend beseitigt wurden. Heute, wo die Verfasser ihre Bücher selbst druckfertig beim Verlag abliefern, bleiben die Fehler stehen. Deshalb sollte man Mängel in Rechtschreibung und Zeichensetzung wiederum nicht zu leicht nehmen.

Dennoch behandle ich Rechtschreibung und Zeichensetzung hier nicht näher, sondern erwähne sie nur. Ob die alte oder die neue Rechtschreibung besser ist, hat mit den Problemen des Technischen Schreibens kaum etwas zu tun. In Zweifelsfällen haben wir den Rechtschreibungs-Duden, der in fast allen Fällen Auskunft gibt. Ab und zu ein Komma zu viel oder zu wenig ändert in den seltensten Fällen den Sinn eines Satzes und wird von den meisten Lesern gar nicht bemerkt. Für Rechtschreibung und Zeichensetzung gilt daher der Satz: Gelegentliche Fehler sind leicht zu tolerieren, häufige Fehler jedoch können den Lesefluß empfindlich stören und den Leser verärgern..

Der Kuriosität halber seien einige (an den Haaren herbeigezogene) Beispiele dafür angegeben, daß ein Komma den Sinn eines Satzes ändern kann:

> Mein Onkel Fritz und ich gingen spazieren. (Zwei Personen)
>
> Mein Onkel, Fritz und ich gingen spazieren. (Drei Personen)

Ein Komma kann sogar den Sinn eines Satzes in sein Gegenteil verkehren:

> Der brave Mann denkt an sich selbst zuletzt. (Schiller, Wilhelm Tell)
>
> Der brave Mann denkt an sich, selbst zuletzt.

Und schließlich zwei Telegramme eines Richters an einen Scharfrichter mit je einem Komma, aber an verschiedenen Stellen:

> Begnadigen, nicht hängen!
>
> Begnadigen nicht, hängen!

7.10 Typografie

Die Typografie ist ein umfangreiches Spezialgebiet, wovon man sich in Werken wie [Gulbins] oder [Willberg] überzeugen kann. Bis vor etwa 15 Jahren hatte der Autor kaum etwas damit zu tun, denn der Verlag bestimmte die Seitengestaltung, die Schriftarten und Hervorhebungsmöglichkeiten. Seitdem benutzen die Autoren Textverarbeitungsprogramme, wodurch die Typografie – oder wenigstens ein großer Teil davon – in ihren Händen liegt. Weil sie sich um typografische Fragen kümmern müssen und typografische Entscheidungen stark von ästhetischen Gesichtspunkten abhängen, von denen die Verfasser technischer Werke oft wenig wissen, lohnt es sich, wenigstens die Grundzüge guter Typografie und einige Fachausdrücke an Hand von Büchern wie [Gulbins] und [Willberg] zu studieren.

Ich stelle hier einige Erfahrungen und Regeln zusammen, die vielleicht manchem zu besserem Aussehen seiner Texte verhelfen können.

Textverarbeitungsprogramme

Zuerst ein Wort über Textverarbeitungsprogramme. Es gibt einfache und komplizierte, und es ist nicht sicher, daß diejenigen, die mehr können als andere, auch immer die besseren sind, sondern es kommt auf den Zweck an.

Eine Zusammenstellung der Verarbeitungsmöglichkeiten, die Textverarbeitungssysteme bieten, ergibt etwa folgende Liste (aufsteigend vom Einfachen zum Schwierigen):

* Blocksatz
* Unterscheidung der Gestaltung von linker und rechter Seite
* Tabellendarstellung (mit senkrechten und waagerechten Linien)
* Fußnoten
* Vergrößerung und Verkleinerung auf dem Bildschirm
* Automatische Silbentrennung
* Automatische Zählung von Überschriften, Bildern, Tabellen, Formeln
* Rechtschreibprüfung
* Mehrspaltige Seitengestaltung
* Hilfsmittel zur Herstellung von Verweisen, Inhaltsverzeichnissen und Stichwortverzeichnissen
* Integriertes Formelsatzprogramm
* Integriertes Zeichenprogramm
* Bedingte Texte
* Markierung von Änderungen
* Hilfsmittel zur Herstellung von Büchern

Wer nur Briefe und Berichte schreibt, braucht das meiste davon nicht. Auch für Fachaufsätze, Diplomarbeiten und Dissertationen ist manches davon entbehrlich. Er könnte deshalb ein Textverarbeitungsprogramm benutzen, das einfach ist, wenig Speicherplatz belegt, schnell geladen wird, schnell auf den Benutzer reagiert und womöglich nur selten „abstürzt". Vor allem aber brauchte er seinen Kopf nicht mit den hunderten oder sogar tausenden von Einzelheiten zu belasten, die große Textverarbeitungsprogramme bieten und deren Kenntnis sie vom Benutzer verlangen. Leider favorisiert man heute immer umfangreichere Textverarbeitungsprogramme, und kleine, einfache gibt es kaum noch.

Seitenlayout

Die typografische Planung einer Arbeit beginnt mit der Seitengestaltung, dem „Seitenlayout". (Auf den Amerikanismus „Layout" kann man kaum verzichten, denn er ist ein

Fachbegriff der Typografie mit spezifischer Bedeutung geworden.) Das Papierformat ist meistens vorgegeben (normalerweise A4), doch wie lang soll die Zeile sein, wie breit die Stege (Außen-, Innen-, Kopf- und Fußsteg)? Soll das Dokument eine Kopfzeile (*Kolumnentitel*) haben? Wenn ja, mit Seitennummer und möglicherweise wechselndem Inhalt (*lebender Kolumnentitel*), oder soll die Seitennummer in einer Fußzeile stehen?

Die Typografen sagen, daß die Stege unterschiedlich breit sein sollen, und zwar:

Fußsteg > Außensteg > Kopfsteg > Innensteg

2·Innensteg = Außensteg

Kolumnentitel und Seitennummern sind am besten um einen Schriftgrad kleiner als der laufende Text. Sie sollen so weit über dem laufenden Text stehen, daß man sie nicht als die erste Textzeile ansehen kann, aber so dicht bei ihm, daß sie nicht verloren zwischen Blattrand und erster Textzeile schweben. Seitennummern werden manchmal durch Fettdruck hervorgehoben.

Über die beste Zeilenlänge gibt es verschiedene Ansichten. Die Typografen sagen, daß das Auge am leichtesten Zeilen der Länge 50 bis 65 Zeichen (einschließlich der Leerzeichen zwischen den Wörtern) erfaßt. Längere Zeilen ermüden das Auge und erschweren den Sprung zur nächsten Zeile. Die heutige Praxis in der Informatik tendiert jedoch zu längeren Zeilen, da die Fachbücher sonst dicker und damit teurer würden. Einige Stichproben, die ich gemacht habe, ergaben Zeilenlängen zwischen 77 und 86 Zeichen. In diesem Buch beträgt die Zeilenlänge im Mittel 86 Zeichen. Der vorige Absatz mit einer Zeilenlänge von durchschnittlich 65 Zeichen sieht so aus:

Kolumnentitel und Seitennummern sind am besten um einen Schriftgrad kleiner als der laufende Text. Sie sollen so weit über dem laufenden Text stehen, daß man sie nicht als die erste Textzeile ansehen kann, aber so dicht an ihm, daß sie nicht verloren zwischen Blattrand und erster Textzeile schweben. Seitennummern werden aber auch manchmal durch Fettdruck hervorgehoben.

Liest er sich besser?

Zeilenlayout

Über die Zeilen*länge* haben wir soeben schon gesprochen, weil sie das Seitenlayout mitbestimmt. Die *Schriftgröße* der normalen Schrift (von den Schriftsetzern früher *Brotschrift* genannt, weil sie das tägliche Brot brachte) beträgt üblicherweise 12 Punkte (1 typografischer Punkt = 0.375 mm). Zumeist empfindet man 10 Punkte als zu klein und 14 Punkte als zu groß. Der *Zeilenabstand* ist der Abstand der Fußlinien zweier aufeinanderfolgender Zeilen. Die Typografen sagen nur, daß er

• deutlich größer als der Wortzwischenraum sein muß und

• um so größer sein muß, je länger die Zeile, um so kleiner sein darf, je kürzer die Zeile ist.

Ein Zeilenabstand, der um rund 20 % größer ist als die Schriftgröße, dürfte meist passen. Seine Wahl ist kritisch für die angenehme Lesbarkeit und den Gesamteindruck, denn er bestimmt den *Schwärzungsgrad* der Seite mit. Zu kleiner Schwärzungsgrad strengt durch zu viel Leerraum die Augen an, zu großer Schwärzungsgrad strengt durch zu wenig Leerraum die Augen ebenfalls an und erschwert die Auffindung der nächsten Zeile. Bei einer 12-Punkt-Schrift ist man mit einem 14-Punkt-Zeilenabstand gut beraten.

Die *Schriftart* (den *Font*) kann man heute aus einem großen Angebot wählen. Standard sind Antiqua-Schriften (mit Serifen); am meisten wird die Schriftart *Times* benutzt. Wer davon abweichen möchte, weil ihm der Standard zu langweilig ist, sollte sich in Ruhe überlegen, ob solche Extravaganzen für technische Werke angemessen sind.

Eine Zeitlang war es Mode, ganze Berichte, ja ganze Bücher mit einer serifenlosen Schrift wie dieser hier (Helvetica) zu schreiben. Doch davon rate ich dringend ab. Das sieht einfach zu kahl und technisch aus, man fängt an zu frieren, wenn man es lange liest. Zweitausend Jahre Antiqua haben uns anscheinend so tief geprägt, daß wir nur mit guten Gründen davon abweichen sollten.

Als Kontrast gegenüber dem laufenden Text kann eine serifenlose Schrift allerdings nützlich sein. Man wählt sie deshalb gerne für Algorithmen, Programme, Tabellen, die Beschriftung von Bildern und neuerdings auch für Überschriften.

Überschriften

Überschriften werfen mehrere typografische Probleme auf:

- Überschriften verschiedener Hierarchiestufen sollen sich in der Größe und in den Abständen vom vorhergehenden und nachfolgenden Absatz unterscheiden.
- Die Größen sollen ästhetisch ansprechend abgestuft sein.
- Die Abstände zum Vorgänger- und Nachfolgerabsatz sollen ungleich sein.

Gegen die ungleichen Abstände wird leider oft verstoßen, auch in typografisch sonst guten Werken. Bild 6 zeigt ein Beispiel für diesen Fehler, Bild 7 seine Beseitigung.

Ein anderes Problem ist die Größe und Schriftart von Überschriften. In Bild 6 und Bild 7 hat die Überschrift dritter Stufe dieselbe Größe wie die Brotschrift, sie ist nur fett. Alle drei Überschriften sind in derselben Schriftart: Times. Heute sieht man oft – besonders in studentischen Arbeiten, aber auch in Büchern – schon die Überschrift letzter Ordnung viel größer als die Brotschrift, fett und in einer serifenlosen Schrift, wie es Bild 8 zeigt. Solche Überschriften sehen protzig aus, sie schreien den Leser an. Ähnliches ist jedoch der Standard des viel verwendeten Textverarbeitungssystems *Latex*.

Hervorhebungen

Für die Hervorhebung einzelner Wörter oder Wortgruppen (in der Typografie „Auszeichnung" genannt) gibt es viele typografische Möglichkeiten, von denen man aber nur wenige verwenden sollte. Aus der Zeit der Schreibmaschine stammen die <u>Unterstreichung</u> und die S p e r r u n g, weil es nichts Besseres gab. Beide sollte man mit Textverarbeitungssystemen nicht mehr verwenden (auch wenn man Unterstreichungen noch oft sieht). VERSALIEN wirken oft als Fremdkörper, besonders wenn sie sich häufen; da sind KAPITÄLCHEN schon besser, doch auch sie können sich noch zu stark hervordrängen. **Fettdruck** wird oft benutzt, kann aber, mitten im Text für einzelne Wörter verwendet, das Schriftbild fleckig machen.

1 Überschrift ersten Grades

Hier ist ein einleitender Absatz, auf den eine Überschrift der nächsten Stufe folgt.

1.1 Überschrift zweiten Grades

Wie man sieht, ist diese Überschrift keine „Überschrift", sondern eine „Zwischenschrift", denn sie steht in der Mitte zwischen diesem und dem vorherigen Absatz. Das sollte vermieden werden.

1.1.1 Überschrift dritten Grades

Hier wiederholt sich das Problem, daß eine Überschrift gleiche Abstände zum Vorgänger und Nachfolger hat.

Bild 6   Überschriften mit gleichem Abstand zwischen Vorgänger- und Nachfolgerabsatz

1 Überschrift ersten Grades

Hier ist ein einleitender Absatz, auf den eine Überschrift der nächsten Stufe folgt.

1.1 Überschrift zweiten Grades

Hier erkennt man sofort, daß die Überschrift zum laufenden Absatz gehört. Auch wenn der Unterschied der Abstände vom vorherigen und zum folgenden Absatz nur klein ist, steht die Überschrift doch nicht in der Mitte zwischen beiden Absätzen.

1.1.1 Überschrift dritten Grades

Auch hier ist aus der „Zwischenschrift" eine richtige „Überschrift" geworden.

Bild 7   Überschriften mit ungleichem Abstand zwischen Vorgänger- und Nachfolgerabsatz

1.1.1 Überschrift dritten Grades

Hier ist die Brotschrift Times 10 und die Überschrift Helvetica 14.

Bild 8   „Knallige" serifenlose Überschrift

Ich empfehle nur zwei Arten von Hervorhebungen: *Kursivschreibung* und Anführungszeichen, und zwar reguläre „deutsche" unten und oben, also nicht etwa "amerikanische".

Anführungszeichen. In der nichtwissenschaftlichen Literatur ist die wörtliche Rede das Hauptanwendungsgebiet der Anführungszeichen; in der technisch-wissenschaftlichen Literatur werden sie meist verwendet, um die besondere Bedeutung von Wörtern hervorzuheben. Zwei Arten besonderer Bedeutung sind die wichtigsten; auf sie sollte man Anführungszeichen beschränken:

- die Unterscheidung von Objektsprache und Metasprache;
- die übertragene Bedeutung.

Die Verwendung von Anführungszeichen für die Unterscheidung von Objektsprache und Metasprache wurde in Abschnitt 7.1 ausführlich behandelt. Beispiele für die Hervorhebung von übertragenen Bedeutungen sind:

- Er war „blau". (Hebt hervor, daß „blau" hier „betrunken" heißt.)
- Sie bot ihm den Kuchen an und sagte, er sei „ein Gedicht". (Hebt die übertragene Bedeutung hervor.)
- Er biß hinein, verzog schmerzlich den Mund und sagte, der Kuchen sei wirklich „ein Gedicht". (Hebt die ironische Bedeutung hervor.)

Meine Lektorin bemerkte zu diesen drei Beispielen:

> Ehrlich gesagt – ich fürchte, die Leser lesen hier einen Freibrief dafür heraus, Anführungszeichen zu setzen, statt nach dem passenden Ausdruck zu suchen. Beim ersten Beispiel dürfte sich die Bedeutung von „blau" aus dem Kontext ergeben. Und Ironie wirkt doch eigentlich nur, wenn sie leise und unauffällig daherkommt.

Sie hat vollkommen recht. Deshalb Vorsicht mit Anführungszeichen zur Kennzeichnung der übertragenen Bedeutung; jedesmal wenn man sie schreiben will, soll man sich fragen, ob sie wirklich am Platze sind.

Seltsamerweise lieben einige Autoren Anführungszeichen so sehr, daß sie sie auch benutzen, wo sie wirklich überflüssig sind. So beschreibt jemand in einem Buch über die Protokolle des Internets die Zerlegung langer Nachrichten in sogenannte „Fragment-Pakete". Die Fragment-Pakete müssen alle die gleiche Identifikation mit sich führen, damit sie beim Empfänger als zusammengehörig erkannt werden. Der Text heißt:

> Diese Identifikation muß auch in jedem Fragment-Paket enthalten sein. Dadurch ist es am Ziel möglich, die empfangenen Fragment-Pakete aus einem „Original"-Paket zu „sammeln", um es zu rekonstruieren.

Die Anführungszeichen sind unverständlich, denn es besteht kein Grund, die Wörter „Original" und „sammeln" hervorzuheben.

Setzt man Zitate in Anführungszeichen und kommen im Zitat selbst auch Anführungszeichen vor, kann man für die inneren *einfache Anführungszeichen* , … ' oder *französische Anführungszeichen* » … « verwenden:

> Sie sagte: „Ob wir für »Così fan tutte« noch Karten kriegen?"

Kursivschreibung. Kursivschreibung wird meist benutzt, um Wörter besonders zu betonen; also etwa bei dem ersten Auftreten eines neuen Begriffs, bei einer besonders wichtigen Aussage, als Absatzanfang zur Kennzeichnung des Absatzinhalts.

Es ist wichtig, die Hervorhebungsarten zu unterscheiden und systematisch zu verwenden. Dagegen wird oft verstoßen, teilweise aus Mangel an Sorgfalt, teilweise wohl auch, weil die Entscheidung, ob Anführungszeichen oder Kursivschreibung die richtige Wahl sind, nicht immer eindeutig getroffen werden kann.

Besonderheiten. Zwei besondere Hervorhebungsarten sollen hier noch erwähnt werden: Die Kursivschreibung von Variablen in mathematischen Formeln und die Benutzung einer zusätzlichen Schriftart für Programm-Variablen.

Variablen in mathematischen Formeln. Wie in Abschnitt 7.1 erwähnt, werden in mathematischen Formeln Variablen traditionellerweise kursiv geschrieben. Weiteres dazu im folgenden Abschnitt über Mathematische Typografie.

Programm-Variablen. Eine besondere Art von Hervorhebungen sind die Namen von Programmbestandteilen. Programme werden meist in einer anderen Schriftart als der laufende Text geschrieben. Früher war es das Ideal, für Programme eine nichtproportionale Schrift zu verwenden, damit sie realistisch aussehen, nämlich so wie auf den Ausdrucken der damaligen Schnelldrucker und alfanumerischen Datenstationen. Inzwischen lassen sich auch auf dem Bildschirm Proportionalschriften verwenden mit der Folge, daß die Nichtproportionalschriften anscheinend aussterben. Programme werden aber, um sie vom laufenden Text abzuheben, meist in einer serifenlosen Schrift, besonders häufig in Helvetica geschrieben wie in dem folgenden Programm zur Berechnung der Quadratwurzel:

```
PROCEDURE SquareRoot(a,eps:REAL; VAR x:REAL);
BEGIN
   x := a/10.0;
   WHILE ABS(a-x*x) > eps*a DO
      x := (x+a/x)/2.0
   END
END SquareRoot;
```

Will man nun etwas über das Programm schreiben, zum Beispiel, welche Aufgabe es hat, muß man dazu die Namen der Programmbestandteile verwenden, und es entsteht die Frage, welche Schriftart man für sie benutzt. Betrachten wir den Satz:

Das Programm SquareRoot berechnet für eine gegebene reelle Variable a ihre Quadratwurzel x mit dem größten Fehler eps, so daß nach seiner Ausführung die Beziehung gilt: $|(a - x^2)/a| \le eps$.

Hier sind „SquareRoot", „a", „x" und „eps" Programmbestandteile, die als solche erkennbar sein und deshalb hervorgehoben werden sollen. Es ist üblich, die Programmbestandteile in der Schriftart des Programms zu schreiben, also hier in Helvetica:

Das Programm SquareRoot berechnet für eine gegebene reelle Variable a ihre Quadratwurzel x mit dem größten Fehler eps, so daß nach seiner Ausführung die Beziehung gilt: $|(a - x^2)/a| \le eps$.

Eine andere Möglichkeit ist die, Programmbestandteile kursiv zu schreiben:

> Das Programm *SquareRoot* berechnet für eine gegebene reelle Variable *a* ihre Quadratwurzel *x* mit dem größten Fehler *eps*, so daß nach seiner Ausführung die Beziehung gilt: $|(a - x^2)/a| \leq eps$.

Das hat zwei Nachteile

• Die Schriftart im Programm und die im laufenden Text stimmen nicht mehr überein.

• Man kann Programmfragmente und andere Hervorhebungen nicht mehr unterscheiden, so daß der Leser im Zweifel ist, ob er ein Wort wie *Betrag*, das als Variable im Programm vorkommen mag, als die Programmvariable *Betrag* oder als eine Hervorhebung im laufenden Text ansehen soll.

Die Kursivschreibung von Programmbestandteilen scheint ferner unlogisch zu sein und wird deshalb kaum benutzt. Sie hat jedoch auch Vorteile, nämlich:

• Die Kursivschreibung in Times hebt sich klarer vom laufenden Text ab als die Steilschreibung in Helvetica.

• Kommen mathematische Formeln in der Beschreibung vor, wie in diesem Beispiel, sehen die Formeln wie übliche mathematische Formeln aus und nicht wie ein Wechselbalg aus mathematischen Formeln und Programmbestandteilen.

• Man gebraucht nur zwei statt drei Schriftarten.

Ich plädiere dafür, im laufenden Text Programmvariablen einfach als Hervorhebungen anzusehen und kursiv zu schreiben.

Mathematische Typografie

Die Schreibweise mathematischer Formeln ist durch einige Besonderheiten gekennzeichnet, die oft nicht beachtet werden. Am wichtigsten ist die Regel, daß Variablen kursiv geschrieben werden, also nicht $\mathrm{a}^2 + \mathrm{b}^2 = \mathrm{c}^2$, sondern $a^2 + b^2 = c^2$ (zur Begründung siehe Abschnitt 7.1). Man glaubt gar nicht, wie oft gegen diese Grundregel verstoßen wird, selbst von renommierten Autoren und Verlagen.

Mancher weiß zwar, daß man es so macht, beachtet aber nicht, daß sich die Kursivschreibung nur auf Variablen, nicht auf Konstanten und Begrenzungssymbole (wie Klammern und Operatoren) bezieht. Die Folge sind Schreibungen wie

$(a + b)(a - b) = a^2 - b^2$ statt korrekt $(a + b)(a - b) = a^2 - b^2$

$a_{i1} + b_{1j}$ statt korrekt $a_{i1} + b_{1j}$

Schwieriger wird es bei Funktionsnamen. Soll man $\mathrm{f}(x) = x^2$ oder $f(x) = x^2$ schreiben? Informatiker werden dazu neigen, keinen Unterschied zwischen der Funktion *f* und der Variablen *f* zu machen, weil beide frei wählbare Bezeichner sind. Dem steht jedoch entgegen, daß nach mathematischer Tradition die Namen von Standardfunktionen wie sin, exp, log steil geschrieben werden. Und so ist es auch in einer Norm festgelegt, die aber keine allgemeine Regel dafür enthält, was steil und was kursiv geschrieben werden soll. Wie ist es bei der O-Notation? Muß es $\mathrm{f}(n) = \mathrm{O}(n^2)$ heißen oder $f(n) = \mathrm{O}(n^2)$ oder gar $f(n) = O(n^2)$?

Weitere typografische Regeln sagen, daß man Gleichungen, die ohne Zwischentext aufeinander folgen, nach Möglichkeit so schreiben soll, daß die Gleichheitszeichen untereinanderstehen und daß das mathematische Minuszeichen länger als der Bindestrich, jedoch kürzer als der Gedankenstrich ist. Will man keinen von beiden Strichen verwenden, bleibt nichts anderes übrig, als alle Formeln mit einem Formelsatzprogramm zu schreiben oder alle Minuszeichen einer besonderen Schriftart zu entnehmen.

Wann können Formeln im laufenden Text geschrieben werden und wann erfordern sie eine eigene Zeile? Darüber läßt sich nur sagen, daß Formeln, auf die man Bezug nehmen und die man deshalb numerieren will, auf jeden Fall eine eigene Zeile beanspruchen, Formelfolgen ohne Text dazwischen ebenfalls. Wer viel Platz hat, kann jede Formel in eine eigene Zeile schreiben und braucht nicht den Einzelfall zu entscheiden. Wer Platz sparen oder bei vielen kurzen oder nebensächlichen Formeln ein zerrissenes Schriftbild vermeiden möchte, wird manches in den laufenden Text schreiben. Dabei ergibt sich dann das Problem, daß Formeln am Zeilenende nicht oder nur an bestimmten Stellen getrennt werden sollten. Hierzu kann man nichttrennende Leerzeichen verwenden, muß dann aber nach jeder Textänderung sorgfältig prüfen, ob der dadurch entstandene neue Umbruch Schaden in den Formeln angerichtet hat. Wenn ja, muß man den Schaden durch individuelle Änderung des Textes zu beheben versuchen.

Weitere typografische Regeln

Hier sind noch einige weitere typografische Regeln:

* Am Ende einer Seite soll kein Absatz anfangen, von dem nur noch die erste Zeile auf der Seite Platz findet (sogenannter *Schusterjunge*).
* Am Anfang einer Seite soll kein Absatz enden, von dem nur noch die letzte Zeile auf der Seite Platz findet (sogenanntes *Hurenkind*).
* Bei Worttrennungen am Zeilenende soll jeder Teil mindestens 3 Buchstaben enthalten. Wörter mit weniger als 6 Zeichen sollen deshalb nicht getrennt werden. Ästhetische Gründe können aber Ausnahmen davon nahelegen.
* Mehr als drei oder vier aufeinander folgende Zeilen mit Silbentrennung am Ende soll man vermeiden.
* Alle Seiten, außer der letzten, sollen möglichst vollständig gefüllt werden, so daß sie gleich lang sind.

Bereits diese wenigen Regeln zeigen, daß eine fachmännische Typografie von Textverarbeitungsprogrammen allein oft nicht erreicht werden kann. Vielmehr ist die sorgfältige Kontrolle durch das Auge und den ästhetischen Geschmack des Schreibenden (oder des Lektors oder des Schriftsetzers) und einige Nacharbeit erforderlich, um ein typografisch tadelloses Werk herzustellen.

7.11 Arbeits- und Schreibmethoden

Am Ende dieses Kapitels sollen noch einige Hinweise auf Arbeits- und Schreibmethoden stehen: Wie bereitet man die Niederschrift eines Werkes (vom Laborbericht bis zum Buch) vor, und wie führt man sie durch? Welche Hilfsmittel und welche Methoden gibt es, die dabei helfen können?

Darüber gibt es ganze Bücher unter dem Stichwort „Technik des geistigen Arbeitens". Auch Anhang *C* enthält Hinweise darauf. Auf das ausgezeichnete und preiswerte Taschenbuch [Märtin] sei besonders hingewiesen; es enthält alles hier Gesagte und noch vieles darüber Hinausgehende.

Vorbereitung

Die Vorbereitung für das Schreiben besteht hauptsächlich aus Sammeln. Wer in einer Diplomarbeit Messungen durchführt oder Programme schreibt, sammle alles sorgfältig, auch die Ergebnisse der Irrwege, führe ein Projekt-Tagebuch, in dem er seine Überlegungen, Zeitpläne, Schwierigkeiten und Erfolge festhält und denke ab und zu schon darüber nach, in welcher Reihenfolge er später, bei der schriftlichen Fassung, die Einzelteile am besten anordnen wird.

Zentraler Gesichtspunkt beim Sammeln (wie beim geistigen Arbeiten überhaupt) ist: *Ordnung halten!* Und zwar so, daß man das Gesammelte nicht nur geordnet ablegt, sondern später auch leicht wiederfindet. Bei kleinen Sammlungen bis zu etwa 20 Dokumenten braucht man dem Ordnunghalten keine Aufmerksamkeit zu widmen; aber wenn man erst einmal 100 oder gar 500 Dokumente hat, ist man ohne Hilfsmittel zum Wiederfinden verloren. Ich empfehle zum Ordnunghalten und Wiederfinden zwei ganz einfache Hilfsmittel:

1 Jedes Dokument, das man in eine Sammlung aufnimmt, datieren und fortlaufend numerieren. Die Numerierung stellt eine lineare Ordnung her, und die hat zwei unschätzbare Vorteile: (1) Jedes aus der Sammlung herausgenommene Dokument läßt sich leicht und eindeutig wieder einordnen; (2) Lücken in der Sammlung zeigen sich als Lücken in der Nummernfolge.

2 Jedes Dokument *bestichworten* („beschlagworten" heißt es üblicherweise) und ein Stichwortverzeichnis herstellen, in dem für jedes Stichwort die Nummern der Dokumente, in denen es eine Rolle spielt, aufgelistet sind. Für einen Informatiker ist es eine einfache Aufgabe, ein Programm zu schreiben, das ein solches Stichwortverzeichnis erzeugt. Bild 9 zeigt die Eingabe der Stichwörter zu den Seiten 2 bis 5 eines Buches, Bild 10 die Ausgabe des Programms.

Durchführung

Stelle Dir einen Leser vor. Für das eigentliche Schreiben scheint es mir nur *eine* universell gültige Regel zu geben: *Stelle Dir einen Leser vor, dem Du erklären willst, was Du zu sagen hast!* Entscheide, welchen Wissensstand der Leser hat (kein Fachwissen, etwas Fachwissen, das gleiche Fachwissen wie Du, mehr Fachwissen). Das Wichtige daran ist, daß man beim Schreiben innerlich jemanden anredet und ihm etwas erklärt.

Das schützt vor zu großer Abstraktion, vor dem Reden ins Nichts. Überlege ständig, was der Leser schon weiß und welche Fragen er im Augenblick stellen könnte. Überlege bei jedem neuen Begriff, den Du benutzt, ob der Leser ihn schon kennt oder ob Du ihn erklären mußt. Sorge ferner dafür, daß der Leser den roten Faden Deiner Darlegungen jederzeit in der Hand hält. Dazu verhilft, daß Du den Leser von Zeit zu Zeit über den Stand der Dinge unterrichtest: ihm sagst, was gerade abgeschlossen wurde und was nun kommt.

```
2 = Informatik Vorgeschichte; Goethe; Computerwissenschaft;
3 = Algorithmus; euklidischer Algorithmus;
4 = Informatik Vorgeschichte; Informatik Geschichte;
5 = Algorithmus; Programm; Datenspeicher;
5 = Lesespeicher; Lochkartentechnik; duales Zahlensystem;
```

Bild 9   Eingabe eines einfachen Programms zur Herstellung eines Stichwortverzeichnisses

```
Stichwortverzeichnis

Algorithmus  3, 5
Computerwissenschaft  2
Datenspeicher  5
duales Zahlensystem  5
euklidischer Algorithmus  3
Goethe  2
Informatik Geschichte  4
 - Vorgeschichte  2, 4
Lesespeicher  5
Lochkartentechnik  2, 5
Programm  5
```

Bild 10   Ausgabe des Programms mit der Eingabe von Bild 9

Einzelne Schreibtechniken. Alle Ratschläge zu einzelnen Schreibtechniken, die über das soeben Gesagte hinausgehen, sind meiner Ansicht nach nicht universell anwendbar, sondern hängen von der Persönlichkeit und vom Temperament des Schreibers ab.

Am weitesten verbreitet ist der Rat, deduktiv, also von außen nach innen, vorzugehen: sich zuerst über die Kapitel und ihre Überschriften klar zu werden, dann über die innere Gliederung der Kapitel, und erst, wenn das Gliederungsgerüst steht, mit dem eigentlichen Schreiben anzufangen. Das ist sicherlich das systematischste Verfahren und ideal für Menschen, denen die Form im Blut liegt.

Doch nicht jedem ist es gegeben, ein Thema von vornherein bis in seine Einzelheiten systematisch zu gliedern. Manches Werk hat einen Kristallisationspunkt, einen zentralen Gedanken, der den Verfasser gepackt hat und um den herum er sein Werk induktiv aufbaut. Dann wird er die Mitte vielleicht gleich vollständig ausführen und erst danach die erforderlichen Vorbereitungen und die sich ergebenden Folgen darum herum anordnen.

Wieder ein anderer will zwar von außen nach innen vorgehen, doch ihm fallen beim Nachdenken über die innere Gliederung eines Kapitels bereits Sätze ein. Dann kann es am besten sein, die Sätze gleich als Rohfassung niederzuschreiben, so daß die innere Gliederung eines Kapitels und sein Rohtext zugleich entstehen.

Schließlich gibt es noch den Rat für ganz unsystematische Naturen, einfach draufloszuschreiben, zu Papier zu bringen, was ihnen zum Thema einfällt, und nachher das Geschriebene schrittweise zu filtern, umzustellen und zu gliedern.

Es ist wie beim Programmieren: Die Methode der schrittweisen Verfeinerung ist ideal und eigentlich die einzige, die man systematisch lehren kann; aber sie wird selten in Reinkultur durchgeführt.

Das Schreibgerät. Informatiker schreiben natürlich alles mit Schreibprogrammen auf dem Rechner. Das hat so viele Vorteile, daß man darüber kein weiteres Wort zu verlieren braucht. Zum Lesen des Geschriebenen sollten sie aber nicht nur den Bildschirm des Rechners benutzen, sondern das Ergebnis oft ausdrucken und Korrekturen auf dem Papier ausführen, denn man findet auf dem Papier mehr Fehler und korrigiert sorgfältiger als auf dem Bildschirm.

Für die Vorarbeiten sind den meisten Menschen allerdings Papierblock und Bleistift unentbehrlich, denn mit ihnen kann man überall seine Ideen aufzeichnen, zum Beispiel im Garten, am Strand, im Bett oder in der Eisenbahn.

Zeiteinteilung. Ebenso wie mit den Schreibtechniken ist es mit der Zeiteinteilung: auch sie richtet sich nach der Persönlichkeit und dem Temperament des Schreibers. Wer an geistige Zucht und strenge Zeiteinteilung gewöhnt ist, wird sich vielleicht bestimmte Tage und an ihnen bestimmte Zeiten für die Schreibarbeit reservieren. Das hat den Vorteil, daß man jeden Tag ein Stück vorankommt, aber den Nachteil, daß man auch etwas zustande bringen muß, wenn einem nichts einfällt. Ein anderer muß sich Lust und Laune durch irgendeinen äußeren Umstand zum Schreiben verschaffen, und wenn ihm heute nichts einfällt, vertagt er die Niederschrift vielleicht besser auf morgen. Ein dritter schreibt wie in einem Rausch zehn Stunden hintereinander und wirft hinterher drei Viertel davon wieder weg.

Mit dem Feilen ist es nicht anders. Man kann jeden Satz, den man geschrieben hat, gleich prüfen und verbessern, man kann aber auch ein ganzes Kapitel hintereinander schreiben, dann eine Nacht verstreichen lassen und mit frischem Kopf das gestern Geschriebene verbessern.

Auch Schätzungen der Arbeitsdauer an einem größeren Werk lassen sich nicht geben, da sie in weiten Grenzen, abhängig vom Stoff und vom Schreiber schwanken. Als ein ganz grober Erfahrungswert gilt, daß man – ohne die Vorbereitung aber mit Abschlußarbeiten – kaum mehr als ein bis anderthalb Seiten pro Tag schafft, so daß man für einen Aufsatz von 20 Seiten einen Monat, für ein Buch mit 300 Seiten ein Jahr ansetzen muß. Thomas Mann hat das in dem Stoßseufzer zum Ausdruck gebracht: „Unser täglich Blatt gib uns heute."

Abschlußarbeiten

Wie schon auf Seite 11 betont, ist mit dem Niederschreiben der letzten Zeile die Arbeit noch lange nicht abgeschlossen, denn der Text muß ein- oder mehrere Male revidiert werden, wobei man unter Umständen jedes Mal andere Punkte prüft. Hier ist eine kleine Zusammenstellung solcher Punkte:

- Kapitel und Absätze auf die richtige Länge prüfen; zu lange Kapitel eventuell teilen, zu kurze Kapitel eventuell zusammenfassen.
- Bilder und Tabellen prüfen. Ist auf alle Bilder und Tabellen im Text Bezug genommen? Stehen sie dicht genug bei den Textstellen, die sich auf sie beziehen?
- Begriffsgerüst prüfen. Sind alle Fachbegriffe definiert? Geht ihre Definition der ersten Benutzung voraus?
- Entbehrliche Fremdwörter ersetzen und überflüssige Adjektive tilgen.
- Verweise auf Korrektheit und Vollständigkeit prüfen.
- Literaturverzeichnis auf Korrektheit prüfen, neueste Auflagen berücksichtigen.
- Rechtschreibung prüfen; eventuell mehrfache Leerzeichen beseitigen.
- Falls erforderlich: Umbruch ausführen.
- Typografische Kontrolle und eventuelle Nacharbeit (Beseitigung auseinandergezogener Zeilen, schlechter Worttrennungen, Schusterjungen, Hurenkinder).
- Stichwortverzeichnis herstellen.

8

FORTRAN oder Fortran – Ein Briefwechsel

Mit dem vorigen Kapitel ist das Buch eigentlich abgeschlossen. Der hier mitgeteilte Briefwechsel ist als Satyrspiel zu verstehen, damit der Leser am Ende auch einmal schmunzeln kann. Der Briefwechsel zeigt, zu welchen Haarspaltereien das Technische Schreiben führt, wenn man alle Feinheiten der Typografie formal korrekt ausführen will. Er hat tatsächlich so stattgefunden, wie er hier steht, nur die Namen der Briefschreiber, die Anreden und Endformeln wurden geändert.

Beteiligt sind zwei Personen: *Müller* hat einen Beitrag über Programmiersprachen zu einem Handbuch verfaßt. *Schulze* ist der Herausgeber des Handbuches und verantwortlich für die verlegerische Qualität, wozu die Überwachung der einheitlichen Schreibweise der Beiträge gehört. Nachdem die erste Auflage des Handbuches erschienen war, entspann sich zwischen Müller und Schulze folgender Briefwechsel.

Sehr geehrter Herr Müller! 15. 3. 1990

Bei der Durchsicht Ihres Handbuch-Beitrages ist mir aufgefallen, daß Sie die Namen von Programmiersprachen nicht korrekt schreiben, zum Beispiel Fortran statt FORTRAN, Lisp statt LISP. Ich werde mir erlauben, das in der 2. Auflage zu korrigieren. Bei einigen Sprachen, die mir nicht so geläufig sind, nämlich Snobol, Slip und Occam, bitte ich Sie, mir mitzuteilen, wie sie richtig zu schreiben sind, d.h. welche Schreibweise von ihren Erfindern benutzt wurde.

Mit freundlichen Grüßen, Ihr Schulze

Sehr geehrter Herr Schulze! 2. 4. 1990

Besten Dank für Ihren Hinweis auf meine Ihrer Ansicht nach unkorrekte Schreibweise der Namen von Programmiersprachen. Ich habe mich bewußt für Fortran und gegen FORTRAN entschieden. Die Namen von Programmiersprachen sind ja häufig Akronyme, also aus Anfangsbuchstaben gebildet. Deshalb wurden sie von ihren Erfindern vollständig in Versalien geschrieben, also FORTRAN, COBOL, ALGOL. Das hat sich auf spätere Programmiersprachen übertragen und wird vom überwiegenden Teil der Literatur bis heute sklavisch so nachgemacht. Es gibt jedoch auch Gegenbeispiele wie Pascal und Modula, die von ihrem Urheber nicht in Versalien geschrieben wurden, was ebenfalls nachgemacht wird. Mir ist die Schreibweise als gewöhnliches Substantiv sympathischer, und ich zähle im folgenden Gründe für die Kleinschreibung und gegen die Großschreibung auf.

1. Der Hauptgrund, warum ich gegen die Großschreibung bin, ist der, daß sich Wörter aus Versalien zu breit machen. Wenn auf einer Seite fünfmal das Wort FORTRAN vorkommt, hebt es sich so stark aus dem Text heraus, daß es störend auffällt. Hervorhebungen bedeuten ja Gewichtungen und erheischen die besondere Aufmerksamkeit des Lesers. Wenn in der Bibel überall der HERR geschrieben wird, so ist die ständige Hervorhebung angemessen; aber es muß den aufmerksamen Leser verdrießen, daß er jedesmal, wenn der triviale Name einer Programmiersprache auftaucht, durch einen Paukenschlag daran erinnert wird.

2. Es besteht kein Grund, aus dem man die Großschreibung nachmachen müßte. Die Schreibweise von Programmiersprachen ist nicht genormt oder geschützt. Dem Erfinder einer Programmiersprache bereitet es wohl Genugtuung, wenn ihr Name stets hervorgehoben wird wie der einer Geliebten („ich schnitt es gern in alle Rinden ein – FORTRAN!"), seinen Lesern aber nicht. Ich halte es sogar für die Pflicht der Sprachkundigen, derlei Mißbräuche nicht kritiklos mitzumachen und nicht unsinnigen Traditionen aus Gedankenlosigkeit einfach zu folgen.

3. Durch kleine Änderungen des Namens kann sich sogar ein Gewinn an Klarheit oder Kürze ergeben. Der Name PL/I (programming language one) ist mißverständlich, weil man die römische Eins als den Großbuchstaben I lesen kann. Deshalb haben manche PL/1 daraus gemacht. Wenn man aber schon so weit beim Verändern ist, warum nicht gleich PL1 schreiben (wenn es keine andere Sprache gibt, die so heißt)?

4. Manche Akronyme sind zugleich Namen wie Algol (der Name eines Sterns), Lisp (lispeln) und Slip. Warum sollte man ihren Namencharakter abschwächen, indem man sie ALGOL, LISP und SLIP schreibt?

5. Akronyme gibt es auch auf anderen Gebieten, und der Übergang zur Kleinschreibung hat sich dort in vielen Fällen bewährt. Kein Mensch schreibt heute noch RADAR, LASER, MASER. Die UNESCO und die UNICEF schreiben sich selbst Unesco und Unicef und die Berliner BEWAG und AVUS schreibt jeder als Bewag und Avus. Warum also nicht mit den Programmiersprachen genau so verfahren, damit sie als Fachworte in den Wortschatz der Informatiker integriert werden?

Meine Regel lautet deshalb: Ein Akronym, das man als Namen sprechen kann, soll man als Namen schreiben. Anders ist es bei unaussprechbaren Abkürzungen, wie APL, PL/1 oder SPD. Hier wird man wohl bei der Schreibweise mit Großbuchstaben bleiben müssen.

Eine Kompromißlösung wären Kapitälchen, also FORTRAN, COBOL, LISP. Aber auch das ist noch eine Hervorhebung, die mir unangemessen zu sein scheint.

Wenn irgend möglich, bitte ich deshalb, von einer „Korrektur", die recht umfangreich ausfallen würde, absehen zu wollen. Wie wäre es mit dem Kompromiß einer Fußnote beim ersten Auftreten einer klein geschriebenen Programmiersprache, etwa in der Form:

Die Sitte, Namen von Programmiersprachen, die Akronyme sind, vollständig in Versalien zu schreiben (FORTRAN, ALGOL, ...) wird hier bewußt durchbrochen, weil es keinen Grund gibt, Namen auf diese Weise ständig hervorzuheben.

Mit freundlichen Grüßen, Ihr Müller

Sehr geehrter Herr Müller,   4. 5. 1990

anbei sende ich Ihnen eine Reihe von Kopien von Seiten mit den von mir vorgesehenen Korrekturen mit der Bitte um Prüfung.

Ihrer Ansicht stimme ich völlig zu, soweit es sich um die erstmalige Benennung einer Programmiersprache handelt. Die Änderung von Groß- in Kleinbuchstaben (durch Dritte) ist m.E. jedoch eine Umbenennung, die weder opportun noch legitim ist. (Beispiele: ALGOL - Algol, Asta - AStA, ETZ - etz, LISP - Lisp - lisp.)

Nicht opportun:

1. Zweitnamen für einen Gegenstand erschweren die Kommunikation und die geistige Arbeit.

2. „Inkorrekte" Namen können als (a) Nachlässigkeit oder (b) elitärer Reformeifer oder schlimmstenfalls als (c) Ergebnis mangelnder Vertrautheit mit dem Sachgebiet mißdeutet werden.

3. Da es das erklärte Ziel unseres Handbuches ist, den Standardstoff des Vordiplomstudiums in vorbildlichen Standarddarstellungen anzubieten, ist – ähnlich wie bei mehrbändigen Lexika – die Freiheit jedes Autors etwas eingeschränkt.

Nicht legitim:

4. Das Recht der Namensgebung sollte einem Urheber (oder Entdecker usw.) auch nicht in der Form beschnitten werden, daß man seine Orthographie abändert.

Ich würde mich sehr freuen, wenn Sie sich von meinen Gründen überzeugen ließen.

Mit freundlichen Grüßen, Ihr Schulze

Sehr geehrter Herr Schulze!   12. 5. 1990

Ihr Argument 3 unterstütze ich voll. Die anderen Argumente sind ebenfalls gut und haben manches für sich, aber sie überzeugen mich nicht. Argument 1 scheint mir für unseren Fall nicht zuzutreffen. Argument 2 stimmt schon, aber dem Mißverständnis der Nachlässigkeit oder der mangelnden Vertrautheit kann durch eine Fußnote abgeholfen werden. Den Vorwurf des „elitären Reformeifers" müßte ich auf mir sitzen lassen. Er würde schmerzen, wäre jedoch zu ertragen.

Mit Ihrem Argument 4 bin ich aber ganz und gar nicht einverstanden. Die Rechtschreibung ist nützlich und wichtig, aber nicht das Höchste. Sprache und Schrift sollen Gedanken von einem Kopf in den anderen unmißverständlich übertragen. Darauf kommt es in erster Linie an. Die Rechtschreibung ist demgegenüber sekundär, und sie ändert sich mit der Zeit, was man an Wörtern wie Elephant und Bureau ablesen kann. Und was ist schließlich mit stilisierten Wörtern, die als Markenzeichen benutzt werden, wie $\mathrm{T_{E}X}$ und $\mathrm{L^{A}T_{E}X}$? Müssen wir dieser verrückten Schreibweise verspielter Informatiker folgen, nur weil sich ihre Erfinder den Spaß gemacht haben, die Möglichkeiten moderner Text-verarbeitungssysteme auszureizen? Machen wir uns vielleicht schon eines Vergehens schuldig, wenn wir, so wie ich eben, die Kursivschreibung und die Ligaturen, die eigent-lich mit dazugehören, weglassen?

Ich wollte Sie durch Beispiele aus der Literatur davon überzeugen, daß man durchaus Fortran und Algol schreiben kann und habe mir daraufhin noch einmal namhafte Fach-bücher, deutsche und englische, angesehen. Ich muß jetzt zugeben, daß fast alle die Großschreibung mitmachen und kann deshalb nichts gegen Ihr Korrekturverlangen ein-wenden. Mein Standpunkt bleibt jedoch erhalten.

Mit freundlichen Grüßen, Ihr Müller

Sehr geehrter, lieber Herr Müller,   21. 5. 1990

dummerweise habe ich erst jetzt entdeckt, daß ALGOL, BASIC, COBOL und FOR-TRAN im Duden stehen und daß die Schreibweise vom DIN genormt ist. Hieran möchte ich mich halten, weil vor der Schönheit die Zuverlässigkeit der Kommunikation kommt.

Selbstverständlich bleibt es bezüglich aller anderen Sprachen im Text bei Ihrer Schreib-weise, außer gelegentlich im Literaturverzeichnis, wo ich mich um authentische Zitate bemühe.

Zu Ihrer Erheiterung drei neue Thesen zu unserem Disput:

1. Die richtige Schreibweise ist nicht eine Frage von Regeln, sondern der Faktizität.

2. Es ist sinnvoll, daß Neulinge wie z.B. HIPO so auffällig sind, man würde sonst an seinem Wörterbuch zweifeln.

   (Oder:) Was das D im Heckfenster, ist die Versalschreibung der unerprobten Metho-den.

3. Wie in der unbelebten Natur die Prozesse der Diagenese und der Metamorphose unterschieden werden [zu Sandstein bzw. Paragneis], so können Buchstabenfolgen (z.B. ADAC) zu „diagenetischen" (z.B. DIN) oder „metamorphen" Akronymen (Avus, Radar) kondensieren. Insofern die Metamorphose einen höheren natürlichen Reifegrad darstellt, soll man sie weder fingieren noch forcieren, wo die Sprachge-meinschaft nicht mitgeht.

Mit besten Grüßen, Ihr Schulze

Lieber Herr Schulze!   30. 5. 1990

Duden und DIN sind ja wohl heilig, deshalb strecke ich jetzt die Waffen. Sonst werde ich allmählich noch zu einem Don Quichote.

Wenn ich Ihre drei Thesen, die ja als Scherz gedacht waren, einmal ernst nehme, glaube ich, daß sie alle richtig aber nicht ganz richtig sind. Mindestens die dritte mit der Unter-scheidung von Diagenese und Metamorphose ist eine schöne und wohl einigermaßen treffende Analogie. Wenn die Sprachgemeinschaft nicht mitgeht, kann man nichts machen, aber ich glaube nach wie vor, daß man sowohl als Informatik-Professor wie als Herausgeber von maßstabsetzenden Büchern den manchmal seltsamen Wegen der

Sprachgemeinschaft nicht immer nur brav folgen soll. Sind nicht gerade wir dazu auf-
gerufen, die Sprache so verantwortlich wie möglich zu benutzen? Und dazu gehört eben
meiner Meinung nach auch der Mut, schlechte Gebräuche durch bessere zu ersetzen.

Mit freundlichen Grüßen, Ihr Müller

Hiermit war der Briefwechsel zunächst abgeschlossen. Vier Jahre später, als die Autoren
des Handbuches ihre Aktualisierungen für die 2. Auflage abliefern mußten, ging er
jedoch weiter.

Sehr geehrter Herr Schulze!   25. 3. 1994

Heute habe ich meine Korrekturen für die 2. Auflage an Sie abgeschickt. Bei der Arbeit
bin ich natürlich wieder auf unser gemeinsames Problem FORTRAN – Fortran gestoßen. Ich hatte ja am Ende unseres Briefwechsels die Waffen gestreckt und mich bereit
erklärt, Namen von Programmiersprachen, die ursprünglich in Versalien geschrieben
wurden, auch in Versalien zu schreiben.

Ich habe es versucht, das kann ich sagen. Dabei sind mir dann aber Dinge untergekom-
men wie FORTRANartig und pascalartig (oder FORTRAN-artig und Pascal-artig),
FORTRAN-Prozedur und Pascalprozedur, FORTRAN-Familie und Pascalfamilie, die
so häßlich sind, daß sich mir die Tastatur sträubte. Zugleich habe ich zu meiner Freude
bemerkt, daß einige neue namhafte Bücher durchaus Fortran schreiben. Ich lege Ihnen
vier Beispiele bei, von denen das Buch über Compiler das renommierteste über dieses
Gebiet ist, das es überhaupt gibt. Ferner lege ich Ihnen als Probe den Anfang von
Abschnitt 12.4.2 bei, wie er aussähe, wenn FORTRAN überall groß geschrieben worden
wäre.

Mit einem Wort: ich habe es auch diesmal nicht über mein fachliches und stilistisches
Gewissen gebracht, die Großschreibung zu verwenden, nur weil der Duden in dieser
Hinsicht pedantisch und verzopft ist. Statt dessen habe ich unter die Tabelle 12-1 die
schon früher vorgeschlagene Fußnote gesetzt.

Ich möchte Sie bitten, sich ebenfalls noch einmal zu überlegen, ob Sie bei Ihrer Meinung
bleiben wollen. Vielleicht hat bei Ihnen die Zeit an einer Meinungsänderung gearbeitet.
Vielleicht veranlassen Sie auch die beigefügten Beispiele, milder als bisher zu denken.

Wenn Sie weiterhin auf der Großschreibung bestehen, werde ich mich nicht dagegen
auflehnen, möchte Sie aber bitten, die entsprechenden Korrekturen im Manuskript dann
selbst vorzunehmen. Ich hoffe, Sie sind mit dieser Vorgangsweise einverstanden.

Mit freundlichen Grüßen, Ihr Müller

Sehr geehrter Herr Müller,   10. 6. 1994

bitte entschuldigen Sie die übermäßige Bedenkzeit, die ich mir für unser gemeinsames
Problem Fortran/FORTRAN genommen habe, was zu folgendem Vorschlag geführt hat:

1. Wir stimmen wohl überein in der Auffassung, daß (a) Akronyme möglichst wie normale Wörter geschrieben werden sollten (z.B. Laser statt LASER) und daß es (b)

unkorrekt ist und ungeschlacht wirkt, jeden Namen einer Programmiersprache ganz in Großbuchstaben zu setzen („PASCAL"), wie mancherorts üblich.

Leider sind jedoch die Aussagen (a) und (b) für unser Problem, das akronyme Namen betrifft, nicht entscheidend, d.h. prinzipiell irrelevant.

2. Während bei gewöhnlichen Wörtern die richtige Schreibweise aus Wörterbüchern ermittelt wird, muß die offizielle („korrekte") Schreibweise von Namen strengge-nommen immer einem relevanten Dokument entnommen werden. (Was man nicht hören kann, das eventuelle Vorhandensein von Bindestrichen, Wortzwischenräumen, Groß- oder Klein-Schreibung erzeugt verschiedene Namen: Karl Heinz, Karl-Heinz, Karlheinz; BAM, Bam; DIN, Din; ALGOL, Algol).

3. In dieser Hinsicht sollte es der Ehrgeiz der „Handbuch-Köche" sein, auch terminolo-gisch und hinsichtlich der Nomenklatur nur die besten Zutaten zu verwenden und die maßgeblichen Quellen im Literaturverzeichnis zu nennen.

4. Um speziell für FORTRAN/Fortran in medias res zu gehen, zitiere ich nach DIN EN 21 539/02.93: Fortran die ISO/IEC 1539, Second edition 1991-07-01:

> Note that the name of this language, Fortran, differs from that in FORTRAN 77 in that only the first letter is capitalized. Both FORTRAN 77 and FORTRAN 66 used only capital let-ters in the official name of the language, but Fortran 90 does not continue this tradition.

Witzig ist dabei, daß diese 6. Version (FORTRAN, F...II, F...IV, F...66, FORTRAN 77, Fortran) neben dem offiziellen Namen „Fortran" einen „offiziellen inoffiziellen" Namen, Fortran 90, hat.

Obiges Zitat zeigt, daß zumindest ein Teil der von Ihnen in Kopien geschickten 4 Titel sich auf das jüngste Fortran (90) bezieht und daher etwa für die Schreibweise Fortran 77 nicht als Unterstützung herangezogen werden dürfte.

Das Zitat zeigt auch, daß die Verfasser unsere Problematik im Auge halten.

Wenn das Geschlecht der FORTRAN in der sechsten Generation das Adelsprädikat der Ganzgroßschreibung abgelegt hat, muß man in Zukunft, ich zitiere die DIN EN 21 539, etwa unterscheiden „Fortran 90-Prozessor" und „FORTRAN 77-Prozessor".

5. Der Name FORTRAN ist äquivok, da er die 1. Generation und die ganze Familie bedeutet, entsprechend kann Fortran die 6. Generation und die ganze Familie bedeu-ten. Vielleicht wäre es zweckmäßig, von den „Fortran-Sprachen" zu sprechen, wenn man 1 bis 6 meint (mit der Option, unter den „FORTRAN-Sprachen" 1 bis 5 zu ver-stehen), oder eine ähnliche Ausweichbezeichnung zu verwenden.

6. Was die von Ihnen servierten Monstrositäten vom Typ „FORTRANartig" usw. betrifft, so sehe ich mindestens drei Rettungsmöglichkeiten:

a) Durch verstärkte Berücksichtigung der neueren Sprachen (Fortran (90), Pascal, Modula-2) anstatt von etwa FORTRAN 77 bzw. ALGOL würde die Problemdich-te sehr verdünnt.

b) Durch Mehrwortformulierungen lassen sich die häßlichen Kopplungen prinzipiell vermeiden.

c) Weitere Erleichterungen ergeben sich, wenn die stärker abgeleiteten Adjektive klein und zusammen geschrieben werden (statt FORTRAN-artig: fortranartig, usw.), zum Vergleich eine analoge Reihe mit abnehmendem Bezug zum Bestimmungswort NATO: NATO-Stäbe, Natodraht, natogrün.

Außerdem sollten die Sprachnamen an Substantive stets mit einem Bindestrich gekoppelt werden.

Bitte entschuldigen Sie, daß die von mir ursprünglich angestrebte Minimierung der Argumentation nicht geleistet wurde!

Mit freundlichen Grüßen, Ihr Schulze

Sehr geehrter Herr Schulze!   20. 6. 1994

Ihren Brief vom 10. 6. habe ich aufmerksam gelesen. Am Anfang hat es den Anschein, daß Sie Ihre Ansicht teilweise revidiert haben. Dann jedoch kommen Sie auf die neuesten durch die Fortran-90-Normung hervorgerufenen Unterscheidungen zwischen Fortran und FORTRAN zu sprechen, ohne zu sagen, wie Sie die Schreibweise denn nun in meinem Beitrag handhaben wollen. Ich werde durch Ihre neuen Unterscheidungen nur darin bestärkt, daß es sich hier um Haarspalterei en handelt, die nun, so oder so, beendet werden müssen, einfach darum, weil es Wichtigeres zu tun gibt.

Ich wiederhole deshalb mein Zugeständnis aus meinen letzten Briefen, daß Sie es machen können, wie es Ihnen beliebt.

Mit freundlichen Grüßen, Ihr Müller

Sehr geehrter Herr Müller,   7. 7. 1994

vielen Dank für Ihren Brief vom 20.6.

Mein Versuch, Sie durch Zitate aus dem virtuellen „Manual der wissenschaftlichen Redaktion" zu überzeugen, ist ohne Erfolg, und nach wie vor sind miteinander unverträglich: Ihr Ziel, „Basic" usw. zu schreiben, und meine Aufgabe, auch der höheren Rechtschreibung im ganzen Buch zur Geltung zu verhelfen.

Ich halte mich nun an Ihre Zustimmung vom 30.5.90 sowie 25.3.94, wobei ich durchaus anstrebe, die erkannten Härten zu mildern und Sie entsprechend zu informieren.

Mit freundlichen Grüßen, Ihr Schulze

Anhang A:
Identität, Gleichheit, Äquivalenz

Die Begriffe „Identität" und „Gleichheit" kommen in Informatiktexten oft vor. Sie werden vielfach in gleicher Bedeutung benutzt. Das ist im Sinne der Klarheit unerwünscht, und es lohnt sich deshalb, sie unter die Lupe zu nehmen. Der Begriff „Äquivalenz" wird allgemein als *Gleichwertigkeit* aufgefaßt und ist deshalb unproblematisch, doch er hängt mit der Gleichheit zusammen.

Zur Einstimmung einige Beispiele aus der Literatur, in denen „Identität" vorkommt:

Aus einem amerikanischen Buch:

> The sequence of actions performed is not always identical with the sequence of their corresponding statements.
>
> The repetition of identical computations should be avoided.

Das Buch wurde ins Deutsche übersetzt; der Übersetzer hat den Text mit den *identicals* wörtlich übernommen:

> Die Reihenfolge, in der Aktionen ausgeführt werden, ist nicht immer mit der Reihenfolge der zugehörigen Anweisungen identisch.
>
> Die Wiederholung identischer Berechnungen sollte man vermeiden.

Aus einem Aufsatz über Chiffriertechniken:

> Es muß sichergestellt sein, daß Sender und Empfänger gleichzeitig identische Werte an die Steuerleitungen anlegen.

Aus einem Aufsatz über Speicherverwaltung:

> Cachespeicher-Verwaltungen beinhalten Cache-Konsistenzverfahren, die dafür sorgen, daß mehrfache Kopien einer Originalinformation in den verschiedenen Caches stets identisch sind.

Aus einer Arbeit über Compact-Disks:

> CD-ROM-Laufwerke sind technisch weitgehend identisch mit Abspielgeräten für Audio-CDs.

In einem aus dem Amerikanischen übersetzten Buch heißt es über Gutenbergs Erfindung des Buchdrucks:

> Der so montierte Text kann beliebig oft vervielfältigt werden, und jeder Abzug ist mit dem Original identisch und nicht von ihm zu unterscheiden. Die Montage, identische und austauschbare Teile, ... bildeten die Grundlage für den industriellen Lebensstil.

Aus einer Brahms-Biografie:

> Wenn Brahms die h-moll-Rhapsodie ursprünglich „Capriccio" nennen wollte, so zeigt das, daß er zwischen diesen beiden Bezeichnungen eine gewisse Identität in Kauf nimmt.

In all diesen Beispielen außer dem letzten bedeutet „Identität" anscheinend nichts anderes als *Gleichheit*, im letzten *starke Ähnlichkeit*. Warum schreiben die Verfasser „identisch", wenn sie „gleich" meinen? Ist „Identität" nur eine Begriffsverdopplung von „Gleichheit"? Dann sollte man sie vermeiden! Oder wollen die Verfasser ausdrücken, daß die von ihnen „identisch" genannten Dinge *vollkommen gleich* sind, in allen ihren Teilen? Dann war ihnen das Wort „gleich" zu schwach, und sie meinten wohl, daß

„Gleichheit" nur Gleichheit in bestimmten Eigenschaften bedeutet, in anderen aber Verschiedenheit erlaubt, wie in dem Satz: „Alle Menschen sind gleich"? Was also unterscheidet „Identität" von „Gleichheit"?

Die Verwirrung wird noch größer, wenn man sich klar macht, daß Identität und Gleichheit auch außerhalb von Mathematik und Informatik in mehreren Bedeutungen verwendet werden. Es gibt die Identität der Person, die *Identitätskarte*, die *Identitätskrise* und sogar die Identität ganzer Völker. Es gibt ferner Leute, die sich mit Ideen oder Institutionen *identifizieren*. Der Begriff „Gleichheit" schillert bei Politikern und Philosophen in vielen Farben, und in der Mathematik gibt es eine ganze Reihe von Gleichheiten, ausgedrückt durch das Gleichheitszeichen: die identische Gleichung, die Bestimmungsgleichung, die Definitionsgleichung, die Gleichheitsforderung ($f(x)$=Min!) und schließlich eine „Gleichung" wie $f(n) = O(n^2)$, bei der die linke Seite eine Funktion und die rechte Seite eine Menge von Funktionen darstellt.

Diese kleine Betrachtung zeigt, wie nützlich es sein kann, mit den Wörtern vorsichtig umzugehen, nur solche zu benutzen, deren Bedeutung man wirklich verstanden hat, und den Bedeutungen unverstandener Wörter nachzuspüren.

Wie spürt man unverstandenen Wörtern nach? Indem man kluge Bücher fragt! Ich habe das für die Begriffe Identität und Gleichheit getan und die Ergebnisse hier zusammengestellt, soweit sie die Bedeutungen betreffen, die für Mathematik und Informatik interessant sind. Die Ergebnisse zeigt Bild 1.

Diese Zusammenstellung spiegelt die Begriffsunklarheit von Identität und Gleichheit, beseitigt sie aber nicht. Mit Erklärungen wie *Wesenseinheit* oder *völlige Gleichheit* kann man in Wissenschaft und Technik wenig anfangen. „Völlige Übereinstimmung einer Person oder Sache mit dem, was sie ist" klingt so dunkel wie ein Orakel. Daß das Mathematische Wörterbuch nur Erklärungen unter Hinziehung des Relationsbegriffs gibt, ist sicherlich eine Einschränkung, kann aber weiterhelfen. Die Brockhaus-Enzyklopädie bewährt sich, indem sie als einzige den Hinweis auf „dasselbe" und „das gleiche" bringt.

Aus all diesen Teil-Erklärungen läßt sich folgende Unterscheidung von Identität und Gleichheit herausdestillieren:

- Zwei Gegenstände x und y heißen „identisch", wenn sie in Wirklichkeit nur *ein* Gegenstand sind, das heißt, wenn x und y nur verschiedene Namen für denselben Gegenstand sind.

- Zwei Gegenstände x und y heißen „gleich", wenn sie in allen ihren Eigenschaften übereinstimmen, auf die es in dem betrachteten Zusammenhang ankommt.

„Gegenstände" in dem hier gemeinten sehr allgemeinen Sinn sind alle Objekte unserer Anschauung und unseres Denkens, also Personen, Sachen, Ideen, Fabelwesen, Ereignisse.

Danach sind Friedrich der Große und der alte Fritz *identisch*; aber die beiden fabrikneuen unangespitzten Bleistifte derselben Sorte, die vor mir liegen, sind nicht identisch, sondern *gleich*. Das Kennzeichen von Identität ist hiernach, daß es sich nur um einen Gegenstand mit verschiedenen Namen handelt, das Kennzeichen von Gleichheit ist die Übereinstimmung zweier Gegenstände in allen relevanten Eigenschaften.

Identische Zwillinge gibt es nach dieser Erklärung nicht! Sie sind ein Widerspruch in sich selbst. Die Beispiele vom Anfang dieses Anhangs sind alle falsch. In ihnen muß überall „identisch" durch „gleich" ersetzt werden.

Quelle	Identität	Gleichheit
Mackensen: Deutsches Wörterbuch	Wesensgleichheit, völlige Gleichheit, Nämlichkeit.	Übereinstimmung, Unterschiedslosigkeit.
Duden: Rechtschreibung	Völlige Gleichheit.	–
Duden: Fremdwörterbuch	Vollkommene Gleichheit oder Übereinstimmung; Wesensgleichheit.	–
Duden: Bedeutungswörterbuch	Echtheit einer Person oder Sache, völlige Übereinstimmung mit dem, was sie ist oder als was sie bezeichnet wird. Sinnverwandt: Deckung, Gleichheit.	a) Übereinstimmung (in bezug auf Beschaffenheit, Zusammensetzung, Aussehen o.ä.). Sinnverwandt: Identität, Übereinstimmung. b) Gleiche rechtliche Stellung des Einzelnen. Sinnverwandt: Gleichberechtigung.
Pfeifer: Etymologisches Wörterbuch	Völlige Übereinstimmung, Gleichheit, Wesenseinheit.	Übereinstimmung (in allen oder wesentlichen Merkmalen), Ähnlichkeit, gleiche Stellung, Gleichrangigkeit, Gleichberechtigung.
Naas, Schmid: Mathematisches Wörterbuch (1967)	Die Identität ist diejenige zweistellige Relation, die auf die geordneten Paare $[a, a]$ und nur auf sie zutrifft. Im Sinne von Leibniz ist die Identität durch den Satz der Reflexivität und den der Ersetzbarkeit charakterisiert.	*Gleichheit* ist eine Äquivalenzrelation. Umgekehrt kann jede Äquivalenzrelation $x\,R\,y$ als besondere Art von Gleichheit „R" aufgefaßt werden.
Brockhaus-Enzyklopädie (1996)	Von idem = derselbe. 1) Allgemein: Völlige Übereinstimmung einer Person oder Sache mit dem, was sie ist oder als was sie bezeichnet wird. 2) Logik: die vollkommene Übereinstimmung, d.h. Gleichheit in allen Hinsichten. In der traditionellen Logik wird die Identität durch Aussagen wie „Etwas ist nur mit sich und nie mit etwas anderem identisch" ausgedrückt. Identisches ist immer auch Gleiches, aber nicht umgekehrt. Sprachlich kommt die Differenz zwischen Identität und Gleichheit durch die Unterscheidung von „dasselbe" und „das gleiche" zum Ausdruck.	1) Allgemein: die bei einem Vergleich von Gegenständen auffindbare Übereinstimmung; das Fehlen von Unterschiedsmerkmalen. 2) Ethik und Staatsphilosophie: ... 3) Logik: Allg. die Übereinstimmung zweier oder mehrerer Gegenstände, Merkmale oder Sachverhalte in mehreren oder allen Hinsichten. [...] Beispiel: Sie liest das gleiche Buch wie ich; sie liest dasselbe Buch wie ich.

Bild 1   Erklärung der Begriffe Identität und Gleichheit in der Literatur

Der Begriff „Identität" sollte damit klar sein, der Begriff „Gleichheit" ist es jedoch noch nicht, weil er sich nach der obigen Definition nur auf die in dem betrachteten Zusammenhang relevanten Eigenschaften statt auf alle bezieht.

Gleichheit in relevanten Eigenschaften. Daß es bei der Gleichheit oft nicht um alle, sondern nur um relevante Eigenschaften geht, zeigt der Vergleich zweier Autos in verschiedenen Situationen:

- Beim Autokauf, wenn es um den Preis geht, bedeutet Gleichheit
  gleiche Marke, gleicher Typ, gleiche Ausstattung.
- Beim Sichtvergleich auf der Straße bedeutet Gleichheit
  gleiche Marke, gleicher Typ, gleiche Farbe.
- Für die Festsetzung der Versicherungsprämie bedeutet Gleichheit
  gleiche Motorleistung.

Diese Gleichheit ist eine dreistellige Relation aus den beiden Gegenständen und der Eigenschaft, hinsichtlich derer sie verglichen werden. Sie entspricht dem Begriff der Äquivalenzrelation in der Mathematik, demzufolge die Elemente x und y zweier Mengen zu einer bestimmten Äquivalenzklasse R gehören, wenn die Äquivalenzrelation $x\,R\,y$ wahr ist.

Die Gleichheit in relevanten Eigenschaften ist damit eigentlich eine Äquivalenz, obwohl wir von Gleichheit sprechen.

Gleichheit in allen Eigenschaften. In der Mathematik verbindet man mit dem Begriff „Gleichheit" die *Ersetzbarkeit*. Die Schreibweise $x = y$ bedeutet meistens, daß sich x in allen Aussagen, in denen es vorkommt, durch y ersetzen läßt und ebenso y durch x, ohne daß sich an der Wahrheit der Aussagen etwas ändert. Für die Ersetzbarkeit ist anscheinend die Gleichheit von x und y in allen Eigenschaften erforderlich.

Die Übereinstimmung in allen Eigenschaften von x und y läßt sich in der Prädikatenlogik zweiter Stufe so ausdrücken: $(x = y) \Leftrightarrow \forall A : (A(x) \leftrightarrow A(y))$. Zu lesen: „$x$ ist dann und nur dann gleich y, wenn jede Aussage A über x der entsprechenden Aussage über y gleichwertig ist." Das ist das schon von Aristoteles und später von Leibniz ausgesprochene *Prinzip von der Identität des Ununterscheidbaren (principium identitatis indiscernibilium)*.

Gleichheit ideeller Gegenstände. Damit sind wir aber noch nicht am Ende, denn wir können fragen, ob es überhaupt Gegenstände gibt, die in *allen* Eigenschaften übereinstimmen und deshalb ununterscheidbar sind. Bei den ideellen Gegenständen der Mathematik scheint es sie nicht zu geben: Die Konstante 3 ist in allen Zusammenhängen, in denen sie vorkommt, *dieselbe* 3 und eine Variable x hat in allen Zusammenhängen, in denen sie vorkommt, denselben Wert, denn die Variablen der Mathematik sind ja in Wirklichkeit Konstanten. Es gibt dort nicht mehrere *Exemplare* der Konstanten 3 und der Variablen x! Die Gleichheit in der Mathematik entpuppt sich damit als Identität: Wenn x und y gleich sind und sich damit gegenseitig ersetzen können, dann sind sie *dieselben*, also identisch! x und y sind nur verschiedene Namen für dieselbe Sache.

Gleichheit realer Gegenstände. Bei realen Gegenständen, so sagen manche unter dem Hinweis auf die Physik, gibt es ebenfalls keine zwei vollkommen gleichen Objekte, da bei immer feinerer Untersuchung – bis in den molekularen Bereich hinein – sich stets Unterschiede zwischen ihnen feststellen lassen.

Also ist die vollkommene Gleichheit zweier Gegenstände – seien sie ideell oder real – eine Chimäre, ein leerer Begriff? Nein, bei den realen Gegenständen nicht! Denn der Hinweis auf die Unterschiede im mikroskopischen Bereich ist eine Spitzfindigkeit, weil die Bereiche, über die wir uns normalerweise verständigen, makroskopisch sind und wir diese makroskopische Gleichheit oder Verschiedenheit meinen, wenn wir über die Gegenstände reden. Unter den realen Gegenständen gibt es zumindest seit der industriellen Massenfertigung unzählige, die in jeder Hinsicht vollkommen gleich sind, zum Beispiel Büroklammern, Radiergummis, Bücher, Glühbirnen oder die Kugeln eines Kugellagers. Man kann eine fabrikneue Büroklammer in jedem Zusammenhang ohne weiteres durch eine andere fabrikneue gleichen Typs ersetzen.

Zwei gleiche reale Gegenstände sind aber dennoch unterscheidbar, weil jedes Exemplar einen eigenen Raum einnimmt. Wenn zwei völlig gleiche Büroklammern nebeneinander vor mir liegen, kann ich sie trotz ihrer Gleichheit unterscheiden, indem ich sie als die linke und die rechte bezeichne. Auch den Informatikern ist es selbstverständlich, mit völlig gleichen Objekten umzugehen. Zwei Variablen x und y desselben Datentyps, sagen wir ganzen Zahlen, die beide den Wert 3 enthalten, sind vollkommen gleich, aber unterscheidbar, weil sie verschiedene Speicherplätze belegen (und damit verschiedene Adressen haben). Und die Objekte einer Klasse der objektorientierten Programmierung, die zu einem Zeitpunkt gleiche Werte haben, sind ebenfalls vollkommen gleich, durch ihre Speicherplätze (ihre Adressen) jedoch verschiedene und unterscheidbare Gegenstände.

Man braucht deshalb in der Leibnizschen Beschreibung der Gleichheit in allen Stücken nur die Eigenschaft, einen bestimmten Raum einzunehmen, fallenzulassen und gelangt dadurch zu einer Gleichheit realer Gegenstände in allen Eigenschaften, der vernünftig ist und zu keinen Schwierigkeiten führt.

Sprachliche Zweifelsfälle. Damit sind wir scheinbar am Ende unserer Diskussion angekommen, und es sollte nun auch klar sein, wann man „dasselbe" und wann „das gleiche" sagen muß. Aber es gibt Sonderfälle, die einen verzweifeln lassen können. Der Pianist spielt im Klavierabend ein bestimmtes Werk und spielt es am Ende als Zugabe noch einmal. Hat er nun *dasselbe* Stück oder *das gleiche* Stück gespielt? Es ist dasselbe Stück, denn es ist einmal komponiert und in Noten festgehalten worden. Doch es erklingt zu verschiedenen Zeitpunkten, und die Zugabe kann daher nicht dasselbe Stück wie im regulären Teil des Konzerts sein, sondern höchstens das gleiche.

Dasselbe (oder das gleiche?) gilt für den Bücherfreund, der sich ein Buch gekauft hat und zu Hause merkt, daß er es schon kennt. Hat er nun dasselbe Buch schon gelesen oder das gleiche?

Beide Beispiele zeigen, daß nicht immer klar ist, ob es „derselbe" oder „der gleiche" heißen muß. Die Ursache dieser Schwierigkeit liegt anscheinend darin, daß man bei „dasselbe" an die Abstraktion (die Idee) des Gegenstandes denkt und bei „das gleiche" an seine Realisierung (das Exemplar).

Um dieser Schwierigkeit zu entgehen, ist der Sprachgebrauch so, daß man in solchen Fällen die Identität als Grenzfall der Gleichheit ansieht und anstelle von „derselbe" auch „der gleiche" sagen kann, aber nicht umgekehrt. Anders ausgedrückt: Man sieht auch die Identität als Gleichheit an und definiert: $x = x$, zu lesen: „Jede Größe ist sich selbst gleich." Wenn man also im Zweifel ist, ob es „dasselbe" oder „das gleiche" heißen muß, kann man immer „das gleiche" sagen!

Äquivalenz. Und was ist die *Äquivalenz*? Sie ist die bereits erläuterte Gleichheit in relevanten Eigenschaften. Man sagt besonders dann Äquivalenz, wenn es nur um die Gleichheit einer oder weniger relevanter Eigenschaften geht. So besagt das mechanische Wärmeäquivalent, daß mechanische Arbeit oder Energie, gemessen in kpm, einer bestimmten Wärmemenge gleichwertig ist, nämlich 0.427 kpm ≈ 1 cal. Äquivalente Gegenstände sind natürlich unterscheidbar und können sich nicht gegenseitig ersetzen.

Zusammenfassung. Man kann auf Grund dieser Diskussion drei Abstufungen von Gleichheit unterscheiden:

1 *Identität* oder *Nämlichkeit*: Die Gleichheit *eines* Gegenstandes mit sich selbst.

2 *Gleichheit* (*Ersetzbarkeit*): Die Gleichheit *zweier* Gegenstände hinsichtlich aller Eigenschaften. (Gleichheit im engeren Sinn.)

3 *Äquivalenz* (*Gleichwertigkeit*): die Gleichheit zweier Gegenstände hinsichtlich bestimmter Eigenschaften. x und y sind gleich hinsichtlich der Eigenschaft R (das ist eine dreistellige Relation).

Anhang B:
Aussprüche über Sprache und Stil

Hier sind Aussprüche bedeutender Persönlichkeiten über Sprache und Stil zusammengestellt.

Gustave Flaubert (1821-1880)

> Was man auch sagen will, es gibt nur ein Wort, es auszudrücken, nur ein Verb, es zu beseelen, und nur ein Adjektiv, es zu qualifizieren.

(Aus einem Brief Flauberts an Maupassant, zitiert nach Kindlers Literaturlexikon)

Theodor Fontane (1819–1898)

> Drei Viertel meiner ganzen literarischen Tätigkeit ist überhaupt Korrigieren und Feilen gewesen. Und vielleicht ist drei Viertel noch zu wenig gesagt.

(zitiert nach [Reiners 01])

Johann Wolfgang von Goethe (1749–1832)

> Die Grammatik mißfiel mir, weil ich sie nur als ein willkürliches Gebilde ansah; die Regeln schienen mir lächerlich, weil sie durch so viele Ausnahmen aufgehoben wurden, die ich alle wieder besonders lernen sollte.

(Dichtung und Wahrheit I)

Karl Jaspers (1883–1969)

> Es ist keineswegs gleichgültig, wie man die Sachen nennt, mit denen man sich beschäftigt. Der Name schon bringt eine Auffassungstendenz mit sich, kann glücklich treffen oder in die Irre führen. Er legt sich wie Schleier oder Fessel um die Dinge. Konfuzius sah den Grund aller Wahrheit in den rechten Namen, den Weg der Reform verwahrloster Zustände in der Wiederherstellung der rechten Namen für alle Sachen, Wesen und Handlungen; denn das rechte Sprechen ist Ursprung und Ausdruck rechten Daseins. Goethe schreibt damit übereinstimmend: „Wenn jemand Wort und Ausdruck als heilige Zeugnisse betrachtet und sie nicht etwa, wie Scheidemünze oder Papiergeld, nur zu schnellem, augenblicklichem Verkehr bringen, sondern im geistigen Handel und Wandel als wahres Äquivalent ausgetauscht wissen will, so kann man ihm nicht verübeln, daß er aufmerksam macht, wie herkömmliche Ausdrücke, woran niemand mehr Arges hat, doch einen schädlichen Einfluß verüben, Ansichten verdüstern, den Begriff entstellen und ganzen Fächern eine falsche Richtung geben."

> Das schwer Ausdrückbare umkreise ich mit einer Vielheit von Worten, deren keines ganz trifft, die zusammen aber auf das weisen, was in jedem von ihnen nur nach einer Seite berührt ist. – Aber es ist ein Fehler, durch Häufung ungefähr treffender Worte sich um die Prägnanz des Gedankens zu drücken; es kommt darauf an, einzeln mit jedem Wort klar und unterscheidend zu denken, dann weiterzugehen mit anderen Worten, jedes zu einem Gedanken werden zu lassen, statt den Leser mit dem Lärm von Wortkolonnen in eine unklare

Stimmung zu versetzen, in der ihm kein Gedanke hilft, er vielmehr nach seinem Belieben
aus jedem Worte selber erst einen Gedanken machen soll.

———————

Der absichtliche Umgang mit der Sprache kann produktiv sein. Das Wissen von der Sprache verschärft Form und Klarheit. Es gibt Maßstäbe zur Prüfung. Kritik der Sprache fördert
die Reinheit des Gedankens.

———————

Der absichtliche Umgang mit der Sprache kann schnell ein Irrweg werden. Der Umgang
mit der Sprache hat eine Tendenz, sich an die Stelle des Umgangs mit den Sachen zu setzen.
Wohl kann einmal die Beschäftigung mit Worten und Satzformen die Anregung geben, auf
etwas Sachliches zu kommen, das an diesem Leitfaden bewußt wird. Die in der Sprache
fühlbare Tiefe kann aufmerksam machen, wenn auch nie sachlich begründen. Aber die Gefahr der Beschäftigung mit der Sprache ist groß.

———————

Die kräftigste, wahrste, täuschungsloseste Sprache ist die unwillkürliche, die sich ergibt,
wenn wir ganz wir selbst und ganz bei der Sache sind. Daher gibt es keine positive Anweisung, wie es zu machen sei, sondern durch Anweisungen gibt es nur eine negative Disziplin.
Bewußte Kenntnis von Irrwegen, Verkehrungen, Täuschungen vermag zu säubern. Wir
können unseren unbewußten kritischen Maßstab durch Bewußtsein schulen.

(Aus dem Kapitel „Die Sprache" des Buches „Von der Wahrheit")

Konfuzius (um 500 v.Chr.)

Die Wirkung der Worte
Wenn die Worte nicht stimmen, wird die Vernunft verwirrt.
Wenn die Vernunft verwirrt ist, gerät das Volk in Unruhe.
Wenn das Volk unruhig wird, gerät die Gesellschaft in Unordnung.
Wenn die Gesellschaft in Unordnung gerät, ist der Staat in Gefahr.

Lutz Mackensen

So wie der Goldschmied durch das Polieren seinem Werkstück den rechten Glanz verleiht,
so muß auch der Schreibende unermüdlich danach streben, seiner Arbeit all jene Höcker
und Fallgruben zu nehmen, die etwa bei der ersten Durchsicht geblieben sind.

(Gutes Deutsch in Schrift und Rede)

Thomas Mann (1875–1955)

Die Moral ist, daß man die Dinge so ausdrücken soll, als gelte es, irgendeine Gewalt zu
zwingen, die Augen davor niederzuschlagen. Tatsächlich ist alles gut Gesagte gleichsam in
dieser Absicht gesagt. Der Ursprung des Wunsches aber, eine Sache siegreich auszudrük-
ken, ist Liebe. Liebe zur Sache, Passion für die Sache, Erfülltheit von ihr ist die Quelle alles
formalen Glanzes.

(Erziehung zur Sprache, 1920)

Mark Twain (1835–1910)

Der Unterschied zwischen dem richtigen Wort und dem beinahe richtigen ist derselbe wie
zwischen dem Blitz und dem Glühwürmchen.

Friedrich Nietzsche (1844–1900)

In der Sprache neuern oder altertümeln, das Seltene und Fremdartige vorziehen, auf Reichtum des Wortschatzes statt auf Beschränkung trachten, ist immer ein Zeichen des ungereiften oder verderbten Geschmacks. Eine edle Armut, aber innerhalb des unscheinbaren Besitzes eine meisterliche Freiheit zeichnet die griechischen Künstler der Rede aus: sie wollen *weniger* haben, als das Volk hat – denn dieses ist am reichsten in Altem und Neuem – aber sie wollen dies Wenige *besser* haben.

(Menschliches, Allzumenschliches II, 2 Nr. 127)

Den Stil verbessern – das heißt den Gedanken verbessern, und gar nichts weiter! – Wer dies nicht sofort zugibt, ist auch nie davon zu überzeugen.

(Menschliches, Allzumenschliches II, 2 Nr. 131)

Mit Bildern und Gleichnissen überzeugt man, aber beweist nicht. Deshalb hat man innerhalb der Wissenschaft eine solche Scheu vor Bildern und Gleichnissen; man will hier gerade das Überzeugende, das *Glaublich*-Machende *nicht* und fordert vielmehr das kälteste Mißtrauen auch schon durch die Ausdrucksweise und die kahlen Wände heraus: weil das Mißtrauen der Prüfstein für das Gold der Gewißheit ist.

(Menschliches, Allzumenschliches II, 2 Nr. 145)

Arthur Schopenhauer (1788–1860)

Ein Buch kann nie mehr sein als der Abdruck der Gedanken des Verfassers. Der Wert dieser Gedanken liegt entweder im Stoff, also in dem, worüber er gedacht hat; oder in der Form, d.h. der Bearbeitung des Stoffs, also in dem, was er darüber gedacht hat.

Das Worüber ist gar mannigfaltig und ebenso die Vorzüge, welche es den Büchern erteilt. Aller empirische Stoff, also alles historisch oder physisch Tatsächliche, an sich selbst und im weitesten Sinne genommen, gehört hieher. Das Eigentümliche liegt dabei im Objekt; daher das Buch wichtig sein kann, wer auch immer der Verfasser sei. [...]

Also soll man, wenn ein Buch berühmt ist, wohl unterscheiden, ob wegen des Stoffs oder wegen der Form.

Ganz gewöhnliche und platte Menschen können vermöge des Stoffs sehr wichtige Bücher liefern, indem derselbe nur gerade ihnen zugänglich war: z.B. Beschreibungen ferner Länder, seltener Naturerscheinungen, angestellter Versuche, Geschichte, deren Zeuge sie gewesen oder deren Quellen aufzusuchen und speziell zu studieren sie Mühe und Zeit verwendet haben.

Dunkelheit und Undeutlichkeit des Ausdrucks ist allemal und überall ein sehr schlimmes Zeichen. Denn in 99 Fällen unter 100 rührt sie her von der Undeutlichkeit des Gedankens, welche selbst wiederum fast immer aus einem ursprünglichen Mißverhältnis, Inkonsistenz und also Unrichtigkeit desselben entspringt.

Freilich suchen viele Schriftsteller gerade unter dem Wortüberfluß ihre Gedankenarmut zu verbergen.

Demgemäß vermeide man alle Weitschweifigkeit und alles Einflechten unbedeutender, der Mühe des Lesens nicht lohnender Bemerkungen. Man muß sparsam mit der Zeit, Anstrengung und Geduld des Lesers umgehn: dadurch wird man bei ihm sich den Kredit erhalten, daß was dasteht, des aufmerksamen Lesens wert ist und seine darauf zu verwendende Mühe belohnen wird.

Viele Worte machen, um wenige Gedanken mitzuteilen, ist überall das untrügliche Zeichen der Mittelmäßigkeit; das des eminenten Kopfes dagegen viele Gedanken in wenige Worte zu schließen. [...]

Alles Entbehrliche wirkt nachteilig. Das Gesetz der Einfachheit und Naivität, da diese sich auch mit dem Erhabensten verträgt, gilt für alle schönen Künste.

Wer nachlässig schreibt, legt dadurch zunächst das Bekenntnis ab, daß er selbst seinen Gedanken keinen großen Wert beilegt. Denn nur aus der Überzeugung von der Wahrheit und Wichtigkeit unserer Gedanken entspringt die Begeisterung, welche erfordert ist, um mit unermüdlicher Ausdauer überall auf den deutlichsten, schönsten und kräftigsten Ausdruck derselben bedacht zu sein – wie man nur an Heiligtümer oder unschätzbare Kunstwerke silberne oder goldene Behältnisse wendet. Daher haben die Alten, deren Gedanken, in ihren eigenen Worten schon Jahrtausende fortleben und die deswegen den Ehrentitel Klassiker tragen, mit durchgängiger Sorgfalt geschrieben.

Wenige schreiben, wie ein Architekt baut, der zuvor seinen Plan entworfen und bis ins einzelne durchdacht hat – vielmehr die meisten nur so, wie man Domino spielt. Wie nämlich hier, halb durch Absicht, halb durch Zufall, Stein an Stein sich fügt – so steht es eben auch mit der Folge und dem Zusammenhang ihrer Sätze. Kaum daß sie ungefähr wissen, welche Gestalt im ganzen herauskommen wird und wo das alles hinaus soll. Viele wissen selbst dies nicht, sondern schreiben, wie die Korallenpolypen bauen: Periode fügt sich an Periode, und es geht, wohin Gott will.

Der leitende Grundsatz der Stilistik sollte sein, daß der Mensch nur einen Gedanken zurzeit deutlich denken kann; daher ihm nicht zugemutet werden darf, daß er deren zwei oder gar mehrere auf einmal denke. – Dies aber mutet ihm der zu, welcher solche als Zwischensätze in die Lücken einer zu diesem Zwecke zerstückelten Hauptperiode schiebt; wodurch er ihn also unnötiger- und mutwilligerweise in Verwirrung setzt.

Wie groß und bewunderungswürdig waren doch jene Urgeister des Menschengeschlechts, welche, wo immer es gewesen sein mag, das bewunderungswürdigste der Kunstwerke, die Grammatik der Sprache erfanden, die partes orationis schufen, am Substantiv, Adjektiv und Pronomen die Genera und Casus, am Verbo die Tempora und Modi unterschieden und feststellten, wobei sie Imperfekt, Perfekt und Plusquamperfekt, zwischen welchen im Griechischen noch die Aoriste stehn, fein und sorgfältig sonderten; alles in der edlen Absicht, ein angemessenes und ausreichendes materielles Organ zum vollen und würdigen Ausdruck des menschlichen Denkens zu haben, welches jede Nuance und jede Modulation desselben aufnehmen und richtig wiedergeben könnte.

Wer die weite Reise zur Nachwelt vorhat, darf keine unnütze Bagage mitschleppen: denn er muß leicht sein, um den langen Strom der Zeit hinabzuschwimmen. Wer für alle Zeiten schreiben will, sei kurz, bündig, auf das Wesentliche beschränkt: er sei bis zur Kargheit bei jeder Phrase und jedem Wort bedacht, ob es nicht auch zu entbehren sei; wie, wer den Koffer zur weiten Reise packt, bei jeder Kleinigkeit, die er hineinlegt, überlegt, ob er nicht auch sie weglassen könnte.

Durch viele Zitate vermehrt man seinen Anspruch auf Gelehrsamkeit, vermindert aber den auf Originalität, und was ist Gelehrsamkeit gegen Originalität! Man soll sie also nur gebrauchen, wo man fremder Auktorität wirklich bedarf. Denn überdies wird, wenn wir unsre Meinung durch einen ähnlichen Ausspruch eines früheren großen Schriftstellers belegen, der Neid sogleich vorgeben, wir hätten sie auch nur daher geschöpft. Finden wir also, daß große frühere Autoren mit uns übereinstimmen; so ist dies sehr dienlich, uns in der Zuversicht, daß, was wir sagen, richtig ist, zu bestärken und zu ermutigen. Aber es anzuführen ist nicht dienlich.

Je mehr Gedankenstriche in einem Buche, desto weniger Gedanken.

(Über Schriftstellerei und Stil)

Man gebrauche gewöhnliche Worte und sage ungewöhnliche Dinge: aber sie machen es umgekehrt.

Zitiert nach [Reiners 91]

Ina Seidel (1885-1974)

Des Wortes Gewalt

Im Wort ruht Gewalt
wie im Ei die Gestalt
wie das Brot im Korn
wie der Klang im Horn
wie das Erz im Stein
wie der Rausch im Wein
wie das Leben im Blut,
wie der Wolke die Flut,
wie der Tod im Gift
und im Pfeil, der trifft –

Mensch, gib du acht, eh' du es sprichst,
daß du am Worte nicht zerbrichst!

Anhang C:
Hinweise zur Abfassung wissenschaftlicher Arbeiten

Hier sind Hinweise zur Abfassung von Seminararbeiten, Diplomarbeiten, Dissertationen und Fachaufsätzen zusammengestellt, wie ich sie meinen Studenten und Doktoranden gegeben habe. Sie enthalten umgangssprachliche Wendungen, Wiederholungen und unvollständige Sätze, wie sie in Studienunterlagen, die nicht zur Veröffentlichung gedacht sind, vorkommen. Ihre Forderungen entsprechen meiner individuellen Auffassung und können nicht als allgemeinverbindlich angesehen werden. Jeder Hochschullehrer wird andere Forderungen in den Vordergrund stellen.

Seminararbeiten

Die schriftliche Ausarbeitung des von Ihnen gehaltenen Seminarvortrags hat die Zwecke:

1 Sie soll für Ihre Mitstudenten das Mitschreiben Ihres Vortrages überflüssig machen.

2 Sie sollen daran üben, wie man technische und wissenschaftliche Sachverhalte kurz und klar beschreibt. Sich schriftlich auszudrücken, wird später im Leben immerzu von Ihnen verlangt, ob Sie ein Memorandum für Ihren Chef oder einen Aufsatz für eine Fachzeitschrift schreiben, oder ob Sie eine eigene Idee in der Firma bekanntmachen wollen.

3 Sie dient mit zur Beurteilung Ihrer Seminarleistung. Sie soll zeigen, wie weit Sie Ihr Thema geistig durchdrungen haben.

Diese Zwecke sollten Sie sich bei der Ausarbeitung immer vor Augen halten, dann kann nicht viel schiefgehen.

Innere Form und Inhalt. So kurz wie möglich, denn niemand will heute lange Aufsätze lesen. Die Arbeit wird nicht nach ihrer Länge beurteilt. Doch so lang wie nötig, um verständlich zu sein. Keine bloße Übersetzung des englischen Textes, über den Sie vorgetragen haben, sondern die durch Ihre Arbeit gefilterten Aussagen des Textes.

Auswählen, Akzente setzen: die Hauptideen betonen, Nebensächliches weglassen. Keine Trivialitäten aufwärmen, nur weil sie im Aufsatz stehen. Der Leser hat die gleichen Vorkenntnisse wie Sie. Den Vortrag didaktisch gliedern. Nicht mit den Einzelheiten anfangen, sondern mit dem Prinzipiellen, dem allgemeinen Problem.

Äußere Form. Nicht den Text und die Bilder „hinhauen", als wollten Sie sich der lästigen Arbeit möglichst schnell entledigen. Die Ausarbeitung wird nur einmal geschrieben, jedoch oftmals gelesen. Der Verfasser soll es sich schwer machen, damit die Leser es leicht haben. Also sauber und sorgfältig arbeiten. Kopien von Bildern aus dem zu Grunde liegenden Aufsatz sind willkommen, wenn Sie Ihre eigenen nicht besser finden. Durch Überschriften gliedern, Seiten numerieren und ein Titelblatt nach vorgegebenem Muster anfertigen.

Diplomarbeiten

Zweck der Arbeit. Fassen Sie die schriftliche Ausarbeitung nicht als leider notwendiges Anhängsel, sondern als vollwertigen Bestandteil Ihrer Diplomarbeit auf.

Hauptzweck der Diplomarbeit ist die Unterrichtung des Lesers über das, was Sie getan haben. Der Leser soll die Aufgabenstellung, die Ergebnisse und den Weg erfahren, auf dem Sie zu den Ergebnissen gekommen sind. Da fast jede Arbeit sich fortsetzen und ausbauen läßt, soll die Ausarbeitung dem Leser solche Weiterarbeit ermöglichen. Die Arbeit wird also für den Gebrauch der Leser geschrieben, nicht zur Dokumentation der geistigen Höhe des Verfassers. Die Arbeit wird nur einmal geschrieben, jedoch (hoffentlich) viele Male gelesen. Es ist daher der richtige Weg, wenn der Verfasser es sich schwer macht, damit die Leser es leicht haben, und nicht umgekehrt.

Nebenzweck der Ausarbeitung ist die Einübung in die Beschreibung wissenschaftlicher Sachverhalte. Jeder Ingenieur muß seine Arbeit in Wort und Schrift kurz und klar beschreiben können, und es hängt davon oft ab, ob er seine Ideen durchsetzen kann oder nicht.

Arbeitsmethode. Wenn Sie nicht wissen, was Sie in die Arbeit hineinnehmen und wie Sie den Stoff anordnen sollen, dann stellen Sie sich beim Schreiben einen Leser vor, der Ihnen gegenübersitzt, Ihnen sympathisch ist und dem Sie Ihre Arbeit gern erklären möchten. Der Leser ist wissenschaftlich gebildet, so daß Sie nicht bei Adam und Eva anzufangen brauchen, aber er ist mit Ihrer spezifischen Aufgabe nicht vertraut. Da Sie Ihren Leser nicht für einen Hellseher halten können, müssen Sie also die Aufgabenstellung, besondere Symbole, Begriffe und Konventionen definieren bevor Sie sie benutzen.

Die Arbeit soll keine Aneinanderreihung von mehr oder weniger zusammenhängenden Einzelheiten sein, so daß der Leser den Wald vor Bäumen nicht sieht. Beschreiben Sie hierarchisch, indem Sie vom Allgemeinen zum Besonderen fortschreiten, klar gliedern, das Wichtige vom Unwichtigen unterscheiden. Lassen Sie den roten Faden, die Hauptidee, das Hauptergebnis hervortreten, so daß der Leser jederzeit weiß, in welchem Stand der Untersuchung er sich gerade befindet, damit er nicht sagen muß:

> Jetzt hab ich die Teile in der Hand,
> fehlt leider nur das geistige Band.

Für die Beschreibung spezieller wie auch allgemeiner Probleme ist es meist von Vorteil, sich vorher zu fragen: „Was ist gegeben und was ist gesucht?" Liefern Sie darauf eine klare Antwort, haben Sie schon halb gewonnen, und der Rest ergibt sich oft wie von selbst. Seien Sie gerade in der Beschreibung des Gegebenen, also der Voraussetzungen, möglichst vollständig, damit der Leser keine impliziten Voraussetzungen zu machen braucht.

Machen Sie die Arbeit so kurz wie möglich und so lang wie nötig. Machen Sie keine überflüssigen Worte, wiederholen Sie nicht Ableitungen aus Büchern oder Vorlesungen, um Zeilen zu schinden. Der Wert der Arbeit wird nicht nach Länge und Gewicht gemessen. Eine zu umfangreiche Arbeit stößt den Leser ab, anstatt ihn anzuziehen.

Beschreiben Sie die Ergebnisse an hervorragender Stelle und so, daß man sie im wesentlichen verstehen kann, ohne die ganze Arbeit lesen zu müssen, zum Beispiel gleich im ersten Kapitel. Einer der häufigsten Fehler besteht darin, daß nur Programme und Messungen ausführlich beschrieben werden, so daß der Leser sich die daraus gewonnenen Ergebnisse zusammensuchen oder, noch schlimmer, durch eigene Interpretation finden muß.

Einzelheiten. Erleichtern Sie dem Leser die Arbeit durch ein Inhaltsverzeichnis, hinreichend viele Überschriften, Seitennumerierung, sorgfältige Beschriftung von Diagrammen. Wichtige Diagramme sollen auch ohne Kenntnis der Textstelle, an der sie diskutiert werden, verständlich sein. Beschriften Sie darum die Koordinaten nicht nur mit Formelzeichen, sondern geben Sie ihre Bedeutung an.

Setzen Sie Zahlenfriedhöfe aus Messungen oder Programmen in Kurven um: Ein Bild sagt mehr als 1000 Zahlen.

Drucken Sie Zahlen nicht unnötig genau aus. Für das Zeichnen von Kurven genügen meist drei Ziffern. Kein Mensch will vielstellige Zahlen lesen.

Fassen Sie Einzelergebnisse zu schlagkräftigen allgemeineren Aussagen zusammen. Kondensieren und konzentrieren Sie die gewonnene Information.

Setzen Sie dem Leser keine Aneinanderreihung nackter Formeln oder Bilder oder Algorithmen vor, sondern begründen und interpretieren Sie. Helfen Sie dem Leser, Schlußfolgerungen aus Formeln und Bildern zu ziehen, denn er steckt nicht so tief in der Problematik wie Sie und ist für jede Erleuchtung dankbar.

Längere Ableitungen, die nicht von Interesse für das Ganze sind und den Blick nur vom Wesentlichen ablenken, gehören in einen Anhang. Programmlistungen und Ergebnisausdrucke, so schön und befriedigend sie für den Verfasser auch sein mögen, interessieren den Leser meist wenig. Verbannen Sie sie an das Ende oder in einen Anhang.

In vielen Arbeiten werden mehrere Methoden zur Erreichung desselben Zieles angegeben. Überlassen Sie die Mühe des Vergleichs dieser Methoden, die Erkenntnis ihrer Vor- und Nachteile nicht dem Leser, so klar sie Ihnen auch auf der Hand zu liegen scheinen, sondern ziehen Sie den Vergleich explizit mit ein paar Worten. Versuchen Sie, rekursive Beschreibungen zu vermeiden (das sind solche, bei denen die Kenntnis einer weiter hinten stehenden Stelle vorausgesetzt wird).

Dissertationen

Wie mir Gespräche mit Doktoranden gezeigt haben, bestehen oft Unklarheiten über den Inhalt, den Aufbau und den Stil von Dissertationen. Das veranlaßt mich, die Hauptforderungen an Dissertationen – wie ich sie sehe – hier zusammenzustellen. Meine Kriterien sind subjektiv: Sie beruhen nicht auf Zeugnissen aus der Literatur oder aus Gesprächen mit Kollegen, sondern sie stellen meine persönliche Ansicht dar. Sie sind aber nicht willkürlich, und dürften bis auf Schattierungen dem allgemeinen Bild entsprechen, das man sich von Dissertationen in der Informatik macht.

Inhalt. Die Dissertation soll eine selbständige größere wissenschaftliche Arbeit sein. Sie soll zeigen, daß ihr Verfasser sein Fachgebiet beherrscht, nach wissenschaftlichen Methoden zu arbeiten versteht, einen eigenen Beitrag zur Erweiterung oder Vertiefung der wissenschaftlichen Erkenntnisse seines Fachgebietes zu leisten imstande ist und seine Erkenntnisse schriftlich zu formulieren versteht. Diese Kriterien sind der Maßstab, nach dem eine Dissertation beurteilt wird.

Die Beherrschung des Fachgebietes zeigt der Doktorand dadurch, daß er den neuesten Stand der Technik darlegt, die übliche Nomenklatur benutzt und die einschlägige Literatur gelesen hat.

Daß er nach wissenschaftlichen Methoden zu arbeiten versteht, zeigt er dadurch, daß er die in seinem Fachgebiet üblichen und für den Gegenstand seiner Arbeit am besten geeigneten methodischen Hilfsmittel verwendet. In der Informatik sind das insbesondere die Formalisierung von Aussagen, soweit sie möglich ist, die Beschreibung von Abläufen durch Algorithmen, die Verwendung von mathematischen Modellen. Wohlverstanden: Die Methode soll dem Gegenstand angepaßt sein. Widersetzt sich der Gegenstand einer formalen Beschreibung, soll man nicht mit Gewalt versuchen, ihn formal zu beschreiben, insbesondere soll man nicht einfache Zusammenhänge durch pseudo-mathematische Formalismen aufblasen. Meist wird das Streben nach Formalisierung aber einen Gewinn bedeuten.

Der eigene Beitrag, den der Doktorand zur Erweiterung oder Vertiefung seines Fachgebietes leisten soll, besteht im Idealfall in der Auffindung neuer Sätze, Algorithmen, Begriffe, Geräte, Organisationsformen und dergleichen mehr. Doch nicht jeder ist ein originaler Denker! Jemand kann seine Wissenschaft beherrschen, sauber und sorgfältig in ihr arbeiten, ohne ihr jedoch neue Erkenntnisse hinzufügen zu können. Deshalb liegt ein eigener Beitrag meiner Auffassung nach auch dann vor, wenn ein Doktorand an sich bekannte Gegenstände auf eine neue Art systematisch zusammenfaßt, sie unter ungewöhnlichem Blickwinkel betrachtet, große Programmsysteme, z. B. Compiler, methodisch sauber implementiert; möglicherweise schon dann, wenn er umfangreiche Messungen vornimmt und diese interpretiert. Auf jeden Fall soll eine Dissertation – zumindest teilweise – Gedankengut enthalten, das noch nicht anderswo veröffentlicht wurde.

Daß eine Dissertation selbständig und ohne wesentliche Anleitung abgefaßt werden muß ist allgemein geläufig, daß es eine „größere" Arbeit ist auch, wobei die übliche Größe in den einzelnen Fachgebieten und Gegenständen stark schwankt. Eine große Arbeit braucht nicht unbedingt lang zu sein. Eine Dissertation in Informatik oder Mathematik, in der ein tiefliegender Satz bewiesen oder ein bedeutender neuer Algorithmus angegeben wird, braucht unter Umständen nicht mehr als 30 bis 50 Seiten zu umfassen. Solche Dissertationen sind aber Ausnahmen. Dissertationen, die weniger spektakuläre Ergebnisse liefern, können ihren Mangel an Originalität manchmal durch einen größeren Umfang ausgleichen. Aber auch hier bleibt immer der Gehalt, nicht der Umfang, das Gütekriterium.

Eigener Beitrag und Methodik sollen vom Verfasser der Dissertation möglichst explizit herausgearbeitet werden. Der Leser soll Klarheit darüber gewinnen, was aus der Literatur und was vom Verfasser stammt.

Aufbau. Eine übliche und bewährte Stoffanordnung ist die folgende: Im ersten Kapitel wird der Stand der Technik beschrieben, das Dissertationsthema in diesen Rahmen eingeordnet, eine Übersicht über den Inhalt der Dissertation und eine Zusammenstellung der wichtigsten Ergebnisse gegeben. Dieses Kapitel ist zugleich Einführung, Übersicht und Zusammenfassung. Der eilige Leser soll durch seine Lektüre allein ein zutreffendes Bild von der Dissertation erhalten. Daran schließt sich der Hauptteil, dessen Aufbau vom Gegenstand diktiert wird, weshalb sich darüber keine allgemeinen Aussagen machen lassen. Oft werden am Anfang Grundlagen, Abstraktionen, Modelle beschrieben und danach Implementierungen, Messungen und Ergebnisse. Den Schluß soll ein Literaturverzeichnis bilden, dessen Wert nicht die Masse, sondern die Wichtigkeit der angegebenen Literatur ausmacht. Ein Ausblick auf offene Fragen und womöglich weitere Forschungsthemen ist willkommen.

Ein Fehler ist es, am Anfang Herleitungen von Sätzen und anderen speziellen Erkenntnissen zu bringen (womöglich aus der Literatur abzuschreiben), die später in der Arbeit gar nicht benutzt werden, denn eine Dissertation ist kein Lehrbuch.

Von größter Wichtigkeit für den gesamten Aufbau ist es, daß der Leser immer den roten Faden in der Hand hält, d. h. wichtige Passagen und Kernsätze von Nebensächlichkeiten, Seitenästen, Sonderfällen usw. unterscheiden kann. Ein sauberes Begriffsgerüst ist für eine Dissertation selbstverständlich. Begriffe der Umgangssprache, die in einem besonderen fachwissenschaftlichen Sinn gebraucht werden, sollen definiert werden, desgleichen alle reinen Fachbegriffe. Daß neue Begriffe erst definiert und dann benutzt werden, sollte selbstverständlich sein, doch wird leider gerade hiergegen oft verstoßen. Im übrigen sollen alle Mittel verwendet werden, die dem Leser das Verständnis erleichtern, Formeln und Bilder sollen numeriert werden, eine Zusammenfassung aller Formelzeichen, eine Zusammenstellung aller Begriffe und Definitionen kann sehr hilfreich sein, ein Stichwortverzeichnis ebenfalls.

Stil. Dissertationen haben ihren eigenen Stil. Er ist leicht zu finden, da er sich aus der Sache selbst ergibt; um so verwunderlicher war für mich die Erfahrung, daß manche Doktoranden gerade mit dem Stil ihrer Dissertation die größten Schwierigkeiten haben. Deshalb ist es nicht überflüssig, hierzu einiges zu bemerken.

Der Stil einer Dissertation sollte durch drei Begriffe geprägt sein: Präzision, Klarheit, Sachlichkeit. Eine ruhige, schlichte, nicht aufgeputzte Darstellung der Sachverhalte ist bereits alles, was man sich zum Ziel setzen muß.

Die Forderungen nach Präzision und Klarheit gebieten saubere, sorgfältig ausgewählte Begriffsbildungen und Formulierungen. Alle Phrasendrescherei ist zu vermeiden. Wendungen wie „eine optimalere Arbeitsweise", „die Speicher werden immer ›virtueller‹", „eine Optimierung von Problemen" und ähnliche disqualifizieren ihren Verfasser. Wer nachlässig schreibt, denkt nachlässig! Wer oberflächlich mit der Sprache umgeht, wird mit der Sache nicht anders verfahren. Der Stil einer Dissertation soll sachlich und gediegen sein. Alle Übertreibungen und Berufsjargons sind zu vermeiden. Wer einige graphische Darstellungen mit Knoten und Kanten benutzt und vorher ankündigt, er werde nun das Problem „graphentheoretisch" behandeln, ist ein geistiger Hochstapler. Englische Bezeichnungen, die im täglichen Informatik-Betrieb aus Gedankenlosigkeit verwendet werden, haben in einer Dissertation nichts zu suchen. Wer ohne Notwendigkeit von „task" spricht (oder noch schlimmer, davon, daß ein Algorithmus „getaskt" wird), gibt damit zu erkennen, daß er sich gar nicht darüber im klaren ist, daß „task" ein IBM- (und

Ada-)spezifischer Begriff ist, der in der allgemeinen Informatik-Literatur durch den neutralen Begriff „Prozeß" ausgedrückt wird.

Wiederum wohlverstanden: Durch diese Forderungen soll kein Geist in spanische Stiefel eingeschnürt und kein bestimmter Stil erzwungen werden. Ein glanzvoller Stil ist nur wenigen gegeben, einen guten Stil schreibt aber bereits, wer Stilfehler vermeidet. Eine Dissertation kann lebendig oder trocken sein, einfache oder Schachtelsätze enthalten, sie kann reich oder arm an Fremdwörtern sein. Die Kapitelnumerierung kann mit Zahlen, Buchstaben oder sonstwie geschehen, Abbildungen können Bild, Figur oder noch anders benannt werden: All das ist in weiten Grenzen frei und wird die Beurteilung kaum beeinflussen. Ob ein Doktorand Normen befolgen soll oder nicht, ist eine Grenzfrage. Ein Beurteiler, dem Normen am Herzen liegen, kann mit Recht verlangen, daß Genormtes auch der Norm entsprechend dargestellt wird. Ein anderer legt keinen so großen Wert darauf, wenn die Darstellung nur überzeugend ist.

Alles in allem genommen ergeben sich die Anforderungen, die an eine Dissertation zu stellen sind, fast von selbst. Schwierigkeiten kommen meist daher, daß man etwas sagen will, wo man eigentlich nichts zu sagen hat. Wer einige Jahre lang gearbeitet und Forschungsergebnisse vorzuweisen hat, der kann kaum fehlgehen. Wer dennoch Schwierigkeiten hat, sollte sich von seinem Betreuer einige Dissertationen ausleihen und sie studieren. Dann wird er wissen, wie man es machen muß.

Fachaufsätze

In der Zeitschrift *Computing Surveys* vom Juni 1978 gibt *P. J. Denning* an, welche Fragen die Beurteiler von Aufsätzen, die zur Veröffentlichung in Computing Surveys eingereicht werden, beantworten müssen. Diese Fragen sind nicht nur für die Beurteiler, sondern auch für die Verfasser von Fachaufsätzen interessant, denn ihre Beachtung wird vor groben Mißgriffen schützen und in vielen Fällen zur Verbesserung der Darstellung beitragen. Sie haben auch heute noch ihre Bedeutung und lauten in deutscher Übersetzung:

1 Ist der Aufsatz sachlich richtig? Falls es sich um einen Übersichtsartikel handelt: Ist er genügend vollständig? Enthält er Fehler, Mängel oder irreführende Formulierungen? Erwähnt er die Beiträge anderer in angemessener Weise?

2 Ist der Aufsatz klar geschrieben? Ist er lebendig? Logisch zusammenhängend? Knapp? Gut gegliedert? Vermeidet der Verfasser unangemessene Formalisierungen, nutzlose Nomenklatur, abwegige Symbolik? Liest sich der Aufsatz schwerer als es der Gegenstand erfordert?

3 Liegt der Schwerpunkt auf der Vermittlung von Einsichten oder von technischen Einzelheiten? Werden Ergebnisse interpretiert oder nur ausgesprochen und hergeleitet? Wird gezeigt, wie sich die Ergebnisse anwenden lassen? Werden Einschränkungen und Gültigkeitsbereich erklärt? Können schwierige, jedoch notwendige Abschnitte in Anhängen untergebracht werden?

4 Beschreibt der Aufsatz den Leserkreis, an den er sich wendet und erreicht er die selbstgesetzten Ziele? Wird klar gesagt, was beim Leser vorausgesetzt wird? Sind

diese Voraussetzungen angemessen? Wird gesagt, was der Leser zu erwarten hat und was nicht? Wird gesagt, welche Gegenstände in die Diskussion eingeschlossen und welche ausgeschlossen sind? Wenn der Aufsatz lang ist: Werden für die verschiedenen Leserschichten Hinweise darauf gegeben, welche Abschnitte wichtig sind und welche beim Lesen ausgelassen werden können?

5 Ist der Aufsatz interessant? Ist der Gegenstand von augenblicklichem Interesse? Regt er zum Weiterdenken an? Ist der Gegenstand von allgemeinerem Interesse und allgemeinerer Anwendbarkeit? Falls der Aufsatz Lehrcharakter hat: Werden gute Beispiele gebracht? Wird der Leser zum Mitdenken angeregt?

Anhang D:
Der Giftschrank der Wörter

So wie im Giftschrank des Arztes die Mittel stehen, die vor dem allgemeinen Gebrauch geschützt werden müssen, weil sie nur in kleinsten Dosen oder aus anderen besonderen Gründen heilsam sind, stehen in der folgenden Liste die Wörter, die gar nicht oder in kleinen Dosen oder nur in besonderen Situationen benutzt werden sollten. Dazu gehören die im Text erwähnten Amerikanismen und Austriazismen, Informatiker-Jargon, Modewörter, umständliche Bildungen der Amts- und Politikersprache und einige mehr, die nicht im Text erwähnt wurden. Das Zeichen „⇒" ist zu lesen als „kann ersetzt werden durch". Die Stellen im Text, an denen ein Wort erwähnt wird, findet man über das Stichwortverzeichnis.

„to adopt" ist meist nicht „adoptieren", sondern „übernehmen".

„Aktivitäten" In [Schneider 99] heißt es:

> *Aktivitäten* gibt es nicht. Die Summe aller Tätigkeiten ist auf Deutsch die *Aktivität*. Wer Aktivitäten schreibt, meint überdies zumeist Aktionen, erliegt aber dem modischen Hang zur Blähung. Einen Plural gibt es von Aktivität so wenig wie von Fleiß, Glück oder Wut.

„allenfalls" wird selten benutzt. Es bedeutet nicht „in allen Fällen", sondern „vielleicht", „bestenfalls". Deshalb Vorsicht!

„allfällig" ist ein Austriazismus ⇒ „gegebenenfalls", „möglicherweise vorkommend", „etwaig".

„alternativ" *Alternativ* ist heute alles, was früher *anders* war. „Eine alternative Lösung des Problems besteht darin, …" klingt natürlich gelehrter als „eine andere Lösung des Problems besteht darin, …". „alter" (lateinisch) bedeutet *der andere*, und die *Alternative* ist die *andere*, also eine Entscheidung zwischen *zwei* Möglichkeiten. Eine Wahl zwischen drei oder mehr Alternativen gibt es dementsprechend eigentlich nicht.

„am" bedeutet auf Hochdeutsch immer *an dem*, niemals *auf dem*. Deshalb:
- „am" Bildschirm ⇒ „auf dem" Bildschirm
- „am" Stack ⇒ „im" Keller, „im" oder „auf dem" Stapel

„angehen" Eine Sache „angehen" ist zu umgangssprachlich ausgedrückt. ⇒ Eine Sache „zu lösen versuchen" oder „in Angriff nehmen".

„annotieren" Dieses Wort, als Nichtübersetzung von „to annotate", gibt es im Deutschen nicht. Empfehlung: „anmerken", „markieren".

„ansonsten" ⇒ „sonst", „im übrigen"

„Anzahl" siehe „Zahl".

„a priori Wissen" ⇒ „Vorwissen"

„argumentieren" über etwas sagt man im Deutschen nicht. Auch im Englischen dürfte die Wendung „to argument over ..." keine reguläre Bildung sein, da sie in Wörterbüchern nicht zu finden ist.

„aufscheinen" (Austriazismus) ⇒ „vorkommen"

„aufsetzen" Im Deutschen setzt man den Hut und den Kochtopf auf. Informatiker sind anders; sie schreiben: „Das Betriebssystem setzt Seitenabbildungen auf", und sie sprechen vom „Aufsetzen einer E/A-Operation". Da hört man das englische „set up" gleich mit.

„aufzeigen" ist eine aufgeblasene Formulierung. *Zeigen* genügt, wenn man etwas zu zeigen hat.

„average case ..." ⇒ „mittleres ...", „Durchschnitts ..."

„Bandbreite" ⇒ „Bereich", „Variationsbereich"

„basieren" wird neuerdings von Informatikern gern statt „beruhen" oder „sich gründen auf" verwendet: „Dieses Kriterium basiert auf der Beobachtung ...". Man hört immer das englische „... is based on ..." heraus.

„beinhalten" ⇒ „enthalten"

„Black box" ⇒ „schwarzer Kasten". „Black box test" ⇒ „Funktionstest" (im Gegensatz zu „white box test" ⇒ „Strukturtest").

„Bool'sche Variable" ⇒ „Boolesche Variable"

„ca." ⇒ „rund", „etwa"

„constraint" ⇒ „Bedingung", „Nebenbedingung", „Einschränkung"

„CPU" ⇒ „Prozessor", „Zentraleinheit"

„dediziert" ⇒ „speziell". Ein *dedizierter Rechner* ist oft nichts anderes als ein *Rechner für besondere oder spezielle Aufgaben.*

„Deadline" ⇒ „Grenze", „Termin", „Abgabetermin"

„Deadlock" ⇒ (System-)„Blockierung", (System-)„Verklemmung"

„Deck" Ein *card deck* ist natürlich kein *Kartendeck* (kommt in seriösen Büchern tatsächlich vor!), sondern ein *Kartenstapel*. Es sei denn, man meint damit jenes Schiffsdeck, auf dem die Kartenspieler sitzen.

„Default Logik" ⇒ „Standardlogik"

„Defaultwert" ⇒ „Standardwert", in seltenen Fällen „Ersatzwert".

„dekomprimieren" ⇒ „expandieren"

„derselbe", „dieselbe", „dasselbe", „dieser", „jener", „ersterer", „letzterer" verlangen vom Leser, daß er eine Beziehung zu vorher Gesagtem herstellt. Das erfordert Zurückdenken oder gar Zurücklesen und ist manchmal nicht einfach. Deshalb nach Möglichkeit vermeiden.

„deutlich" Modewort für „viel", „wesentlich", „auffallend", „merkbar", „klar", „erkennbar", „sichtlich".

„dieser", „jener" siehe „derselbe"

„diverse" ⇒ „verschiedene"

„Domäne" ⇒ „Gebiet", „Bereich"

„drastisch" Neues Modewort als Steigerung von „deutlich". Siehe dort.

„entscheidend" ist kein Ersatz für „wichtig", „bedeutsam", sondern es muß wirklich dadurch etwas entschieden werden.

„ersterer" siehe „derselbe"

„etc." ⇒ „usw."

„exklusiv" ⇒ „ausschließlich"

„Expertise" ist im Deutschen ein *Gutachten*, nicht *Sachkenntnis* wie im Englischen! Deshalb kann keiner eine Expertise *haben*.

„Fakten" ⇒ „Tatsachen", „Aussagen"

„fan-in" ⇒ „Eingangslastfaktor"

„fan-out" ⇒ „Ausgangslastfaktor", „Ausgangsbelastbarkeit"

„feature" ⇒ „Eigenschaft", „Funktion", „Zug", „aktueller Bericht"

„fix" wird in Österreich als Synonym für „fest" benutzt, wie in dem Satz: *Die neue Operation läßt sich in den Compiler fix integrieren.* Norddeutsch und umgangssprachlich bedeutet *fix* aber *schnell*. Damit erhielte der obige Beispielsatz eine andere Bedeutung. Wegen dieser Zweideutigkeit sollte man „fix" vermeiden.

„Flaschenhals" ist in geschriebener Sprache meist zu salopp. Oft paßt „Engpaß" oder „kritische Stelle".

„fortgeschritten" als Übersetzung von „advanced" ergibt meist schlechtes Deutsch, wie in: *Rekursive Programmierung ist eine fortgeschrittene Technik.* Der Schreiber meint eine *höhere*, *schwierigere* oder *weiterführende* Technik.

„früh" als Übersetzung von „early" ergibt oft schlechtes Deutsch, wie in: *Frühe Programmbibliotheken für die Parallelprogrammierung waren oft herstellerspezifisch.* Der Schreiber meint: Die *ersten* Programmbibliotheken.

„Funktionalität" ist ein neues und oft entbehrliches Wort mit unklarer Bedeutung. Meist ist damit die Gesamtheit der Funktionen, die ein technisches Gerät oder ein Programm bietet, also sein *Funktionsumfang* gemeint, manchmal aber auch eine Verbesserung der Mensch-Maschine-Kommunikation zur Ausführung von Programmen.

„gefragt" Wenn man Mäxchen nach etwas fragt, dann ist Mäxchen *gefragt*. Aber wenn eine Sache gefragt ist, meint man damit, daß sie *gesucht* ist.

„genau". Als Adverb nur benutzen, wenn „exakt", „präzise" gemeint und nicht aus dem Zusammenhang selbstverständlich ist. Oft überflüssige Zutat. Als Antwort auf eine Ja-Nein-Frage ⇒ „ja".

„Genauigkeit" soll nicht anstelle von „Fehler" verwendet werden.

„generisch" ⇒ „verallgemeinert"

„Größenordnung" ⇒ „Zehnerpotenz", „Zweierpotenz" oder eine andere spezifische Bezeichnung.

„Grundprinzip" ⇒ „Prinzip", „Grundsatz"

„grundsätzlich" und „prinzipiell" sind mißverständlich. Sie bedeuten manchmal „immer", „ausnahmslos" und manchmal „fast immer, aber mit Ausnahmen".

„Herausforderung" ist für Informatiker heute alles mögliche, das sie noch nicht wissen oder können. Beispiel: *Die Erstellung fehlerloser großer Programme ist eine Herausforderung an die Informatik-Forschung.* Neues Modewort auch in Politik und Wirtschaft durch gedankenlose Übersetzung von „challenge". Im Deutschen gehören zu einer Herausforderung normalerweise zwei: der Herausforderer und der Herausgeforderte. Wolf Schneider schreibt:

> Herausforderung ist nur richtig, wenn es „Provokation" bedeuten soll. *Challenge* bedeutet: der Aufruf zur Tat, der Anstoß, die große (oder reizvolle) Aufgabe, oft genug einfach die *Aufgabe.* Für das Verbum *to challenge* bieten sich an: *in Frage stellen, in die Schranken fordern, die Stirn bieten.*

„hochprioror Knoten" ⇒ „Knoten mit hoher Priorität"

„icon" ⇒ „Sinnbild"

„identisch". Im Amerikanischen wird gern „identical" anstelle von „gleich" benutzt. Im Deutschen unterscheidet man zwischen der Gleichheit zweier Objekte und der Identität verschieden benannter Objekte, die nur eines (dasselbe) sind. „Die beiden vor mir liegenden Bleistifte sind gleich" (zwei Objekte), aber „Don Quichote und der Mann aus La Mancha sind identisch" (ein Objekt mit verschiedenen Namen). Dementsprechend gilt: zwei Variablen a und b sind gleich, wenn sie denselben Wert enthalten, und sie sind *identisch*, wenn sie dieselbe Speicherzelle bezeichnen. Näheres siehe Anhang *A*.

„Implementation" ⇒ „Implementierung"

„Indirektion" gibt es im Deutschen nicht.

„instanzieren" ⇒ „binden", „belegen". Eine Variable wird instanziert ⇒ Eine Variable wird (an einen Wert) gebunden

„Instruktion" ⇒ „Befehl"

„Interpreter" ⇒ „Interpretierer"

„invalidieren" steht zwar im Duden mit der Erklärung *„veraltet für* ungültig machen; entkräften"; es sollte aber nicht verwendet werden, weil es die Nichtübersetzung von „to invalidate" ist und nicht von jedem verstanden wird.

„jener" siehe „derselbe"

„klassisch" sollte nicht (wie häufig in der Informatik) als Ersatz für „herkömmlich" oder „historisch" oder „einer vergangenen Zeit angehörig" benutzt werden, denn es bedeutete bisher immer in der Hauptsache oder sogar nur *Vorbildlichkeit, Größe,* ja *Unerreichbarkeit.*

„Konkatenierung" ⇒ „Verkettung"

„Konstrukt" ⇒ „Konstruktion"

„Kontrolle" ⇒ Steuerung oder Ablaufsteuerung

„Kontrollstrategie" ⇒ „Steuerungsstrategie"

„Kontrollfluß" ⇒ „Steuerfluß"

„Körper" als Übersetzung von „body" in „procedure body", „task body" usw. klingt ungut. Aus den sechziger Jahren haben wir die Übersetzung „Rumpf", und für „procedure body" kann man sogar „Anweisungsteil" sagen.

„kreieren" ist ein Wort, bei dem man immer wieder stutzt, weil man es auf den ersten Blick als „krei-eren" lesen will. Wird in der Informatik manchmal einfach als Übersetzung von „to create" benutzt: „Die Datei muß zuerst kreiert werden." Auf deutsch: „Die Datei muß zuerst erzeugt (oder angelegt) werden."

„letztendlich" ⇒ „schließlich"

„letzterer" siehe „derselbe"

„limitiert" ⇒ „begrenzt"

„Link" wird von Informatikern als Nichtübersetzung von „link" gern benutzt. Meist läßt es sich mit „Verweis", manchmal mit „Verbindung" oder „Brücke" übersetzen. „Verweis" ist richtungsbetont (wenn der Link zwischen den Knoten A und B ein *Verweis* von Knoten A auf Knoten B ist, aber nicht umgekehrt). „Verbindung" und „Brücke" sind richtungsneutral (wenn der Link zwischen A und B bidirektional ist). Die deutschen Worte sind also spezifischer als das englische Wort.

„mächtig" klingt nach Übersetzung von „powerful", und es ist außerdem zweideutig, wenn man z.B. an einen *mächtigen Haufen* denkt. Das kann ein machtvoller Haufen, aber auch ein großer Haufen sein. Manchmal geht „weitreichend" oder „ausdrucksstark".

„meinen" wird leider oft an Stelle von „bedeuten" benutzt, wie in „Glauben meint Vertrauen" und „der Begriff Algorithmus meint ein systematisches Verfahren". Dieses „meinen" ist die Nichtübersetzung von „to mean". Im Deutschen können aber nur denkende Wesen etwas meinen, Begriffe dagegen nur etwas bedeuten. Deshalb muß es heißen: „Glauben bedeutet Vertrauen" und „der Begriff Algorithmus bedeutet ein systematisches Verfahren".

„Netzwerk" ⇒ „Netz"

„neuartig" ⇒ „neu"

„nutzen" bedeutet „ausnutzen" und damit etwas anderes als „benutzen".

„optimal" ist ein totgerittenes Modewort. Es erspart das Nachdenken darüber, ob vielleicht „minimal" oder „maximal" die genaueren Bezeichnungen wären. Manchmal reicht sogar das einfache „am besten".

„Pendant" ⇒ „Gegenstück"

„physikalisch" („physical") ⇒ „physisch" (oft besser „tatsächlich").

„pipeline" ⇒ „Fließband"

„populär" klingt meist zu umgangssprachlich oder nach Übersetzung des englischen „popular" ⇒ „vielbenutzt", „weitverbreitet".

„Präsentation" ⇒ „Darstellung"

„preemptive" ⇒ „verdrängend", „unterbrechend".

„Primitive" „Die Primitive" ist kein deutsches Wort. Wenn möglich durch ein anderes ersetzen („Elementaroperation", „Grundoperation", …).

„prinzipiell" siehe „grundsätzlich"

„Priorität" läßt sich oft, aber nicht immer, durch „Vorrang" ersetzen.

„Propagierung" ⇒ „Fortpflanzung", „Weitergabe"

„proprietär" als Nichtübersetzung von „proprietary" gibt es im Deutschen nicht.

„to provoke" darf nur dann mit „provozieren" übersetzt werden, wenn es „herausfordern" bedeutet; sonst ist „hervorrufen" das passende Wort.

„puffern" wird manchmal benutzt, wenn nur „zwischenspeichern" gemeint ist. Dann ist „zwischenspeichern" vorzuziehen.

„Randbedingung" kommt aus der Physik vom Rand eines räumlichen oder flächenhaften Bereichs. In der Informatik ist meist nur „Bedingung" gemeint.

„realisieren". „To realize" darf man nur in Ausnahmefällen mit „realisieren" übersetzen, denn das bedeutet „verwirklichen", während „to realize" meist „erkennen", „sich etwas klar machen" bedeutet.

„relativ" ist meist relativ überflüssig.

„Ressource" ⇒ „Betriebsmittel"

„scheduling" ⇒ „Ablaufplanung"

„Scheduling-Probleme" ⇒ „Ablaufplanungsprobleme"

„schlußendlich" ⇒ „schließlich"

„schwerwiegender ist" ⇒ „schwerer wiegt"

„sehr" ist sehr sparsam, am besten gar nicht zu verwenden.

„Seiteneffekt" ⇒ „Nebenwirkung"

„Sinn machen" ist die wörtliche Übersetzung von „to make sense" und leider gang und gäbe geworden. Im Deutschen kann etwas *Sinn haben* oder *sinnvoll sein*, aber es kann keinen Sinn machen (genau so wenig, wie man von *Liebe machen* sprechen sollte).

„spannend" Modewort für alles, was nicht gerade langweilig ist. Man unterscheide „spannend" von „fesselnd", „aufregend", „erregend", „packend", „dramatisch", „atemberaubend".

„Spaß" ist eine kritiklose Übersetzung von „fun" und Modewort für alles, was das Leben angenehm macht. Man unterscheide „Spaß" von „Vergnügen", „Freude", „Befriedigung" und anderen Begriffen, die das, was angeblich Spaß macht, schärfer charakterisieren.

„Stand der Technik" ist ein unklarer Begriff. Läßt manchmal die Frage offen, ob damit „möglich" oder „üblich" gemeint ist.

„Stellenwert" ⇒ „Wert", „Bedeutung".

„strichlieren" ⇒ „stricheln" (Austriazismus)

„Summation" ⇒ „Addition"

„System" wird in der Informatik ohne Überlegung für alles mögliche benutzt. Es gibt Computersysteme und Betriebssysteme, verteilte Systeme, dedizierte Systeme, Speichersysteme, Datenbanksysteme, Kommunikationssysteme und noch viele andere. Deshalb die Empfehlung, das Wort „System" nur dann zu benutzen, wenn seine Bedeutung unmißverständlich ist.

„Technologie". Daß *Technologie* die *Lehre von der Technik* ist und nicht die Technik selbst, ist kein Geheimnis, sondern weiten Kreisen bekannt. Trotzdem schreiben sie „Halbleitertechnologie" wenn sie „Halbleitertechnik" meinen. Sie wollen ja mit der Zeit gehen und nicht als altfränkisch gelten. Das gute alte Wort „Technik" scheint allmählich von „Technologie" aufgefressen zu werden.

„temporal" ⇒ „zeitlich"

„thematisieren" stammt aus dem Soziologen- oder Germanisten-Jargon. „Zum Thema machen" ist zwar etwas länger, aber auch verständlicher.

„token" bedeutet je nach Zusammenhang: „Marke", „Symbol", „Zeichen", „Element", „Einheit", „Atom", „Terminalsymbol", „Wort".

„trade-off" ⇒ „Kompromiß", „Tauschgeschäft", „Handel", „Ausgleich" (oft schwer im Deutschen auszudrücken).

„transparent" vermeiden, weil es *durchsichtig* oder *unsichtbar* bedeuten kann.

„Travelling-Salesman-Problem" ⇒ „Rundreiseproblem" oder „Problem des Handelsreisenden".

„überprüfen" ⇒ „prüfen"

„ultimativ" bedeutet im Deutschen *in Form eines Ultimatums, nachdrücklich, unwiderruflich,* und ein *Ultimatum* ist die letzte Aufforderung zur Lösung einer schwebenden Angelegenheit. Aber seit einigen Jahren ist „ultimativ" als Nichtübersetzung von „ultimate" = „der, die, das Letzte, Neueste" oder „das Beste" (nicht zu Überbietende) in die deutsche Reklamesprache eingegangen („der ultimative CD-Player").

„ungleich größer" ⇒ „viel größer" („ungleich" + Komparativ ist sprachlicher Unsinn, obwohl seit mehreren hundert Jahren in Gebrauch).

„unifizieren" nicht aktivisch benutzen. „Zwei Literale unifizieren" ist schlecht. „To unify" heißt „vereinigen", und man kann deshalb immer nur sagen, daß zwei Literale „unifiziert werden".

„unterstützen" ist oft eine gedankenlose Übersetzung von „to support". Manchmal ist „ermöglichen" besser.

„versus" gibt es im Deutschen nicht ⇒ „und", „im Vergleich mit", „gegen", „gegenüber".

„verzögern" als Nichtübersetzung von „to delay" kann *anhalten* bedeuten.

„Vielzahl". „Eine Vielzahl von" ⇒ „viele".

„Vision" bedeutet im Englischen das Sehen und Sehvermögen, daneben auch wie im Deutschen die Erscheinung, das Traumbild. Der Zweig der Künstlichen Intelligenz und der Robotik, der sich mit künstlichem Sehen beschäftigt, heißt dementsprechend „vision". Es wäre aber ein Fehler, dieses „vision" mit „Vision" zu übersetzen, denn das bedeutet im Deutschen „auf Einwirkung übernatürlicher Kräfte beruhende Erscheinung" [Pfeifer]. Dennoch haben heute alle Informatiker, Wirtschaftler und Politiker, die etwas planen oder sich erträumen, Visionen.

„vorerst" wird manchmal an Stelle von „zuerst" benutzt. Meist bedeutet es aber *vorläufig, fürs erste*. Deshalb Vorsicht!

„vor Ort" ist heute jeder Fernsehreporter, der vom Ministertreffen in Paris oder vom Erdbeben in der Türkei berichtet. „Vor Ort" ist jedoch ein Ausdruck der Bergmannssprache und bedeutet dort *an der Spitze, am Ende eines Grubenganges*.

„vorstellen" für „beschreiben", „darstellen", „erklären", „angeben", „diskutieren" ist mittlerweile so abgenutzt, daß man ihm einige Zeit Ruhe gönnen sollte.

„weiters" (Austriazismus) ⇒ „weiter", „weiterhin", „ferner".

„weitverbreitetste" ⇒ „am weitesten verbreitete"

„worst case ..." ⇒ „ungünstigstes ...", „langsamstes ...", „maximales ...", „minimales ..."

„worst case Rechenzeit" ⇒ „Rechenzeit im ungünstigsten Fall"

„Zahl" und „Anzahl" können und sollten im Deutschen unterschieden werden. „Es versammelte sich eine große Anzahl von Menschen", aber „bei der Rechnung kam eine große Zahl heraus". Im Englischen heißt beides „number", da kann man nicht unterscheiden.

„zielführend" (Austriazismus) Verkürzung von „zum Ziel führend". Läßt sich immer anders ausdrücken, meist besser, und bleibt oft am besten einfach weg.

„zögerlich" ⇒ „zögernd"

„zum Tragen kommen" Heute kommt alles Mögliche zum Tragen, es gibt sogar „Wege die zum Tragen kommen" und unzählige „Träger", von denen „Hoffnungsträger" und „Sympathieträger" besonders schöne Exemplare sind.

„zwischenpuffern" ⇒ „puffern", „zwischenspeichern".

Anhang E:
Lösungen der Aufgaben

Da es bei den Aufgaben nicht um Richtigkeit oder Falschheit, sondern um sprachliche Qualität geht, sind die hier angegebenen Lösungen als *Vorschläge* zu verstehen. Sie sollen zeigen, wie man die in den Aufgaben angegebenen Texte verbessern kann, erheben aber nicht den Anspruch, in irgendeiner Hinsicht die besten zu sein. Es ist durchaus möglich, daß Leser mit ihnen nicht einverstanden sind oder bessere Lösungen finden. Für Mitteilungen hierüber bin ich dankbar (E-Mail) und plane, sie in einer eventuellen nächsten Auflage hier wiederzugeben.

Kapitel 2

1. Der letzte Satz könnte lauten:

⇒ Das ist besonders für den so häufigen Fall nützlich, in dem am Schleifenende ein bedingter Rücksprung zum Schleifenanfang steht.

Der sachliche Fehler besteht darin, daß der Befehl nicht abhängig von der Bedingung ignoriert werden soll, sondern abhängig davon, ob der Sprung schon ausgeführt wurde oder nicht.

2. Mich stört, daß hier ein Spektrum etwas „umfaßt" „bis hin" zu etwas. „Spektrum" ist ein leicht poetischer Ersatz für „Bereich", und ein Bereich *umfaßt* etwas, „reicht von ... bis ..." oder *beginnt* und *endet* irgendwo. Auch die „leistungsfähigen Rechner" (Plural) und die „Internationale Luftraumüberwachung" (Singular) passen nicht zueinander. Vorschlag:

⇒ Das Spektrum der Echtzeitanwendungen reicht von Ein-Chip-Systemen zur Steuerung einfacher Geräte bis zu geographisch verteilten Computersystemen mit Tausenden von leistungsfähigen Rechnern (Beispiel: Internationale Luftraumüberwachung).

3. Mich stört „die zeitliche Differenz" ohne Bezug (zeitliche Differenz wozwischen?) Der Bezug ergibt sich zwar aus dem Satz davor, doch wenn man es noch einfacher ausdrücken könnte, wäre es besser. Einfacher und kürzer:

⇒ Jedes Logikgatter benötigt eine bestimmte Zeit, bis sich Eingangsänderungen am Ausgang auswirken. Diese Zeit wird als Verzögerungszeit bezeichnet.

Den zweiten Satz kann man noch kürzen: „Sie wird als Verzögerungszeit bezeichnet." Oder: „Sie wird Verzögerungszeit genannt."

4. Kann ein Gegenstand „in" etwas organisiert sein? Hier ist „organisieren" anscheinend das falsche Wort. Besser:

⇒ Um möglichst wenige Verzögerungen zu erhalten, ist der Speicher in Bänke eingeteilt.

Vermutlich will der Verfasser aber nicht nur die Einteilung zum Ausdruck bringen, sondern auch noch, daß die Speicherbänke einer Organisation unterworfen ist. Das sollte er in einem weiteren Satz sagen.

5. Das Wort „flächendeckend" ist bekannt; es heißt „die gesamte Fläche bedeckend". Das Substantiv „Flächendeckung" ist neu. Was mag es bedeuten? Wenn man annimmt, daß es ebenfalls die Bedeckung der gesamten Fläche bedeutet, kann man nicht von einer *großen* Flächendeckung reden.

6.
⇒ Der Alias-Effekt ist eine Fehlerart, die bei der Umwandlung von analogen in digitale Informationen auftritt.

Oder (kühner):
⇒ Der Doppelgänger-Effekt (*alias effect*) ist eine Fehlerart, die bei der Umwandlung von analogen in digitale Informationen auftritt.

Sachlich ist dazu noch zu bemerken, daß „analog" und „digital" Begriffe sind, die sich auf die *Darstellung* von Daten beziehen. Deshalb ist es unsauber, von analogen Informationen zu sprechen. Gemeint sind in dem Satz anscheinend keine Informationen, sondern Daten oder Signale.

7. Kein guter Satz: Statt Design kann man ebenso gut Entwurf sagen. Der Verfasser meint nicht die physikalische, sondern die physische Struktur. Leistung ohne Artikel, Datensicherheit mit Artikel. Warum die Unsymmetrie? Und wozu das einerseits – andererseits? Das drückt doch einen Gegensatz aus. Hier besteht aber kein Gegensatz. Schließlich stört mich noch das „optimieren". Sollen Leistung und Datensicherheit nicht vielmehr maximiert werden? Vorschlag:

⇒ Entwurfskriterien
Die physische Struktur des Dateisystems und die Zugriffsalgorithmen sollen ein Höchstmaß an Leistung und Datensicherheit gewährleisten.

8. Zuerst ist von *einem* Dreieck die Rede. Dann heißt es, daß *jedes* Dreieck weiter zerteilt wird. Das ist logisch nicht in Ordnung und müßte, wenn es korrekt ausgedrückt würde, viel ausführlicher erklärt, vielleicht sogar mit einem Bild versehen werden. Da der Verfasser das vermeidet, setzt er anscheinend voraus, daß der Leser schon ungefähr weiß, was Fraktale sind und wie sie zustande kommen. Dann bleibt nur noch die Aufgabe, dem Leser mitzuteilen, daß das Dreieck die Ursprungsfigur für Berge ist, und der Satz kann zusammenschnurren:

⇒ Ein fraktaler Berg wird dabei aus einem Dreieck erzeugt, das immer weiter zerteilt wird.

9. „von der auf einer" liest sich nicht gut, und das „bzw." auch nicht:

⇒ Dieser Parameter hängt von der Datenmenge pro Spur und der Rotationsgeschwindigkeit der Platten ab.

10. „Abtasten" und „Quantisierung" passen nicht gut zusammen. Entweder „Abtasten"
und „Quantisieren" oder „Abtastung" und „Quantisierung". Auch das etwas schwerfällige „geschieht" läßt sich beseitigen:

⇒ Kontinuierliche Daten können durch Abtasten und Quantisieren digitalisiert werden.

11. Man braucht nur das „zum" durch „zu dem" zu ersetzen.

12.

* Erster Satz: Die Worte „zentrale" und „explizit" scheinen mir überflüssig zu sein,
  „Ansätze" ist ein beliebtes Schwammwort mit schwankender Bedeutung, „Modellierung" und „Kommunikation" sind schwerfällige Substantive. Da die Ansätze sich
  auch noch stützen müssen, scheinen sie krank zu sein.
* Zweiter Satz: Ist hier „widersprechen" das richtige Wort? Wenn sie sich gegenseitig
  simulieren lassen, sind sie doch nicht nur nicht widersprechend, sondern *äquivalent*.

Änderungsvorschlag:

⇒ Zur Kommunikation werden entweder Kommunikationskanäle zum Nachrichtenaustausch
  oder gemeinsame Variablen benutzt. Beide Möglichkeiten sind logisch äquivalent, denn
  man kann jede durch die andere simulieren.

13. Hier wollte der Verfasser in einem Satz zu viel sagen. Nicht alle der dadurch ent-
standenen Kombinationen ergeben Sinn: Daß Logische Programmierung als Programmiersprache verwendet werden kann, ist Unsinn. Der Begriff „analytisches Werkzeug"
ist in diesem Zusammenhang so allgemein, daß man nicht weiß, was der Verfasser damit
meint. Bei dem Versuch, den Satz zu verbessern, habe ich den Eindruck gewonnen, daß
der ganze in dem Satz ausgedrückte Gedankengang verworren ist. Immerhin läßt sich
vermuten, daß der Verfasser etwa gemeint hat:

⇒ Mit logischer Programmierung kann man Wissen darstellen, analysieren und verknüpfen.

14. Der Satzteil „das mit der Umwelt kommuniziert" bezieht sich nur auf das Ein-/Aus-
gabewerk, der darauf folgende Teil „und als Langfristspeicher fungiert" nur auf den
Sekundärspeicher. Das muß man entwirren. Der Begriff „Langfristspeicher" ist ungebräuchlich. Üblich ist „Langzeitspeicher". „Fungiert" klingt geschraubt. Vorschlag:

⇒ Der Rechner besteht aus vier „Werken": Rechenwerk, Steuerwerk, Speicherwerk und Ein-
  /Ausgabewerk. Das Ein/Ausgabewerk kommuniziert mit der Umwelt; zu ihm gehört ein Sekundärspeicher, der den Langzeitspeicher darstellt.

15. Das „oder über auf" klingt schlecht. Das „erfolgen" ist amtsdeutsch. Vorschlag:

⇒ Bei Tintenstrahldruckern wird die Tinte entweder durch einen kontinuierlichen Strahl oder
  durch Tröpfchen, die auf Anforderung erzeugt werden, übertragen.

16. Mich stört vor allem, daß der Verfasser „Stabilität" sagt und „Robustheit" meint.
Gewiß sind beide Begriffe miteinander verwandt, aber gerade in der Informatik und da
wieder in der Softwaretechnik bezeichnet man die Unempfindlichkeit eines Programm-

systems gegen Fehler als Robustheit, nicht als Stabilität. Der Verfasser dachte wohl daran, daß man ein in der Erprobung befindliches neues Programm, das oft „abstürzt", als „nicht stabil" bezeichnet. Auch die „perfekten Bedingungen" kann man als nebulos beanstanden, und daß der Verfasser die Internet-Protokolle eine Technologie nennt, spricht ebenfalls nicht für Formulierungssorgfalt.

17. Das „von an die" klingt nicht gut. Vorschlag:

⇒ Im Gegensatz zur Leitungsvermittlung werden bei der Paketvermittlung die Daten in Form von Paketen übertragen, wobei jedes Paket an den richtigen Empfänger adressiert werden muß.

18. „kommen hier zum Einsatz" ist schwerfälliger substantivischer Stil. Warum nicht „werden hier eingesetzt"?

⇒ Dünne organische Schichten werden hier eingesetzt.

19.

⇒ Die erzielbare Spurbreite liegt unter einem Nanometer.

Oder:

⇒ Damit lassen sich Spurbreiten von weniger als einem Nanometer erreichen.

20. „Eindeutig" läßt sich nicht steigern! Und dieser Fehler steht in einem maßgebenden Grammatikbuch!

Kapitel 3

1. Der Satz wäre zwar für ein technisches Werk bei weitem zu lang; aber wenn man ihn zerschlägt, nimmt man ihm seine ganze Qualität. Die Zusammendrängung der Handlung in einen Satz, die steigende Aufregung, die den Leser auf den Höhepunkt, zum Triller, führt: all das und damit sein ganzer Witz ginge verloren. Schumann war ein guter Stilist, und ich halte diesen Satz für hervorragend gebaut.

2. Ich finde, daß die Wendung „Problemlösungen anbieten" künstlich klingt und auch nicht richtig ist. Es mag Programme geben, die ihren Benutzern mehrere Lösungen eines Problems anbieten, doch Menschen tun das üblicherweise nicht. Der Verfasser meint wohl etwas anderes, nämlich: „ … die in bestimmten Aufgabenbereichen Probleme besser lösen als Menschen" oder noch kürzer: „ … die manche Probleme besser lösen als Menschen".

3. Das Passiv ist oft nicht gut, das „grundsätzlich" entbehrlich. Besser und kürzer:

⇒ Man unterscheidet in der Codierungstheorie Verfahren zur Fehlererkennung und zur Fehlerkorrektur.

4.

⇒ Solche Geräte eignen sich besonders zur Steuerung von Roboterarmen.

⇒ Bandwurmsätze werden in Schachtel- und Kettensätze eingeteilt.

5. Kürzer und aktivisch:

⇒ Bei den verfügbaren Drucktechnologien unterscheidet man anschlagfreie und Anschlag-Druckverfahren.

Noch kürzer und besser:

⇒ Die Drucktechniken werden in anschlagfreie und Anschlag-Druckverfahren eingeteilt.

Oder:

⇒ Es gibt anschlagfreie und Anschlag-Druckverfahren.

6. Mir gefällt der Text aus mehreren Gründen nicht:

- Das Partizip „Nutzende" macht die Künstelei aus und sollte beseitigt werden.
- Im zweiten Satz ist von *Fragestellung* die Rede, obwohl im ersten gar keine Frage gestellt wurde.
- „sehr viele Einflußfaktoren" kann zu „viele Einflüsse" vereinfacht werden.

Um das häßliche Partizip „Nutzende" und das Passiv wegzubringen, kann man den ersten Satz so umschreiben:

⇒ Dokumentsuchsysteme sollen den Informationsbedarf ihrer Benutzer möglichst vollständig befriedigen.

Das gefällt mir aber noch nicht, weil „Informationsbedarf" ein unschöner papierener Begriff ist. Außerdem ist der Satz eine leere Aussage, denn die Aufgabe von Dokumentsuchsystemen steckt ja schon im Begriff „Dokumentsuchsysteme". Vielleicht wäre es deshalb besser, den ersten Satz ganz wegzulassen und den zweiten etwa so zu formulieren:

⇒ Eine umfassende Evaluierung der Qualität eines Dokumentsuchsytems müßte viele Einflüsse berücksichtigen wie die Art der verwalteten Dokumente, die spezifische Ursache der Anfrage und die Situation und Vorbildung des Benutzers.

Dem Verfasser wäre dieser Vorschlag aber gar nicht recht, denn er schreibt absichtlich „Nutzende", weil er sich geschlechtsneutral ausdrücken will.

7. Um den Satz zu verstehen, habe ich ihn „eingekocht" und als seinen Kern folgendes erhalten:

Ist schon das Wissen über *A* gering, so sind ihre Kenntnisse über *B* ausgesprochen unterentwickelt – von ihren Fähigkeiten im Umgang mit *C* gar nicht erst zu reden.

Das soll geistreich und pointiert klingen. Gemeint sind aber eigentlich drei separate Dinge, die – wenn man sie rein sachlich sieht – nicht miteinander verknüpft werden sollten:

Ihr Wissen über *A* ist gering.

Ihre Kenntnisse über *B* sind ausgesprochen unterentwickelt.

Über ihre Fähigkeiten im Umfang mit *C* wollen wir nicht reden.

Auf Grund dieser Struktur kann man den Satz vielleicht in drei Sätze zerlegen:

⇒ Schon das Wissen über unterschiedliche wissenschaftliche Textsorten oder Texttypen und die ihnen eigenen Baupläne bzw. Argumentationsformen ist bei den meisten Studienanfängern – und nicht nur bei ihnen – sehr gering.

Ihre Kenntnisse über das Schreiben als einem Prozeß mit spezifischer Struktur und ihre Informationen über seine soziale Organisation und Bedingtheit bzw. über das Schreiben als spezifische kognitive Tätigkeit und gar als körperliche Arbeit sind ausgesprochen unterentwickelt.

Und von ihren Fähigkeiten im Umgang mit Schreibstörungen und -blockaden wollen wir gar nicht erst reden.

Damit ist bereits ein Teilziel erreicht: Der ursprüngliche Satz ist in drei Sätze zerschlagen. Nun kann man weiter versuchen, diese drei Sätze von überflüssigem Ballast zu befreien. Im ersten stört mich das „bzw.", das „*Wissen* über *wissen*schaftliche ..." und das überflüssige, weil polemische „und nicht nur bei ihnen". Damit komme ich zu dem vorläufigen Ergebnis:

⇒ Schon das Wissen über unterschiedliche Textsorten, Texttypen, die ihnen eigenen Baupläne und Argumentationsformen ist bei den meisten Studienanfängern sehr gering.

Aber warum „schon"? Darin steckt Polemik. Also weg damit. Man kann auch den Nominalstil beseitigen und erhält dann:

⇒ Die meisten Studienanfänger wissen viel zu wenig über die unterschiedlichen Textsorten und Texttypen, über die ihnen eigenen Baupläne und Argumentationsformen.

Beim zweiten Satz könnte das Ergebnis lauten:

⇒ Ihre Kenntnisse über die verschiedenen Aspekte des Schreibens (als Prozeß mit spezifischer Struktur, als spezifische kognitive Tätigkeit, gar als körperliche Arbeit) sind ausgesprochen unterentwickelt. Das gleiche gilt für ihre Informationen über die soziale Organisation und Bedingtheit des Schreibens.

Der dritte Satz kann so bleiben. Das Gesamtergebnis ist damit:

⇒ Die meisten Studienanfänger wissen viel zu wenig über die unterschiedlichen Textsorten und Texttypen, über die ihnen eigenen Baupläne und Argumentationsformen. Ihre Kenntnisse über die verschiedenen Aspekte des Schreibens (als Prozeß mit spezifischer Struktur, als kognitive Tätigkeit, gar als körperliche Arbeit) sind unterentwickelt. Das gleiche gilt für ihre Informationen über die soziale Organisation und Bedingtheit des Schreibens. Und von ihren Fähigkeiten im Umgang mit Schreibstörungen und -blockaden wollen wir gar nicht erst reden.

Das sind drei Sätze mit insgesamt 72 Wörtern. Der ursprüngliche Satz ist durch die Zerlegung also nicht länger, sondern kürzer geworden. Seine ursprüngliche Bissigkeit, die Pointierung und der Pseudoglanz, die von einer dem Latein ähnlichen Periode ausgehen, sind zwar dahin, doch dafür versteht man leichter den sachlichen Inhalt.

Ob das, was in den drei Sätzen steht, bedeutsam ist, wage ich nicht zu entscheiden. Ist die Unterscheidung zwischen Textsorten und Texttypen wichtig? Kommt den aufgezählten Aspekten des Schreibens eine so große Bedeutung zu, daß sie hier aufgezählt werden müssen? – Als Außenstehender glaubt man nicht recht daran. Doch darum ging es hier ja nicht.

8. Der Satz hat mehrere Mängel:

- Der Plural „Geografische Informationssysteme" und der Singular „ist der Überbegriff" passen nicht zusammen. Es sind aber gar keine geografischen Informationssysteme gemeint, sondern der *Begriff* „Geografische Informationssysteme".

- Statt „Überbegriff" sagt man üblicherweise „Oberbegriff".

- Das eingeschobene „mit deren Zugriffs- und Darstellungsfunktionen" kann ein wiederholtes Lesen erforderlich machen, weil man beim ersten Lesen vielleicht glaubt, daß mit den Zugriffs- und Darstellungsfunktionen irgendetwas geschehen soll. Schuld daran ist das falsche Komma hinter „Datensammlungen". Man kann den vermeintlichen Einschub weglassen, denn daß zu einem System dieser Art nicht nur die Speicherung, sondern auch die Verarbeitung der Daten gehört, versteht sich von selbst.

- Statt des verschwommenen „Informationen" sollte es „Daten" heißen, denn es geht um Datensammlungen.

- „und ähnliche" ist entbehrlich. Vorschlag:

  ⇒ „Geografische Informationssysteme" (GIS) ist der Oberbegriff für alle Arten von Datensammlungen und den Algorithmen für ihre Benutzung, die geographische, kartographische oder geologische Daten enthalten.

9. Der Absatz enthält einige unklare und wohl auch überflüssige Punkte.

- Wie können *diverse* Dienste *einen* Einstiegspunkt ins WWW bilden?

- Das „bzw." im ersten Satz ist unklar. Der Verfasser denkt anscheinend nur an das WWW.

- Kann ein Einstiegspunkt „wesentlich" sein? Weglassen.

- Was soll es bedeuten, daß ein Dienst „als solcher" der Dynamik unterliegt? Weglassen.

- Daß eine Erscheinung der Dynamik und kommerziellen Interessen unterliegt, hört sich seltsam an, weil Dynamik und kommerzielle Interessen so verschiedene Dinge sind.

- Was unterscheidet „wirklich offenlegen" von „offenlegen"?

Vorschlag:

  ⇒ Suchdienste sind ein wichtiger, ständig verbesserter Bestandteil des WWW. Allerdings sind sie auch mit kommerziellen Interessen verbunden, weshalb die ihnen zu Grunde liegenden Verfahren häufig geheimgehalten werden.

10. Mich stört eine ganze Menge an diesem so harmlos aussehenden Satz:

- „Spektrum von Ein- und Ausgabe" ist poetisch, aber unpassend.

- Sprachlogik: Die Eingangssignale liegen doch nicht dann in analoger Form vor, wenn man das Spektrum betrachtet.

- Das „die" (vor „zuerst") scheint sich auf „Form" zu beziehen, dann erkennt man aber, daß es sich auf „Eingangssignale" bezieht.

- Daß Signale in analoger Form vorliegen, hört sich so an, als ob Signale eine analoge und eine digitale Form hätten.
- Das zweimalige „werden" am Satzende klingt ungeschickt.

Besser:

> ⇒ In vielen Fällen sind die ein- oder auszugebenden Werte in Analogdarstellung gegeben. Sie müssen dann – oft nach analoger Verstärkung und Vorverarbeitung – erst in die digitale Darstellung umgewandelt werden.

11.

- Was mag „grundsätzlich unendlich" bedeuten? Und was mag es von „unendlich" unterscheiden? Sicherlich nichts, denn „unendlich" läßt sich nicht modifizieren.
- Was soll „konkrete deutsche Sätze" von „deutschen Sätzen" unterscheiden, da es abstrakte deutsche Sätze nicht gibt?
- Da der Verfasser einmal „Zahl" und das andere Mal „Anzahl" schreibt, muß man annehmen, daß er das absichtlich getan hat und mit beiden Begriffen Verschiedenes meint. Was mag der Unterschied zwischen beiden sein? (Daß es in der Mathematik keine unendlich großen Zahlen und Anzahlen gibt, sollte man dem Verfasser, der Sprachwissenschaftler ist, jedoch nicht zur Last legen.)
- Das Komma vor dem letzten Wort möchte gern ein Doppelpunkt sein.

Mein Verbesserungsvorschlag lautet deshalb:

> ⇒ Man kann hinter den unendlich vielen deutschen Sätzen eine endliche und überschaubare Anzahl von abstrakten Plänen sehen: den *Satzbauplänen*.

12. Der Absatz besteht aus 5 Sätzen mit 31, 12, 25, 21, 27 Wörtern, was einen Mittelwert von 25 Wörtern ergibt. Vier von den fünf Sätzen wären also bei dpa unerwünscht.

13. Mich stört an dem Satz die doppelte Endung auf -ung in „Lösung einer vorliegenden Aufgabenstellung", das amtlich-unpersönliche „ist sicherzustellen" und das Wort „erstellen", das der Bau- und Architektursprache angehört (und selbst dort ist „errichten" oder einfach „bauen" meist besser als „erstellen"). Vorschlag:

> ⇒ Bei der Konstruktion von Programmen zur Lösung einer vorliegenden Aufgabe muß man sicherstellen, daß das entstehende Programm den Anforderungen entspricht, d.h. im Sinne der Aufgabenstellung korrekt ist.

14.

- Im ersten Satz ist die Klammer hinter „Gestalt" an der falschen Stelle. Sie gehört überhaupt nicht in diesen Satz, sondern hinter die Formel. „Prämisse" dürfte ein Druckfehler sein, denn natürlich ist der Plural „Prämissen" richtig.
- Im ersten Satz: „der Gestalt" oder „der Form", aber nicht beides (dürfte ein Druckfehler sein).
- Die Variablen sollten kursiv geschrieben werden.
- „Konklusion" muß kursiv geschrieben werden.

Vorschlag:

⇒ Ein Logikprogramm besteht aus sogenannten „Horn-Klauseln", das sind Formeln der Gestalt

$$C \Leftarrow B_1 \wedge \ldots \wedge B_n.$$

Hierin sind C und die B_i Boolesche Ausdrücke, im einfachsten Fall die Konstanten **true** oder **false** sowie Anwendungen von Prädikatsymbolen auf Konstanten. Die Ausdrücke B_i heißen *Prämissen* oder auch *Teilziele* (engl. subgoals), C heißt *Konklusion*.

15. Der Verfasser plaudert hier munter drauflos. Man kann folgende Mängel feststellen:

- eher als was?
- Das Wort „kontinuierlich" paßt nicht und kann einfach wegbleiben.
- Der Leser denkt, HTML ist eine Sprache, erfährt jetzt jedoch, daß es ein Dokumentformat ist.
- Was soll sich der Leser unter leistungsfähigen Features vorstellen? (Er wird sich schon etwas vorstellen, ob es jedoch das ist, was der Verfasser meint?)
- der Satzteil „sowie die mit diesen verbundene Semantik" ist überflüssig, denn die Anwendung von irgendetwas ohne Semantik gibt es nicht.

Vorschlag:

⇒ Obwohl sich HTML von einfachen Anfängen zu einer Sprache für die Beschreibung auch komplizierter Dokumente weiterentwickelt hat, ist ihr Anwendungsbereich durch die feste Menge von Sprachelementen und Attributen immer noch begrenzt.

Oder in zwei Sätzen:

⇒ HTML hat sich von einfachen Anfängen zu einer Sprache für die Beschreibung auch komplizierter Dokumente weiterentwickelt. Ihr Anwendungsbereich ist jedoch durch die feste Menge von Sprachelementen und Attributen immer noch begrenzt.

16. Der Verfasser wollte nur sagen:

⇒ Mobile Rechner müssen Knoten in verteilten Systemen sein können.

17.

⇒ Enthält das Stichwortverzeichnis zu wenige Stichwörter, verliert es seinen Wert; enthält es zu viele (nämlich unbedeutende), ist der Leser beim Nachschlagen darüber verärgert, daß er vielleicht nur eine Erwähnung des Wortes, aber keine Ausführungen dazu findet.

18.

⇒ Sie scheuen es, neue Symbole und ihre Bedeutungen zu lernen und beim Lesen die Bedeutung der Symbole immer wieder nachzuschlagen.

19. Die Sätze sind zu lang, und das Ende es ersten (hinter dem etc.) ist schwer zu erkennen. Sie sind ferner unlogisch gebaut. Zuerst werden Maßnahmen zur Steigerung der Rechenleistung und danach zur Steigerung der Zuverlässigkeit genannt. Dann werden die Maßnahmen zur Steigerung der Zuverlässigkeit detailliert und dann die zur Rechenleistung. Das ist verwirrend! Verbesserungsvorschlag:

⇒ Rechenleistung und Zuverlässigkeit werden gesteigert: Rechenleistung innerhalb eines Prozessors und durch Vervielfachung der Prozessoren; Zuverlässigkeit durch redundante Codes, Vervielfachung von Teileinheiten und Integration von Prüfschaltungen.

20.

- „auf Basis einer Datenabhängigkeitsanalyse" ist überflüssig.
- Dies ⇒ das.
- „natürlich" und „entsprechende" sind ebenfalls überflüssig.
- Die beiden „werden können" klingen schlecht.

Verbesserung:

⇒ Optimierende Compiler versuchen, datenabhängige Befehle durch Umordnung der Befehlsreihenfolge zu separieren. Dies ist semantikerhaltend nur dann möglich, wenn datenunabhängige Befehle zwischen die datenabhängigen Befehle eingestreut werden können.

Kapitel 4

1. Der Begriff „referentielle Transparenz" ist die Nichtübersetzung von „referential transparency". Schon im Englischen ist dieser Begriff nicht jedem bekannt, und im Deutschen ist er erst recht schwer verständlich. Etwas besser scheint mir die Eindeutschung „Bezugstransparenz" zu sein. Aber auch das ist ein Fachwort, das man nur durch eine Definition, nicht aus sich selbst heraus versteht.

Ferner sieht man dem Wort „mächtig" schon von weitem seine Herkunft von „powerful" an (siehe Stichwort „„powerful"" auf Seite 78). Vorschlag:

⇒ Die Bezugstransparenz (*referential transparency*) der Ausdrücke in funktionalen Sprachen erlaubt es, Programme mit besonders einfachen und leistungsfähigen Umformungsregeln zu manipulieren.

Mich stört in dieser Fassung noch das Wort „manipulieren", das im Deutschen einen abwertenden Beigeschmack hat. Man kann es hier ohne weiteres durch „handhaben" ersetzen.

2. Die Sprechweise „In x ist a auch als b bekannt" klingt für mich immer nach Übersetzung von „In x a is known as b". Sagen wir nicht vielmehr: „In x wird a auch als b bezeichnet" – oder, noch kürzer – „In x heißt a auch b"? Deshalb:

⇒ In BCPL und C heißt die Adresse einer Variablen ihr *left hand value* und der Wert ihr *right hand value*.

3. Schaltkreise (wahrscheinlich genauer: Schaltnetze) mit beschränkter Anzahl von Eingängen.

4.

⇒ Der Lambda-Kalkül ist genau so umfassend wie Turingmaschinen.

Besser vielleicht sogar noch: „... wie die Turingmaschine". Auch „leistungsfähig" geht anstelle von „umfassend", und beide Begriffe sind klarer als „mächtig".

5.

⇒ Schreiben-Ungültigsetzen (write-invalidate): Der schreibende Prozessor sendet, bevor er den Block ändert, ein entsprechendes Signal über den Bus.

Daß das Wort „entsprechend" hier unklar ist, läßt die Lösung allerdings unbefriedigend erscheinen.

6. Nur Mut zum Unkonventionellen:

⇒ Der Beweis benutzt eine Teile-und-herrsche-Strategie.

„Divide-and-Conquer" ist die Übersetzung des lateinischen „divide et impera", und das heißt im Deutschen „teile und herrsche". Wer das nicht weiß, übersetzt „divide and conquer" mit „teile und erobere".

7. „Frühe Modelle" ist eine Nichtübersetzung von „early models". Ich finde, daß man das nicht einfach ins Deutsche übernehmen kann. Ferner: Kann ein Rechnernetz von etwas ausgehen? Vorschlag:

⇒ Die ersten Rechnernetze bestanden nur aus Endsystemen und Vermittlungsrechnern, die über Punkt-zu-Punkt-Verbindungen Nachrichten übertrugen. Diese Struktur ist überholt.

8. „Primitive" ist kein deutsches Wort. Zudem: Ist es hier Singular oder Plural? Vorschlag:

⇒ Die Prozesse erzwingen durch eingebaute Synchronisationsoperationen einen bestimmten Ablauf.

Wen es stört, daß dabei die Bedeutung von „Primitive" verloren gegangen ist, kann – genauer, aber unhandlicher – schreiben:

⇒ Die Prozesse erzwingen durch eingebaute Elementaroperationen zur Synchronisierung einen bestimmten Ablauf.

9. Habermann wollte haben: „Wer zuerst kommt, mahlt zuerst. "

10.

⇒ Ein Datengramm hat ein Kopffeld und ein Datenfeld; der Kopf enthält ...

11.

⇒ Klassenbasierte Ablaufplanung

⇒ Terminabhängige Ablaufplanung (Deadline Scheduling)

12.
⇒ Aus diesem Grund wurde eine umfangreiche (umfassende, komplizierte, verzweigte, schwierige, abstrakte, ...) Theorie geschaffen.

13. Die Salopheit steckt in dem Satzteil „ansonsten erscheinen sie reichlich anti-quiert". Falls man außerdem etwas gegen die Wörter „ansonsten" und „Konstrukt" hat, kann man daraus machen:
⇒ Zwar haben Turingmaschinen einige Eigenschaften mit realen Rechnern gemein, aber im übrigen erscheinen sie als stark veraltet.

14. Kennt man nicht mehr als den in Frage stehenden Satz, kann man nur vermuten, was hier mit „System" gemeint ist. Aber „Routing-Information" und „propagieren" kann man eindeutschen:
⇒ Distanzvektor-Algorithmen zur Wegwahl in einem Rechnernetz beruhen darauf, daß jeder beteiligte Zwischenknoten seine lokal gehaltene Wegwahl-Information an seine Nachbarn weitergibt.

15. Hoffentlich haben Sie nicht „physikalisch" durch „physisch" ersetzt, denn hier ist „physikalisch" ausnahmsweise richtig. Man könnte höchstens finden, daß „besitzen" etwas hochgestochen klingt und durch „haben" ersetzt werden sollte. Doch vielleicht wollte der Verfasser das vermeiden, weil „haben" am Satzende vorkommt. Kürzer:
⇒ Neben der logischen Funktion haben Digitalschaltungen auch physikalische Eigenschaften, die ihr zeitliches Verhalten beeinflussen.

16. Erste Lösung:
⇒ Die Inferenzregel „Negation als Fehlschlag" beruht auf der Hypothese einer abgeschlossenen Welt (closed world assumption), die das Nichtvorhandensein einer bestimmten Information als Negation dieser Information interpretiert.

Vielleicht geht es noch besser, denn in der Physik haben wir ja für die „abgeschlossene Welt" den Begriff „geschlossenes System". Deshalb lautet die zweite Lösung:
⇒ Die Inferenzregel „Negation als Fehlschlag" beruht auf der Hypothese eines geschlossenen Systems (closed world assumption), die das Nichtvorhandensein einer bestimmten Information als Negation dieser Information interpretiert.

17. Für „Routing" gibt es die Übersetzung „Leitweg-Lenkung". Kann man etwas „auf einen Link replizieren"? Vorschlag:
⇒ Ein weiterer Algorithmus für die Leitweg-Lenkung ist das „Fluten" (flooding). Bei ihm wird das in einem Zwischenknoten ankommende Paket über alle ausgehenden Verbindungen weitergereicht.

18. Vorschlag:
⇒ Kommunikation über spezielle Kanäle: In UNIX gab es zum erstenmal spezielle Kommunikationskanäle zwischen zwei Prozessen (in der Unix-Terminologie „Pipes" oder „Pipelines"). Ein solcher Kanal wird von den beteiligten Prozessen wie eine Datei behandelt; dadurch ist dieser Mechanismus sehr flexibel. In UNIX können durch Zusammenwirken meh-

rerer kleiner Systemprogramme in Pipes erstaunlich komplexe Funktionen realisiert werden.

19. Der Text enthält mehrere Wendungen, die verbessert werden sollten:
- „verunfallt", in der Zeile danach zur Abwechslung „verunglückt".
- „am" Schulweg -> „auf dem" Schulweg
- Maßnahmenpaket schnüren.
- „Ludwig Boltzmann Institut" ohne Bindestriche.

Vorschlag:

> ⇒ Erfreut zeigte sich Verkehrsstadtrat Amerstorfer darüber, daß im vorigen Jahr nur 13 Kinder auf dem Schulweg verunglückt sind, während es im vorvorigen Jahr noch 22 waren. In Zusammenarbeit mit dem Ludwig-Boltzmann-Institut will er jetzt noch weitere Maßnahmen setzen.

(In Österreich werden Maßnahmen nicht ergriffen, sonder gesetzt.)

20. Eine *Domäne* ist allgemein ein *Bereich*. Hier ist speziell der *Wertebereich* von Datentypen gemeint. Mit dieser einfachen Erkenntnis kann man den Satz so fassen:

> ⇒ Die Striktheitsanalyse vereinfacht alle Wertebereiche primitiver Datentypen zu dem zweiwertigen Bereich *definiert / undefiniert*.

Natürlich weiß der Verfasser das. Er ist jedoch so an das englische „domain" gewöhnt, daß er gar nicht auf den Gedanken kommt, es durch „Bereich" zu ersetzen und es dadurch seinem Leser leichter zu machen. Vielleicht ist ihm der deutsche Begriff „Bereich" sogar entfallen.

Kapitel 5

1. In dem Satz sind mehrere stilistische Mängel vereinigt: „existieren" ist Plural, „Vielzahl" Singular. Daß Produkte vernetzt werden können, hört sich seltsam an. Gemeint sind damit wohl *Geräte* und *Programme* (im Jargon *Hardware* und *Software*). Aktiv und Passiv in einem Satz erschwert das Lesen. Vorschlag:

> ⇒ Es existiert heute eine Vielzahl von Geräten und Programmen, die die TCP/IP-Protokollfamilie verwenden und sich damit auf einfache Weise vernetzen lassen.

Noch kürzer:

> ⇒ Heute verwenden viele Geräte und Programme die TCP/IP-Protokollfamilie und können daher auf einfache Weise vernetzt werden.

Statt „vernetzt" kann man auch einfacher „verbunden" sagen.

2. Das „es" in „da es überraschend sein muß" bezieht sich semantisch auf „Beiwort" im *vorhergehenden* Satz. Grammatisch sollte es sich aber auf ein Wort des Satzes, in dem es steht, also auf „Beiwörter" beziehen. Ferner: Das Wort „relativ" ist überflüssig. Das nachklappende „selbstverständlich wirken" macht den Leser stutzen. Vorschlag:

⇒ Das richtige Beiwort darf weder gekünstelt wirken noch abgegriffen sein. Daher ist es schwer, treffende Beiwörter zu finden, denn sie sollen überraschen und dennoch natürlich wirken.

3. Die Präposition „entsprechend" verlangt den Dativ. Ich würde auch noch das wenig gebräuchliche „entlang" entfernen und etwa schreiben:

⇒ Sie sind auf der Spur dem binären Datenmuster entsprechend angeordnet.

4. „vieler Erfahrung"!

5. Der Satz ist vertrackt und grammatisch falsch. Er lautet, auf seinen Kern verkürzt:

⇒ Für ein Datenmodell ist festgelegt, Elemente welcher Datentypen auftreten können.

Ohne genauere Grammatikkenntnisse zu haben, kann man sagen, daß die Satzteile vor und hinter dem Komma nicht zueinander passen. Auf das Komma müßte wohl ein Verbindungswort folgen wie „welche" oder „wieviele" oder „ob":

⇒ Für jedes Datenmodell einer Datenbank ist von vornherein festgelegt, welche Datentypen die auftretenden Elemente haben müssen.

Oder:

⇒ Für jedes Datenmodell einer Datenbank sind die Datentypen der Elemente, die auftreten können, von vornherein festgelegt.

6. Der Satzteil „Dieses Sexualdeliktes verdächtig" bezieht sich grammatisch auf das Subjekt des übergeordneten Satzes, und dieses Subjekt ist hier „gerichtliche Vorerhebungen". Der Satz besagt deshalb: „Gegen den Lehrer laufen gerichtliche Vorerhebungen, die des Sexualdeliktes verdächtig sind." Der Schreiber meint aber den Lehrer, nicht die Vorerhebungen. Das muß die Korrektur zum Ausdruck bringen:

⇒ Gegen den dieses Sexualdeliktes verdächtigen Lehrer laufen gerichtliche Vorerhebungen.

Einfacher und besser ist es aber wohl, den Teil „dieses Sexualdeliktes verdächtig" einfach zu streichen:

⇒ Gegen den Lehrer laufen gerichtliche Vorerhebungen.

7. „ist heute eine Vielzahl" oder „sind heute viele".

8. Grammatisch korrekt müßte der Satz heißen:

⇒ Im Sprungzielspeicher werden der angesprungene Befehl selbst und – in Abhängigkeit von der jeweiligen Prozessororganisation – weitere sequentiell folgende Befehle abgespeichert.

Das ist ein Fall, wie er im Text (Singular und Plural) behandelt wurde, bei dem man wohl auch den Singular „wird" benutzen kann. Ein zweiter Stolperstein ist das „sequentiell folgende". „Sequenz" bedeutet ja Folge. Der Verfasser meint einfach die auf den angesprungenen Befehl folgenden oder die hinter ihm gespeicherten Befehle.

9. „ist" statt „sind". Noch besser: „sind zahlreiche …".

10. Sie haben natürlich gemerkt, daß es nicht die Absicht des Hochdruckgebiets ist, für schönes Wetter in Oberösterreich zu sorgen, und verbessern:

⇒ Das Hochdruckgebiet mit Schwerpunkt zwischen Island und Skandinavien dehnt seinen Einfluß weiter nach Süden aus und sorgt auch in Oberösterreich für recht sonniges Wetter.

Sind Sie womöglich von den Lehren dieses Buches schon so stark infiziert, daß Sie das „sorgt" in dieser Verbesserung als anthropomorpher Rest stört? Ich bin es nicht, aber Sie können natürlich auch das noch beseitigen.

11. Das „ihre" im letzten Satzteil bezieht sich grammatisch auf den Hauptsatz, also „Abstraktionsstufe"; semantisch bezieht es sich aber auf „Wörter". Richtig muß es deshalb heißen:

⇒ Beginnen wir mit derjenigen Abstraktionsstufe, deren Elemente die Wörter sind, und stellen wir uns vor, daß die Wörter in einem Netz gespeichert sind.

12. Es fehlt nur ein Wort, um daraus einen korrekten Satz zu machen:

⇒ Die KI hat in den siebziger Jahren von einer rein theoretischen Disziplin *ausgehend* den Weg in die Praxis eingeschlagen.

13.

• „Vorzüge" ist männlich, „das" sächlich.

• „Daß das Deutsch" klingt nicht gut.

• „daher, weil ..." gefällt mir nicht.

Vorschlag:

⇒ Welche Vorzüge hat unsere Sprache? Der augenscheinlichste ist wohl der große Wortschatz. Er kommt hauptsächlich dadurch zustande, daß im Deutschen durch eine Vielzahl von Vor- und Nachsilben neue Wörter geschaffen werden können.

Oder mit aktivischem Schluß:

⇒ ..., daß man im Deutschen durch eine Vielzahl von Vor- und Nachsilben neue Wörter schaffen kann.

14. Der Satz könnte aus zwei Sätzen folgender Struktur entstanden sein: „*A* ist ausdiskutiert" und „*A* müssen die Planer mit berücksichtigen". Der Schreiber hat *A* einfach ausgeklammert und geschrieben: „*A* (ist ausdiskutiert, müssen die Planer mit berücksichtigen). Das geht hier aber nicht, denn im ersten Satz ist *A* Subjekt, im zweiten Objekt. Man muß wohl zwei Hauptsätze daraus machen:

⇒ Ein entscheidendes verkehrstechnisches Detail ist ausdiskutiert, und die Planer müssen es mit berücksichtigen.

Man ist ferner versucht, das Wort „entscheidend" durch „wichtig" zu ersetzen. Aber ohne Kenntnis des Zusammenhangs kann man das nicht tun, denn das verkehrstechnische Detail könnte ja wirklich etwas entscheiden.

15. Grammatisch korrekt müßte der Satz heißen:

⇒ Damit *werden* der Entwurfsaufwand und die Transistoranzahl für neue Prozessoren reduziert.

Das ist ein Fall, wie er im Text (Singular und Plural) behandelt wurde, bei dem man wohl auch den Singular „wird" einsetzen kann. Mit gefällt die Fassung mit dem „wird" besser.

16.

⇒ Mit dem Begriff „Textur" bezeichnet man jede Feinstrukturierung einer Oberfläche, die durch Farbe, Reflexion, Glanz, Transparenz oder Unebenheit hervorgerufen wird.

17. Hier haben wir das Problem „Singular und Plural": „Anweisungen" ist Plural und „Gesamtablauf" Singular; „wird" gehört aber zu beiden.

⇒ Die Ablaufsteuerung definiert, wie Anweisungen ausgeführt werden und wie damit der Gesamtablauf eines Programms gesteuert wird.

Bei genauerer Betrachtung dieser Korrektur merkt man vielleicht zwei weitere Mängel, die nicht grammatischer sondern sachlicher Art sind:

• das Wort „definiert" ist hier nicht am Platz, denn die Ablaufsteuerung definiert ja nichts.

• der Satz ist eine Tautologie und damit nichtssagend, leer: Die Steuerung bestimmt wie der Ablauf gesteuert wird.

Was wollte der Schreiber eigentlich sagen? Ohne den Zusammenhang zu kennen, kann man es nur vermuten; vielleicht:

⇒ Die Ablaufsteuerung bestimmt die Reihenfolge, in der die Anweisungen ausgeführt werden, und damit den gesamten Programmablauf.

18. Der Satz ist unklar, weil aus der Formulierung „die Information" nicht hervorgeht, daß die Information über die Dateiart gemeint ist; und er ist grammatisch falsch, weil die um-zu-Konstruktion („um die Darstellung der erhaltenen Dokumente entsprechend organisieren zu können") sich grammatisch auf das Subjekt des übergeordneten Satzes („ist die Information für den Browser von Bedeutung") bezieht. Dieses Subjekt ist „Information"; „organisieren" bezieht sich aber hier auf „Browser". Vorschlag:

⇒ Da es sich dabei um verschiedene Dateiarten handeln kann, ist die Information darüber, ob Text-, Grafik-, Audio-, Video- oder multimediale Datei, für den Browser von Bedeutung, damit er die Darstellung der erhaltenen Dokumente entsprechend organisieren kann.

Oder:

⇒ Da es sich dabei um Text-, Grafik-, Audio- oder Video-Dateien handeln kann, muß der Browser die Art der Daten kennen, damit er die Darstellung den erhaltenen Dokumenten entsprechend organisieren kann.

Damit ist auch gleich der (häufig vorkommende) Fehler beseitigt, daß „entsprechend" ohne Bezug benutzt wird: *wem* entsprechend? Schließlich kann man auch noch finden, daß „empfangen" hier schärfer und deshalb besser als „erhalten" wäre.

19. Am einfachsten:

⇒ Multiprozessoren bestehen aus mehreren Prozessoren, die unabhängig voneinander verschiedene Programme abarbeiten können.

Will man dagegen die erste Satzhälfte beibehalten, wird es schwieriger. Vielleicht:

⇒ Multiprozessoren bestehen aus mehr als einem Prozessor; alle Prozessoren können voneinander unabhängig verschiedene Programme abarbeiten.

20. Der ganze Absatz ist schief formuliert. Warum ist plötzlich von einem Kandidaten die Rede, den es bisher noch nicht gab? Warum „verstanden werden" im Passiv? Von wem verstanden? Man kann wahllos etwas aus einer Menge herausgreifen, aber es kann nichts wahllos nebeneinander stehen. Was soll es heißen, den roten Faden zu „bestimmen"? Erste Verbesserung vielleicht so:

⇒ Damit die Leser [einer wissenschaftlichen Arbeit] den größtmöglichen Nutzen aus der Arbeit ziehen, sollte der Verfasser sie so darstellen, daß man die Prinzipien und Zusammenhänge versteht. Teilergebnisse dürfen nicht zusammenhanglos nebeneinander stehen, sondern müssen verknüpft werden, so daß man den inneren Zusammenhang versteht. Der Schreiber muß also den „roten Faden" erkennen lassen, der sich durch seine Arbeit von Anfang bis Ende zieht.

Das ist noch nicht gut wegen des doppelten „Verstehens der Zusammenhänge". Man wird am besten den ganzen Absatz aus seiner hier nicht angegebenen Umgebung heraus neu formulieren. Eine andere Lösung, die das vermeidet und zugleich kürzer ist, sieht so aus:

⇒ Damit die Leser den größtmöglichen Nutzen aus der Arbeit ziehen können, muß der Verfasser dafür sorgen, daß sie die Prinzipien und Zusammenhänge verstehen. Teilergebnisse dürfen nicht zusammenhanglos nebeneinander stehen, sondern müssen miteinander verknüpft werden. Der Schreiber muß also von der Einleitung bis zum Schluß den „roten Faden" sichtbar machen, der seine Arbeit durchzieht.

Anhang F:
Literaturhinweise

Hier empfehle ich einige Bücher, deren Anschaffung (oder mindestens Lektüre) für die Beschäftigung mit Sprache und Stil nützlich ist. Die meisten sind Taschenbücher, also für wenig Geld zu haben.

An mehreren Stellen in diesem Buch habe ich darauf hingewiesen, daß die Werke von *Ludwig Reiners* und *Wolf Schneider* die besten Stillehrbücher sind:

Reiners, L.: Stilkunst. Ein Lehrbuch deutscher Prosa. München : Beck 1991

Reiners, L.: Stilfibel. München : Beck 2001

Schneider, W.: Deutsch für Kenner. München : Piper 1996

Schneider, W.: Deutsch für Profis. München : Goldmann 1999

Schneider, W.: Deutsch fürs Leben. Reinbek : Rowohlt 1994

Schneider, W.: Wörter machen Leute. München : Piper 1986

Von Reiners kaufe man sich die „Stilkunst", von Schneider vor allem „Deutsch für Kenner". Aber auch alle anderen Bücher von ihm, die Sprachliches behandeln, sind lesenswert, obwohl sie manche Wiederholung enthalten. Besonders das Buch mit dem unscheinbaren Titel „Wörter machen Leute" und dem Untertitel „Magie und Macht der Sprache" sei allen Sprachinteressierten ans Herz gelegt. Es ist keine Stilistik, sondern ein Buch über die Sprache schlechthin, ihre Entstehung, ihre Funktionen, Aufgaben und Probleme. Es enthält als Anhang ein Lexikon sprachwissenschaftlicher Begriffe, das allein schon die Anschaffung lohnt.

Dritter im Bunde der Stilisten ist *Lutz Mackensen* mit dem leider nur noch antiquarisch erhältlichen Buch

Mackensen, L. (Hrsg.): Gutes Deutsch in Schrift und Rede. Reinbek : Rowohlt 1968

Das ist eine Fundgrube von Erkenntnissen und Anweisungen, die jedem Sprachinteressierten helfen können. Die ersten 150 Seiten sind von Mackensen, dem verdienten Sprachwissenschaftler, selbst verfaßt. Sie enthalten in betont einfacher Sprache eine Unmenge an Wissenswertem über die Entwicklung der Sprache, Grammatik und Stil mit vielen Beispielen.

Von ganz anderer Art als diese groß angelegten Werke ist das frisch und unkompliziert, manchmal salopp geschriebene Taschenbuch

Märtin, D.: Erfolgreich texten. Weyarn : Seehamer 2000

Es enthält auf kleinstem Raum eine Fülle von Schreib-Ratschlägen für Leute von heute. Man kann nur darüber staunen, wie die Verfasserin es fertig brachte, so viel Stoff mit leichter Hand und doch fundiert zu bewältigen. Dieses Buch ist ein praktischer Ratgeber, der auch die Werbesprache, das Schreiben im Beruf und psychologische Fragen des Schreibens (zum Beispiel Schreibhemmungen) behandelt.

Wer wissen möchte, ob man als Deutsch Sprechender auch etwas aus Stillehren anderer Sprachen lernen kann, sollte das Büchlein

Strunk, W. ; White, E. B.: The elements of style. 4. Aufl. NewYork : Allyn and Bacon 2000

lesen. Dieses hervorragende und im englischen Sprachbereich berühmte Werk zeigt auf nur 85 Seiten, daß die Stilprobleme des Englischen und Deutschen in vielem ähnlich sind. In seiner Kürze und Knappheit ist es vorbildlich und unerreicht.

Sodann gibt es eine Reihe von Werken, die in unterhaltsamem Ton und deshalb leicht lesbar einzelne Stilfragen behandeln. Meist geht es dabei um Sprachsünden des täglichen Lebens, also um Modewörter, Modewendungen und Amerikanismen:

Gleiss, A.: Unwörterbuch. Sprachsünden und wie man sie vermeidet. Frankfurt : Fischer 1981

Kaehlbrandt, R.: Deutsch für Eliten. Ein Sprachführer. Econ Taschenbuch München : Ullstein 2001

Süskind, W. E.: Dagegen hab' ich was. Sprachstolpereien. München : dtv 1973

Wehle, P.: Sprechen Sie ausländisch? Wien : Überreuter 1996

Weigel, H.: Die Leiden der jungen Wörter. 4. Aufl. Zürich : Artemis 1975

Alle außer Kaehlbrandt sind schon älteren Datums. Süskind plaudert unsystematisch über Stilfehler, Gleiss systematisch, aber beide haben das gleiche Ziel: der Sprachverhunzung entgegenzuwirken. Zwei Leckerbissen sind die Bücher der Wiener Hans Weigel und Peter Wehle. Weigel spießt die Modewörter und Amerikanismen auf. Seine Sicht ist subjektiv und wird manchen zum Widerspruch reizen; er schreibt witzig, er beißt, nörgelt und raunzt, aber er hat seismographisches Gefühl für Ausdrucksmängel und ist der Sprache mit Haut und Haaren verfallen. Das Buch ist ein Genuß. Leider ist es vergriffen und antiquarisch schwer zu bekommen. Warum es nicht längst wieder aufgelegt wurde, ist rätselhaft. Wehles Buch ist eine Plauderei über Fremdwörter, ihren Ursprung, ihre Wandlungen, ihren Mißbrauch. Es ist mit der scheinbaren Leichtigkeit des Kabarettisten Wehle serviert, aber der Sprachkenner Dr. Dr. Wehle bürgt für die Qualität des Inhalts. Von Kaehlbrandt werden ebenfalls Modewörter und Amerikanismen aufgespießt. Das Wort „Eliten" im Titel ist ironisch zu verstehen; gemeint sind die Modemäuler. Der Verfasser hat nach seinen eigenen Worten *Sprachmüll* gesammelt und präsentiert das Ergebnis in Form einer witzig kommentierten Wortliste.

Schließlich möchte ich noch auf das Taschenbuch

Legros, W.: Was die Wörter erzählen. Eine kleine etymologische Fundgrube. München : dtv 1997

hinweisen. Es ist keine Stilistik, nicht ironisch geschrieben und handelt nicht von Modewörtern und Amerikanismen. Die Verfasserin geht vielmehr den Bedeutungen der Wörter und ihren Wandlungen nach. Der einfache Ton, das Lauschen auf die Wörter und ihre Herkunft, die intime Kenntnis des Französischen, die zu interessanten Gegenüberstellungen führt, machen den Reiz dieses sympathischen Buches aus.

Die Technik des wissenschaftlichen Arbeitens, also die Fragen der Stoffsammlung, der Benutzung von Bibliotheken, der Gliederung und anderer Arbeitstechniken werden in folgenden Büchern behandelt:

Eco, U.: Wie man eine wissenschaftliche Abschlußarbeit schreibt. 7. Aufl. (UTB Uni-Taschenbücher 1512). Heidelberg : C.F. Müller Verlag 1993

Krämer, W.: Wie schreibe ich eine Seminar-, Examens- und Diplomarbeit? 2. Aufl. Frankfurt : Campus Verlag 1999

Theisen, M. R.: Wissenschaftliches Arbeiten. 10. Aufl. München : Vahlen 2000

Auf sie gehe ich hier nicht näher ein, weil in ihnen stilistische Fragen, wenn überhaupt, nur am Rande vorkommen.

Alle bisher genannten Werke behandeln nicht die besonderen Probleme des Technischen Schreibens. Hierüber kenne ich nur das speziell für Informatikstudenten geschriebene und mehrmals im Text zitierte Büchlein

Deininger, M. ; Lichter, H. ; Ludewig, J. ; Schneider, K.: Studien-Arbeiten. 3. Aufl. Stuttgart : Teubner 1996

In ihm geht es um die Technik des wissenschaftlichen Arbeitens, aber auch um stilistische Fragen des Technischen Schreibens. Für Informatiker kommen auch zwei amerikanische Bücher in Betracht:

Kirkman, J.: Good style. Writing for science and technology. London : Spon 1992

Zobel, J.: Writing for computer science. Singapore : Springer 1998

Über die besonderen Probleme des Mathematischen Schreibens gibt es die Mitschrift eines Seminars an der Stanford-Universität:

Knuth, D.E. ; Larrabee, T. ; Roberts, P.M.: Mathematical writing. The mathematical society of America 1989

Dieses Buch ist als Mitschrift nicht so sorgfältig durchgearbeitet und geformt wie man es von einem regulären Buch gewöhnt ist, aber wer es trotzdem liest, kann viel lernen.

Schließlich sei noch auf zwei Bücher über Typografie hingewiesen:

Gulbins, J. ; Kahrmann C.: Mut zur Typographie. 2. Aufl. Berlin : Springer 2000

Willberg, H. P. ; Forssman, F.: Erste Hilfe in Typografie. Ratgeber für Gestaltung mit Schrift. Mainz : Hermann Schmidt 2000

Gulbins, Kahrmann ist mit über 400 Seiten Hochglanzpapier ein dickes und schweres Buch, das über moderne Text- und Bildverarbeitung mit dem Rechner detaillierte Auskunft gibt. Über die Typografie im engeren Sinn, also Schriftarten, Satzspiegel, Tabellensatz hinaus behandelt es auch Bilder und Diagramme, Folien, Buchherstellung, die digitalen Dateiformate HTML und PDF und vieles andere zum Desktop-Publishing. Willberg und Forssman ist ein Werk, das mehr auf die Ästhetik von Schriften und ihrer Anordnung ausgerichtet ist. An vielen Beispielen zeigt es typografische Feinheiten, die der Laie leicht übersieht. Ein unkonventionelles Werk (schon durch ein Format, das größer als A4 ist); es erschließt sich nur dem Leser, der sich Zeit zum Eindringen nimmt.

Zum Schluß sei noch eine kleine Handbibliothek angegeben, die der schriftlich Arbeitende immer griffbereit haben sollte. Ihre Mindestausstattung umfaßt

Duden 1: Rechtschreibung

Duden 4: Grammatik

Duden 5: Fremdwörterbuch

Nützlich ist aber auch ein etymologisches Wörterbuch und ein Synonymenwörterbuch. Ein etymologisches Wörterbuch hilft, wenn man der Herkunft und den Schattierungen der Wortbedeutungen nachspüren will. Ein Synonymenwörterbuch kann beim Suchen nach dem treffenden Wort gute Dienste leisten. Ich benutze die preiswerten Taschenbücher

Görner, H. ; Kempcke, G.: Wörterbuch Synonyme. München : dtv 1999

Pfeifer, W. (Hrsg.): Etymologisches Wörterbuch des Deutschen. München : dtv 1997

Als Hauptvertreter der etymologischen Wörterbücher wird zwar meist „der" Kluge genannt, aber mir hat Pfeifer stets die bessere Auskunft gegeben, vor allem deshalb, weil er nicht nur die Herkunft, sondern auch die heutige Bedeutung der Wörter ausführlicher nennt. Deshalb möchte ich dieses Werk (über 1650 Seiten!) besonders empfehlen.

Auch fremdsprachige Wörterbücher sollte man griffbereit haben. Informatiker brauchen ein oder mehrere möglichst große Englisch-Wörterbücher, zum Beispiel Langenscheidt oder Duden. Auch ein rein amerikanisches Wörterbuch wie die vielen Varianten des Webster kann gute Dienste leisten, wenn man den Bedeutungsunterschieden nachgehen will.

Damit ist man schon komfortabel ausgestattet. Wenn man darüber hinaus noch Platz und Geld hat, ist ein lateinisches und ein französisches Wörterbuch eine gute Ergänzung. Das Allerwichtigste für die geistige Arbeit im allgemeinen sind jedoch Lexika. Ein kleines wie das dtv-Lexikon in Schreibtischnähe kann täglich benutzt werden; ein großes wie die Brockhaus-Enzyklopädie ist durch nichts anderes zu ersetzen.

Im Text zitierte Literatur

[Deininger] Deininger, M. ; Lichter, H. ; Ludewig, J. ; Schneider, K.: Studien-Arbeiten. 3. Aufl. Zürich : Verlag der Fachvereine und Stuttgart : Teubner 1996

[Eco] Eco, U.: Wie man eine wissenschaftliche Abschlußarbeit schreibt. 7. Aufl. (UTB Uni-Taschenbücher 1512). Heidelberg : C. F. Müller Verlag 1993

[Gleiss] Gleiss, A.: Unwörterbuch. Frankfurt : Fischer 1981 (vergriffen)

[Görner] Görner, H. ; Kempcke, G.: Wörterbuch Synonyme. München : dtv 1999

[Gulbins] Gulbins J. ; Kahrmann, C.: Mut zur Typographie. 2. Aufl. Berlin : Springer 2000

[Kaehlbrandt] Kaehlbrandt, R.: Deutsch für Eliten. Econ Taschenbuch. München : Ullstein 2001

[Kirkman] Kirkman, J.: Good style. Writing for science and technology. London : Chapman & Hall 1992

[Knuth] Knuth, D.E. ; Larrabee, T. ; Roberts, P. M.: Mathematical writing. The mathematical Association of America 1989

[Krämer] Krämer, W.: Wie schreibe ich eine Seminar- oder Examensarbeit? 2.Aufl. Frankfurt : Campus Verlag 1999

[Legros] Legros, W.: Was die Wörter erzählen. München : dtv 1997

[Mackensen] Mackensen, L. (Hrsg.): Gutes Deutsch in Schrift und Rede. Reinbek : Rowohlt 1968 (vergriffen)

[Märtin] Märtin, D.: Erfolgreich texten. Weyarn : Seehamer Verlag 2000

[Pfeifer] Pfeifer, W. (Hrsg.): Etymologisches Wörterbuch des Deutschen. München : dtv 1997

[Postman] Postman, N.: Wir amüsieren uns zu Tode. Frankfurt : Fischer 1985

[Reiners 91] Reiners, L.: Stilkunst. München : Beck 1991

[Reiners 01] Reiners, L.: Stilfibel. München : Beck 2001

[Schneider 86] Schneider, W.: Wörter machen Leute. München : Piper 1986

[Schneider 94] Schneider, W. Deutsch fürs Leben. Reinbek : Rowohlt 1994

[Schneider 96] Schneider, W.: Deutsch für Kenner. München : Piper 1996

[Schneider 99] Schneider, W.: Deutsch für Profis. München : Goldmann 1999

[Strunk] Strunk, W. ; White, E. B.: The elements of style. 4. Aufl. New York : Allyn and Bacon 2000

[Süskind] Süskind, W. E.: Dagegen hab' ich was. Sprachstolpereien. München : dtv 1973

[Theisen] Theisen, M. R.: Wissenschaftliches Arbeiten. 10. Aufl. München : Vahlen 2000

[Wehle] Wehle, P.: Sprechen Sie ausländisch? Von Amor bis Zores. Wien : Ueberreuter 1996

[Weigel] Weigel, H.: Die Leiden der jungen Wörter. 4. Aufl. Zürich : Artemis 1975 (vergriffen)

[Willberg] Willberg H. P. ; Forssman F.: Erste Hilfe in Typografie. Ratgeber für Gestaltung mit Schrift. Mainz : Hermann Schmidt 2000

[Zobel] Zobel, J.: Writing for computer science. Singapore : Springer 1998

Stichwortverzeichnis

Fettgedruckte Nummern bezeichnen die Seite, auf der ein Begriff eingeführt, definiert oder anderweitig erklärt wird. Personennamen sind kursiv geschrieben. „ff." bedeutet, daß der Begriff auch noch auf anschließenden Seiten benutzt wird.